...UND DEINE?

Roland Düringer — MEINE STIMME G!LT

Glauben Sie nichts! Glauben Sie nichts von dem, was Sie hören, lesen oder sehen. Glauben Sie auch nichts von dem, was in diesem Buch steht. Es ist nur das, was ich mir so denke – nicht mehr und nicht weniger …

… und: Glauben Sie nichts von dem, was Sie denken, es ist nur das, was Sie denken.

Roland Düringer

MEINE STIMME G!LT

Und Deine …?

Brandstätter

INHALT

Herr Düringer geht in die Politik	7
Die Gesichter	9
Eine Idee, viele Fragen, wenige Antworten und eine Möglichkeit von Abertausenden	28
Der Politikberater	34
Wie entkommt man einer eigenen Meinung	40
Ehrlich währt am längsten	46
Was ist „Gilt!"?	50
Herr Düringer ist unwählbar!	54
Der Provinzpolitiker mischt sich ein	57
Menschenversteher	67
Politik, eine Möglichkeit für alles Mögliche	72
Tatort Hypo	85
Herr Düringer war schon in der Politik	95
Wir sind das Fieber	105
In Wien 1963 als Lottosieger geboren	114
Rauben und Plündern war immer schon einfacher	120
Jetzt nur keine Panik	129

Die Treue der Wähler	135
Scheißt euch nicht so viel an!	144
Was ist da der Skandal?	147
Herr Düringer ist gefährlich!	152
Der Politiker und seine Presse oder die Presse und ihre Politiker?	156
Pressekonferenz ohne Presse	168
Herr Düringer ist nominiert	173
Verschwörungspraktiker	176
Wer ist Franzi Bote?	182
Haben sie Kinder?	193
Gute Gründe, eine Partei zu wählen	207
Rollen und Besetzung	219
Die anderen reden darüber, was geändert gehört – wir aber sind es!	222
Grün, Blau oder doch Türkis	229
Letzte Frage: Gibts noch Fragen?	239
Die Gesichter	243
Anmerkungen	246

HERR DÜRINGER GEHT IN DIE POLITIK

Warum macht er das? Weil er das macht, was er schon immer gemacht hat. Um auf der Bühne über die Zustände im Bundesheer berichten zu können, verweigerte er den bequemen Zivildienst und rückte als Wehrmann in Kaisersteinbruch ein. Um über die Leiden der heimischen Häuslbauer zu erzählen, renovierte er mit eigenen Händen ein Haus im Grünen und machte Baustelle und Baumärkte zu seiner zweiten Heimat. Um die selbstauferlegten Qualen der Freizeitsportler zu verstehen, stählte er seinen Körper zwei Jahre lang im Fitnessstudio und sorgte bei der Premiere für eine optische Überraschung. Um die Beziehung zwischen Mensch und Automobil zu durchleuchten, lebte er unter wilden Autos und lernte deren Sprache. Um eine Gartenserie zu moderieren, übersiedelte er in den Garten und produziert seitdem einen Teil seiner Lebensmittel selbst.

Ja und nun? Nun geht er einmal kurz in die Politik, um gemeinsam mit seinen Leserinnen und Lesern einen kritischen Blick auf die politische Kultur dieses Landes zu werfen. So hat er das eben immer gemacht, der Düringer: Entweder ganz oder gar nicht.

Sich damit zufrieden zu geben, von der Bühne herab über die unfähigen Politiker zu schimpfen, diese beim Namen zu nennen und persönlich lächerlich zu machen, dafür Applaus zu ernten, ohne jemals selbst dabei gewesen zu sein, ohne einmal das politische Tagesgeschäft am eigenen Leib erfahren zu haben, wäre ihm zu wenig. Darum hat er es dreißig Jahre vermieden, auf der Bühne Politiker namentlich in den Mund zu nehmen, zu zerkauen und wieder auszuspucken. 30 Jahre Gnade müssen aber reichen!

Herr Düringer geht aber nicht alleine in die Politik. Das wäre langweilig. Freilich könnte er es sich leicht machen, sich als prominenter Quereinsteiger einer Partei anschließen, um andere Parteien zu bekämpfen und auf einen Versorgungsposten im politischen Umfeld hoffen. Aber es sich leicht zu machen, wäre Herrn Düringer auch hier zu wenig. Das macht keinen wirklichen Spaß, dabei hätte er kein gutes Gefühl. Schöner wäre es doch, wenn man andere auf die Reise in die Politik mitnimmt und ihnen eine Möglichkeit anbietet, sich aktiv an politischen Prozessen zu beteiligen, sich endlich wieder einzumischen und die Entscheidungen „derer da oben" nicht einfach nur hinzunehmen. Ist es nicht eine sinnvolle Aufgabe, die Bürgerinnen und Bürger wieder zurück in das Selbstverständnis des Staates zu holen und den Versuch zu wagen, den ungültigen Stimmen der Weiß-, Nicht- und Protestwähler eine gültige Stimme zu geben?

DIE GESICHTER

Dort, wo der Wienerwald endet und das Mostviertel beginnt, sind wir daheim. Meine Frau, meine Tochter und ich. Auf einem Hügel, rund um uns Gegend. Ackerland, Wiesen, Weiden, Büsche, Wald. Es ist nicht der Ort, wo ich geboren wurde, es ist meine Wahlheimat und die meiner Frau. Meine Tochter hatte keine Wahl, aber eines Tages wird sie die Wahl haben. Eines Tages wird sie eine Wahlberechtigte sein. Als ich noch keine Wahl hatte, befand sich meine Heimat auf der anderen Seite des großen Waldes, der grünen Lunge einer großen Stadt. Stadtluft macht frei! Befreiung von den Mühen des Ackers, der uns nährt. Landluft schenkt uns die Freiheit zur Daseinsmächtigkeit und fordert aber auch Verantwortung. Meine Frau und ich wurden in den späten Sechzigern und frühen Siebzigern in Wien-Favoriten sozialisiert; nur einige Gassen voneinander entfernt – ohne uns jemals begegnet zu sein. Zur selben Zeit am fast gleichen Ort, aber doch ganz woanders. Die Zeit auf der anderen Seite des großen Waldes existiert nur mehr in meinem Kopf und ich nenne sie „meine Vergangenheit". Manchmal sehe ich sie mir an, gebe ihr aber keine Bedeutung. Bilder im Kopf sind real, aber sie haben keine Macht. Ich weine ihnen nicht nach.

„Früher da war sogar die Zukunft noch besser", sagte Karl Valentin. Ich kann es nicht sagen, ich erinnere mich nicht daran. Was ich aber mit Gewissheit sagen kann: Meine Frau wird hungrig sein, wenn sie heute nach vollbrachtem Tagwerk nach Hause kommen wird. Also werde ich uns einen Hasen fangen. Das ist unsere interne Bezeichnung für „Einkaufen gehen". „Einkaufen gehen" ist ebenfalls ein Code und steht für „Einkaufen fahren". Am Hügel umgeben von Äckern, Wiesen und Wäldern gibt es kein Lebensmittelgeschäft. Hasen gäbe es, viele nicht, aber sie werden von Jahr zu Jahr mehr. Heute muss kein Hase sterben. Als Jäger hat man immer eine Wahl. Man kann töten, muss aber nicht. Ich hätte auch die Wahl, zu Fuß, durch den Wald das nächstgelegene Geschäft zu erreichen. Knappe zwei Stunden hin und retour. Zeit dafür wäre da, ich nehme sie mir aber nicht. Stattdessen werde ich das Pferd satteln. Das ist wieder ein Code für „das Motorrad starten". Honda SLR 650, achtzehn Jahre alt, aber erst knappe 30.000 km am Buckel. Ein richtiges „Schlapfenmotorrad". Kann alles, aber nichts wirklich gut. Das passt zum Landleben, hier zählt das Universelle.

Eine kleine Landstraße führt ins Tal. Der luftgekühlte Einzylinder hämmert und klopft. Kühle Luft im Gesicht, warm ums Herz. Unten stehe ich an, nach rechts geht es über die nächste kleine Landstraße Richtung Westen. Hier leben Hühner auf der Straße – Mut kann man nicht kaufen. Knapp vor der kleinen Brücke schalte ich den Choke weg, auch ohne Gemischsanreicherung läuft der Motor nun rund und passt sich damit dem heutigen Tag an. Heute lief bis jetzt alles rund. Bis jetzt. Nach der Brücke wieder rechts. Die kleine Landstraße mündet in eine größere. Das ist der Fluss des Lebens, das Kleine mündet ins Größere, ohne massiven Widerstand hat es da keine Wahl. Dem Kleinen fehlt die Kraft zu kämpfen. Kraft ist abhängig von der Masse und von der Geschwindigkeit. Kraft ist Masse mal Beschleunigung. So gesehen, hätte die breite Masse relativ viel Kraft. Wenn sie nur nicht so träge wäre. Unser Nahversorger kämpft mutig ums Überleben. Ihm fehlt diese Kraft der Masse, denn die fährt zum Supermarkt und nährt damit die Konzerne, die Banken, die Investoren. Allesamt Eigentümer unserer Zukunft. Groß frisst Klein. Lkw frisst Motorrad. Darum ist Achtsamkeit und Wachheit beim Motorradfahren notwendig, um zu überleben. Nicht Geschwindigkeit bringt uns zum Fall, sondern die Unachtsamkeit. Die größere Landstraße hat eine Mittelleitlinie und in diesem Bereich eine Geschwindigkeitsbeschränkung auf 70 km/h. Hier wird reglementiert. Je breiter die Straße, umso unfreier wird man. Die Besiedelung wird dichter. Ortsgebiet. Die Zivilisation spricht mit mir und zeigt mir ihr zorniges rotes Digitalgesicht: „Sie fahren 52!" Punkti-Punkti-Strichi-Strichi-fertig-ist-das-Mondgesichti! Ich antworte still, mit einem freundlichen „Geh scheiß'n." Gedanken sind frei. Gas weg und dann ... der unvermutete Griff in die Bremse. Oh Gott. Sie sind wieder da: DIE GESICHTER. Das Mondgesichti war nur ein erster Warnschuss. Wohin ich blicke: Gesichter. Sie starren mich an. Freundlich, aber bestimmt. Das Lächeln dieser Gesichter ist nur eine Maske, dahinter verbirgt sich die Fratze der Macht. Die Gesichter sind gekommen, um etwas von mir einzufordern. Hinter dem gequälten Lächeln lauert die Gier. Die Gier nach meiner Stimme. Die Gesichter wollen mir persönlich nichts Böses, sie wollen meine Stimme. Aber nicht nur meine. Sie wollen die Stimmen der Masse. Sie brauchen die Kraft der Mehrheit, um mit unseren Stimmen über uns *beStimmen* zu können. Darum fördern die Gesichter auch die Supermärkte und vernichten die kleinen Nahversorger. Mehrheit frisst Minderheit. Auch das ist Demokratie.

Oben am Hügel verschwindet die Sonne langsam hinter den anderen fernen Hügeln. In der Küche duftet es nach gebratenen Erdäpfeln. „Hast du sie auch gesehen?" frage ich meine Frau. „Die Gesichter?" „Ja." „Und?" „Was und?" Sie hat die Frage schon verstanden. Und? bedeutet: Was werden wir tun? Die Stimme behalten? Die Stimme abgeben? Können wir unsere Stimme in eine Urne werfen und sie trotzdem behalten? Wollen wir Partei ergreifen? Teil des Wahlkampfes werden? Auf den Straßen herrscht Propagandakrieg. Wollen wir den Krieg in unser Haus lassen? Wollen wir am Muskelspiel der Interessen teilnehmen? Was wir auch tun werden, wir werden in den nächsten Wochen den Gesichtern nicht entkommen können, sie werden über viele Kanäle versuchen, in uns einzudringen, uns zu manipulieren, uns mit unhaltbaren Versprechen zu bestechen. Sie werden wie gefräßige Würmer in unseren Gehirnen sitzen. Umfragewerte, Elefantenrunden, Pressestunden, Kugelschreiber und Luftballons. Wahlkampf ist ein Virus, der ein Land befällt und das klare Denken verhindert: schwarz, weiß, links, rechts. Dazwischen intellektuelles Vakuum. „Demokratie ist immerhin ein Privileg, dafür sind unsere Großeltern gestorben". „Deine Großeltern sind an Altersschwäche gestorben, mein Großvater jung an Herzversagen und meine verhasste Großmutter an einem Asthmaanfall," entgegnet sie lakonisch. „Du weißt genau, was ich meine. Menschen haben dafür gekämpft, dass wir wählen gehen können." „Die wussten aber nicht, was uns da heute zur Wahl angeboten wird. Für diese Gesichter hätte sich keiner erschießen lassen," meint meine Frau und schiebt sich ein besonders knuspriges Stück Erdäpfel in den Mund. „Nicht wählen? Weiß wählen? Oder geben wir den Gesichtern eine Chance?" Meine liebe Frau zuckt nur mit den Schultern und genießt weiter die Frucht der Erde.

Heute Abend werden wieder zwei Spitzenkandidaten öffentlich übereinander herfallen. Die Moderatorin wird Fragen stellen, auf die sie keine Antworten bekommen wird. Die Gesichter sind hier, um in knapper Zeit nachzuplappern, was ihnen ihre Berater vorgekaut haben, nicht um Fragen zu beantworten. Sie sind hier, um sich gegenseitig schlecht zu machen. Warum wollen sie sich eigentlich nicht gemeinsam gut machen? Warum niedermachen und nicht gegenseitig emporheben? Weil das keine Quoten bringt – und keine Stimmen. Die Mehrheit möchte eine mediale Schlammschlacht. Die Mehrheit will kein Miteinander, die Mehrheit will ein Duell. Und der Sender, der will Quoten. Die Gesichter wollen uns ihre Ware verkaufen, der Sender buhlt um unsere Marktanteile. Die Parteihooligans sitzen auf den mickrigen Tribünen des Studios. Applaus stets zur rechten Zeit. Auch Gesichter haben Fans. Aber haben sie auch Freunde? Kann man sich mit verbalen Untergriffen und Respektlosigkeit Freunde machen. „Wollen wir *das*?" frage ich. Sie schluckt ein Stück Schokolade hinunter: „Was?" „Das. Das alles hier?" Meine Tochter hat ihr Zimmer verlassen und wirft einen Blick zum Fernseher. „Was schauts ihr da?" Meine Frau und ich, unisono, ohne uns anzusehen: „Nichts?" „Cool!" antwortet sie und verschwindet wieder in ihrem Zimmer. Nichts! Ja, das ist es, was wir hier präsentiert bekommen, ein aufgeblasenes Nichts. Viel Lärm um Nichts. Abraham Lincoln und Thaddeus Stevens hielten stundenlange Reden auf Jahrmärkten. Sie lebten in einer Gesellschaft mit Märkten, wir leben in einer Marktgesellschaft. Die Politik ist der Jahrmarkt. Schausteller buhlen um unsere Stimme. Die Medien sind die Zeltverleiher. Und wir sind das Stimmvieh. Haben wir eine Wahl? Können wir das, was uns hier via TV vorgeführt wird, abwählen, einer mehrheitlichen Geisteshaltung eine Wahlschlappe bescheren? Kaum. Nach dem Werbeblock wird ein Politologe das Duell analysieren und selbst zum Teil des Nichts werden. Heiße Luft in einer großen Blase. Wo werde ich sein, wenn die großen Blasen platzen werden? Ach ja, die kleine Blase steht auch schon unter Druck. „Ich geh kurz mal austreten, soll ich dir aus der Küche etwas mitbringen? Nüsse, Pistazien?" frage ich. „Nein, danke. Ich platze gleich. Du hast leider wieder zu gut gekocht."

Das stille Örtchen ist ein Ort der Ruhe. Hier kann man Dinge draußen lassen, oft ist es der Rückzug vom Geschehen, ein Sammeln, ein In-sich-Gehen während man aus sich herausgeht. Sobald die Tür verriegelt ist, bleibt die Welt draußen, hier kommt nur herein, was man freiwillig mitnimmt. Ich lade die Politik zu mir aufs Scheißhaus ein, das Spektakel, die Show, das alles lassen wir draußen, hier sind wir unter uns und können unter vier Augen reden. Darf ich gleich mit der Tür ins Haus fallen? Ich habe das Vertrauen verloren. Was aus dir geworden ist, es schreckt mich richtig ab und damit bin ich nicht allein. Glaub mir, ganz viele sind von dir wirklich tief enttäuscht. Man redet schlecht über dich, so als wärst du unser Feind, so als wärst du etwas außerhalb von uns, etwas, das uns beherrschen möchte, auf unsere Kosten gut leben möchte. Dabei bist du ja ein Teil von uns, ein Werkzeug, das uns dienlich sein und uns vor den Mächtigen schützen sollte. Die Menschen, die nicht direkt von dir profitieren, sehnen sich nach einem Wandel der politischen Kultur in diesem Land. Versteh mich nicht falsch, ich möchte dich jetzt hier nicht schlecht machen oder dich an den Pranger stellen, anspucken und verspotten. Nein, ich möchte dich eigentlich nur etwas fragen: Wie kann ich dir helfen? Einfach meine Stimme abgeben, zähneknirschend mein Kreuz beim kleinsten Übel machen? Ist es das, was du willst? Was brauchts, damit du wieder zu einem brauchbaren Werkzeug für das Gemeinwohl werden kannst? Würde es dir besser gehen, wenn wir das Polit-Establishment, dem es ausschließlich um das Vertreten von Partikularinteressen und Wirtschaftsinteressen geht und das das Wohl aller komplett aus den Augen verloren hat, aus dem Parlament schmeißen würden, Fronten und Blöcke aufbrechen und als eine Koalition der Willigen die Menschen dieses Landes repräsentieren, die bislang in der politischen Arena kaum vertreten sind? Würde es dir gefallen, wenn wir alle wieder mehr Interesse an dir hätten und die Politik selbst in die Hand nehmen würden? Haben wir die Eliten zu lange gewähren lassen, ihnen zu wenig die Stirn geboten, zu selten die Stimme erhoben, weil es uns letztlich egal war, weil es uns ja eh noch ganz gut gegangen ist, haben wir dich nicht zu dem gemacht, was wir nun beklagen. Geht es uns allen wie dem Zauberlehrling, werden wir all die Geister, die wir riefen, nun nicht mehr los? Ist die Mehrheit eine Mehrheit von Gespenstern, sind wir nur ein Schatten von uns selbst. Durchsichtig und gläsern sind wir allemal geworden. Haben wir zu viel zugelassen, aus Bequemlichkeit? Sollen wir uns noch länger am Klo einsperren, um unsere Ruhe zu haben oder das Austreten beenden und dich zu *unserer* Sache machen! Aber wer ist *uns*? Manchmal macht mir *uns* Angst. Dir auch, stimmts? Schön, dass wir ein wenig geplaudert haben. Du bleibst noch? Gut. Dann bis später und sei vorsichtig, pass auf dich auf und lass dir nichts gefallen. Und plötzlich ist es, als würde ich eine Stimme hören: „Arschlöcher". „Wie bitte?" frage ich. „Schmeiß' die Arschlöcher raus!" Das klingt schon lauter und deutlicher. „Welche Arschlöcher meinst du?" „Alle! Ich möchte mit denen nichts mehr zu tun haben!" „Okay.

Ich kümmere mich drum." „Ist das ein Wahlversprechen?" fragt die Politik. „Nein, ist es nicht. Ich meine es ernst." Mit der Betätigung der Spülung wird unser Pakt besiegelt und begossen. Mit entleerter Blase gehe ich an der Küche vorbei. Meine Frau hat sich etwas Rahm mit Nüssen und Honig vermischt und schleckt den Löffel ab. „Und. Hast du eine längere Sitzung gehabt?" witzelt sie. „Nein, ein Vieraugengespräch," sage ich und nehme mir selbst einen Löffel Rahm mit Nüssen und Honig.

Wahlsonntag. Ich habe Brei gekocht. Hafer, Amaranth, Erdmandeln, Rosinen mit Wasser und ein wenig Schlagobers köcheln lassen. Rühren, mit Zimt und Ingwer verfeinern, ziehen lassen. Am Schluss einen Löffel Leinöl beifügen. Das wärmt, gibt Kraft und sättigt. „Uff, aus. Schluss jetzt. Ich bin voll," meint meine Frau und legt den Löffel zur Seite. „Wollen wir zu Fuß zum Gemeindeamt gehen, dann hätten wir die Bewegung auch gleich erledigt?" Als ob Bewegung etwas wäre, das man erledigen kann. Bewegung ist Leben. Manche sind vom Leben so richtig erledigt. „Gute Idee!" stimme ich zu. „Wir dürfen die Ausweise nicht vergessen". „Brauchen wir die?" „Ich denke schon, oder?" Meine Tochter hat ihr Zimmer verlassen. „Morgen! Magst du Brei?" „Igitt! Was macht ihr heute?" „Wir spazieren ins Tal, magst mitgehen?" „Scherzerl." Für meine Tochter findet Leben zurzeit ohne Bewegung statt. „Wieso brauchts ihr im Wald einen Ausweis?" fragt sie. „Im Wald nicht, aber am Gemeindeamt," meint meine Frau und holt sich noch etwas Brei vom Herd. Ein bisschen geht immer noch. „Gehts *ihr* wählen?" Das klingt so wie: „Gehts *ihr* zum McDonald's? *Ihr* fliegts nach Indien zur Selbstfindung. *Ihr* kaufts euch eine Hochseeyacht?" Jedenfalls klingt es wie: Das glaube ich nicht! „Und wen wählts ihr?" „Uns!" sage ich. Der Blick meiner Tochter stellt viele Fragen, sie wartet aber nicht auf eine Antwort: „Cool."

Das Amtshaus unserer Gemeinde hat heute etwas scheinbar Festliches. Bürger und Bürgerinnen im Sonntagsgewand. Keine Hast und Eile. Über die Gemeinde hat sich ein Schleier der Ernsthaftigkeit gelegt. Heute werden auch hier die Weichen für die Zukunft gestellt. Die Zukunft der Regierung, die Zukunft des Landes und natürlich nicht zu vergessen: die eigene Zukunft. Selbst die Frauen der Wahlhelfer, die Kaffee und Kuchen bringen, haben heute etwas Staatsmännisches an sich. Herr und Frau Düringer sind soeben vor dem Wahllokal eingetroffen. Schwitzend, dampfend. Unübersehbar für alle Anwesenden. Bewegung ist Leben. Schnelle Bewegung ist Sport. Hat man den Sport einmal erledigt, ist man zumeist selbst auch erledigt. Der Boden vom Hügel ins Tal, quer durch den Wald war nass und tief vom Regen der Nacht. Lehm speichert Wasser. Und feuchter Lehm klebt an den Schuhen. Sollen wir in Socken zur Urne schreiten? Für einen Moment lüftet sich der Schleier der Ernsthaftigkeit. Unser Auftritt erinnert mich an eine Szene aus einem Programm von Lukas Resetarits, die ich, anlässlich seines 65. Geburtstagsfestes gemeinsam mit Alfred Dorfer, Thomas Stipsits und Josef Hader inszenieren und zur Aufführung bringen durfte (*Suchen sie auf Youtube: „Düringer im Wahllokal"*). Das war wirklich ein Spaß. Schauen sie nur, wie der Dorfer Fredi auf der Bühne sich das Lachen verkneift.

Wir befreien die Schuhe so gut es geht mit Holzstöckchen und Gras vom Gatsch. Rund um uns Bürgerinnen und Bürger, die heute von ihrem persönlichen, freien, demokratischen, aktiven Wahlrecht Gebrauch machen. Großteils bekannte Gesichter. Lebendige Gesichter. Das unterscheidet sie von den Gesichtern auf den Plakaten. Hier sind Herr und Frau Düringer keine Sensation, hier sind wir Alltag. So ist das auf dem Land. Im Sonntagsgewand hat man uns hier noch nie gesehen, denn Sonntagsgewänder behindern die Bewegungsfreiheit. Manche werden uns das als Respektlosigkeit ankreiden. Bewerten, beurteilen, zuschreiben, verurteilen. So ist das auf dem Land. So ist das aber auch in der Stadt. So ist der Mensch. Heute haben wir uns alle, nach mehr oder weniger langen Überlegungen, Diskussionen und Beratungen, nach Abwiegen aller Für und Wider ein Urteil gebildet. Vielleicht haben die letzten von den Presseabteilungen der Parteien manipulierten, jedoch mit Überzeugung propagierten Umfrageergebnisse die Urteilskraft noch etwas getrübt, aber letztendlich werden wir alle eine Entscheidung treffen und gleich ein Urteil fällen. Dieses wird im Wahllokal geheim, still und heimlich verkündet. Man spricht nicht darüber. Man wartet auf die Urteilsvollstreckung nach den ersten Hochrechnungen. Irgendjemand wird heute sicher noch „hingerichtet" werden. Politisch und medial. Das wird sich keiner der Sonntagsanzugsträgerinnen entgehen lassen, nichts wärmt so schön wie der Scheiterhaufen der Verlierer. Die Gewinner werden ein Freudenfeuer entzünden, das Wahlergebnis wie ein Lauffeuer durch das Land ziehen, ein wenig verbrannte Erde wird uns jedenfalls bleiben und ein kleines Brandmahl in der Geschichte der Republik wird uns an den heutigen Wahlsonntag erinnern. Vielleicht bleibt heute Abend kein Stein auf dem anderen, der Boden, auf dem die Steine sicher ruhen, wird trotzdem derselbe bleiben. Wir können heute, an diesem Sonntag, Steine umschichten, sie neuordnen, sie in den See des Vergessens schmeißen, wir können versuchen aus den Steinen etwas Neues, etwas Besseres zu bauen. Haben wir nicht schon in unserer Kindheit viel Freude mit unseren bunten Legosteinen gehabt, daran, mit ihnen etwas gestalten zu können, aus dem Nichts. Aus dem Nichts? Nein, nicht aus dem Nichts, sondern aus Legosteinen, die unsere Eltern uns vom schwer verdienten Geld gekauft haben. Legosteine sind *nicht* Nichts. Sie sind die Vorgabe, der Rahmen, in dem wir uns bewegen dürfen. Was kein Legostein ist, hat in diesem Spiel nichts verloren, weil es nicht passt. Surviving of the Fittest. Nicht die Starken und Klugen überleben, sondern die Fitten. Wie hieß es früher im TV: „Fit mach mit!" Die Angepassten haben unter Angepassten das Sagen. Da fällt mir ein Satz von Helmut Schmidt, dem ehemaligen deutschen Kanzler ein: „Der Jammer ist: Die Dummen sind sich ihrer Sache so sicher, die Klugen aber sind voller Zweifel." Auch so mancher Zweifler wird heute zähneknirschend mit zitternder Hand sein Kreuz machen. Heute werden in diesem Land möglicherweise Steine bewegt, aber sie werden sich dadurch nicht verändern und den Boden, auf dem sie sicher liegen, können wir hier nicht bearbeiten. Ein anderer deutscher Politiker, der bayerische CSU-Ministerpräsident Horst Seehofer, plauderte bei einem Fernsehinterview aus der Schule: „Jene, die gewählt werden, haben nichts zu entscheiden, und jene, die was zu entscheiden haben, kann man nicht wählen."

„Wollen wir?" fragt meine Frau und bietet mir ein kleines Stück von ihrem Rohkostriegel an. Das größere Stück hat sie bereits in ihrem Mund. „Jederzeit!" sag ich und stecke mir ein unglaublich kleines Stück Riegel in den Mund. Wir betreten genüsslich kauend das Wahllokal. „Mahlzeit!" „Mahlzeit!" „Mahlzeit!" Auch die Wahlhelfer haben den Mund voll, sie bieten uns Kuchen an. So ist das auf dem Land. Hier wird noch geteilt und auch den Ausweis brauchen wir nicht herzuzeigen. „Stadtbekannt" sagt unser Vizebürgermeister und nickt uns zu. Eigentlich ist er der Michl, unser Nachbar oben am Hügel. Früher war er Landwirt, heute bietet er Pferdebesitzern Einstellplätze an. Von der Landwirtschaft kann man nicht mehr gut leben. So ist das auch auf dem Land. Unsere Nachbarn sind großteils noch Bauern. Noch. Wir haben unsere Nachbarn alle gern, auch wenn wir alle unterschiedlich sind, sind wir oben am Hügel eine Gemeinschaft. Kein Bund, keine Partei, kein Verein, keine Gruppierung, keine Bewegung. Eine lose, unstrukturierte Gemeinschaft. Wir sind so gut wie möglich für uns da. So ist das. Nicht nur bei uns, so ist das überall. Menschen sind füreinander da. Wenn man sie lässt, wenn man sie nicht gegeneinander aufhetzt, in ihnen keine Feindbilder erzeugt. Auch der Michl hat heute etwas Staatsmännisches, trotz Trachtensakko. Meine Frau und ich werden als Nummer in eine Liste eingetragen. Michl überreicht uns unsere amtlichen Stimmzettel. Er tut das mit einem spitzbübischen Grinsen. Bei uns am Hügel gibts keine Geheimnisse, zumindest keine Wahlgeheimnisse. Ich schenke meiner Frau noch ein Lächeln, sie lächelt zurück. „Bis gleich, Schatz." „Hoffentlich," sage ich und verschwinde in der Wahlkabine.

Damit endet die Feierlichkeit. Wahlkabine? Sagt man nicht auch Wahlzelle? Endet hier also nicht nur die Feierlichkeit, endet hier auch unsere Freiheit. Bedeutet Freiheit eine Wahl zu haben? Freiheit ist es für mich, stundenlang durch ein Einkaufszentrum zu schlendern und nichts zu finden, was ich brauche. Manches will ich vielleicht, aber auch nur, weil ich es wollen soll. Der Satellitenspiegel bietet uns eine große Auswahl an TV-Sendungen, aber haben wir dabei eine Wahl. Jede Auswahl, so groß sie auch sein mag, bedeutet in Wirklichkeit eine Begrenzung. Sie beschneidet die Möglichkeiten und die Wahl haben letztlich jene, die über die Auswahl entscheiden. Innerhalb der Auswahl hat man nur *das Gefühl* eine Wahl zu haben. So denke ich es mir. Vielleicht ist aber alles auch ganz anders. Ich schaue auf den Stimmzettel. Jetzt bin ich mit mir und meiner Entscheidung alleine. In letzter Zeit haben ich und meine Frau einige Entscheidungen getroffen. Sie ist selbstständig und hat ihre Arbeitszeit stark reduziert, ihren Betrieb verkleinert. 30 Stunden die Woche sollten reichen. Fernseher hat meine Frau schon lange keinen mehr, ihr Bankkonto hat sie erst kürzlich geschlossen. Nur Bares ist Wahres, auch wenn man es uns eines Tages sicher wegnehmen wird. Beide verzichten wir auf Fleisch aus Massentierhaltung. Meine Frau isst gar kein Fleisch und ich esse nur Fleisch von Tieren, die ich selbst getötet habe. Mein Konto habe ich noch, weils für mich gar nicht ohne ginge. Gut geht es für mich ohne Auto, ohne Bankomatkarte, ohne Supermärkte. Wir heizen mit Holz, haben uns von den Netzen unabhängig gemacht, versuchen im Rahmen unserer Möglichkeiten die Konzerne links liegen zu lassen. Was ich nicht nachfrage, wird eines Tages nicht mehr produziert. Wir suchen uns gut aus, welche Informationen wir in uns hineinlassen und welche nicht. Wir lesen viel, hören, was andere so denken und tauschen uns darüber aus. „Daseinsmächtigkeit" ist die Überschrift zu unserer Lebensgeschichte. Und ich erhebe, wann immer ich die Möglichkeit dazu habe, in der Öffentlichkeit meine Stimme. Manchen bin ich zu radikal, für andere ein Spinner, für manche sogar ein Vorbild. Das sind alles keine großen Dinge, es sind kleine Veränderungen, die uns selbst und vielleicht anderen guttun. Jeder Moment fordert eine Entscheidung, doch manchmal kann man getrost innehalten. Jetzt zum Beispiel. Ich genieße die Ruhe in meiner Wahlzelle. Manche, so hört man, entscheiden sich erst in der Stille der Wahlzelle, wem sie ihre Stimme geben werden. Ich habe meine Wahl schon lange zuvor getroffen. Meine Stimme bekommt ihr nicht. Meine Frau und ich werden sie dieses Mal behalten, aber wir werden euch eine Nachricht hinterlassen.

„Ich bin eine gültige Stimme!" So steht es nun quer über den Stimmzettel geschrieben, dick und fett und unterstrichen. Den dicken Filzstift haben wir mitgebracht. Meiner ist blau, der meiner Frau rot. Die Farbe ist bedeutungslos, was zählt, ist die Unübersehbarkeit. Den Stimmzettel zurück ins Kuvert gesteckt. Hätte ich meinen Namen darauf schreiben sollen? Wozu, hier im Dorf bin ich ohnehin stadtbekannt. Das Kuvert verschwindet in der Urne, meine Stimme aber habe ich behalten. Meine liebe Frau war schneller. „Hast du noch überlegen müssen?" scherzt sie. „Nicht wirklich. Aber ich wollte es ganz einfach genießen und nicht nur erledigen." Eine kleine Spitze unter Eheleuten darf sein. Wir verabschieden uns von den Anwesenden und bevor wir das Wahllokal verlassen, schiebt sich meine Frau noch eine Schaumrolle in ihren Mund. Die Oma vom Heinzenhof oben am Hügel macht die besten Schaumrollen der Welt. Der Josef vom Mooseck liefert uns das Holz für den Ofen. Franz und Michaela haben Schafe und einen Bagger. Der Karl und die Marianne sind uns auch schon ans Herz gewachsen. Die Eva hat unseren Kater einschläfern müssen und die Sau besamt, ihr Mann, der Christoph, ist auch Tierarzt und hört – wie meine Frau – gerne David Bowie. Wir schauen manchmal gemeinsam Filme in unserem Heimkino. Der Hemsch, der Fredi und der Sepp haben gemeinsam einen Traktor gekauft. Das Geld dafür habe ich ihnen vor vielen Jahren geborgt, heute ist er längst abbezahlt. Von der Kerstin bekommen wir die Eier und nächstes Jahr vielleicht einen halben Truthahn vom Andreas. Die Romana hat früher oft auf meine damals noch kleine Tochter aufgepasst, heute passt meine Tochter auf ihre Töchter auf. Und dem Chrisi habe ich als Kind das Motorradfahren beigebracht. Heuer möchte er endlich Moto-Cross-Staatsmeister werden. So ist das auf dem Land. Alle waren sie heute wahlberechtigt.

ZIB 20.00 Wahlspezial '13. Das klingt wie Mini 850 Monte Carlo Special '72. Dinge brauchen einen Namen, um sich verkaufen zu können. Meine Frau und ich wir haben es uns vor unserem Patschenkino gemütlich gemacht. Meine Frau hat eine Schüssel Popcorn auf ihrem Schoß. Ich habe mir zur Feier des Tages ein kaltes Bier aufgemacht. Manchmal machen wir das. Fußball-WM-Finale, Olympische Herrenabfahrt (zuletzt 1976. Was für ein Höllenritt vom Klammer Franz!), Moto-GP jeden zweiten Sonntag und heute das große Finale der Nationalratswahl 2013. Die Schlacht ist geschlagen, auf Wahlkartenwähler wird noch verwiesen. Die Gesichter geben brav den eingelernten Text wieder: „Ich bedanke mich für das Vertrauen der Wähler." „Das Ergebnis ist ein klarer Auftrag." „Das werden wir in den Gremien besprechen." „Es ist uns leider nicht gelungen, unsere Wähler zu mobilisieren." Sieger, Verlierer, Parteihooligans applaudieren in den Parteizentralen und im Studio. Manche aus

Siegeslaune, manche inszenieren ihre Niederlage zur Party. Mögliche Koalitionen, Wählerstromanalysen und immer wieder, einem Mantra gleich, wird das vorläufige Endergebnis wiederholt: SPÖ 26 %, ÖVP 24 %, FPÖ 21 %, Die Grünen 12 %, Team Stronach 6 %, Neos 4 %. Ohne Berücksichtigung der Wahlkarten natürlich. Und: ohne Berücksichtigung von zwei „Gültigen Stimmen". Herr und Frau Düringer werden nicht berücksichtigt! So als wären wir niemals durch den Wald ins Gemeindeamt gewandert. Unsere beiden gültigen Stimmen werden als ungültig gewertet. Offenbar ein Lesefehler. Deutlicher, dick, in Blau und Rot kann man es wohl kaum aufschreiben. „Die haben unsere Botschaft nicht verstanden," meint meine Frau und greift dabei tief in die Popcornschüssel. Ich frage mich: Wie viele müssten wir sein, dass sie uns nicht übergehen können? Im TV wird soeben die noch nicht endgültige Mandatsverteilung grafisch dargestellt Das, was *uns* wichtig erscheint, wird dabei elegant übergangen. Nur in einem Nebensatz wurde das Wesentliche gerade einmal erwähnt: „Bei einer Wahlbeteiligung von 75 % ergibt sich das folgende vorläufige Endergebnis: SPÖ 26 %, ÖVP 24 %, FPÖ 21 % …" Hier endet die Mathematik und hier beginnt zugleich die Magie. Zumindest offenbart sich für den Hausverstand die Kraft der Illusion. Bei einer Wahlbeteiligung von nur 74 % erreichte mathematisch die SPÖ 20 %, die ÖVP 18 %, die FPÖ 15 %, die Grünen 9 %, das Team Stronach 5 % und die Neos brachten es trotzdem auf 4 % der Stimmen. Die Kleinen haben im Verhältnis etwas gewonnen, die Großen hingegen deutlich verloren. Und die Wahlsieger sind mit 25 % der möglichen Stimmen die Unerwähnten. Das sieht dann schon etwas anders aus? Politik und Mathematik sind unterschiedliche Wissenschaften. 1,6 Millionen blieben heute zu Hause. 90.000, darunter auch meine Frau und ich, haben am Spiel teilgenommen, aber die Spielregeln missachtet. Das erinnert mich an das Finale der Fußball-WM 2006. Trotzdem die Augen der Welt auf ihn gerichtet waren, sich alles scheinbar nur mehr um König Fußball drehte, entschied sich der französische Ausnahmekicker Zinédine Zidane, ein Held der Nation, den italienischen Spieler Marco Materazzi nach dessen Beschimpfungen und Beleidigungen während des Spiels mit einem Kopfstoß gegen die Brust in die Schranken zu weisen. Sozialisierung ohne Worte. Das große Spiel war für ihn plötzlich nicht mehr wichtig, seine Tat für ihn eine Frage der Ehre. Er erntete die Rote Karte und den Spott der Welt. Vielleicht hat er es später bereut, vielleicht aber auch nicht. Damals trank ich auch Bier und meine Frau hatte eine Familienpackung Popcorn am Schoß.

Jetzt ist mein Bier leer, meine Frau schleckt die Popcornschüssel aus und die Wahl ist geschlagen, natürlich, damit ich es nicht vergesse, können die Wahlkarten noch den einen oder anderen Prozentpunkt bringen – oder kosten. Oder, wie neu gelernt, die Wahl für null und nichtig erklären. Macht nichts! Wahlkampf ist ja etwas Unterhaltsames. Und das ist es, was wir wollen: Unterhalten werden, auch wenn wir dabei intellektuell unten gehalten werden. Aber unten, da fühlt man sich sicher, von unten kann man nicht mehr fallen, von unten kann es nur mehr bergauf gehen. Bringen oder kosten. Darum geht es letztendlich. Nicht nur in der Politik, auch bei uns daheim. Meine Frau und ich, wir *bringen* das Leergut in die Küche und *kosten* Kartoffelchips mit Rosmarin. Wenn alles nach Plan läuft, wird 2018 wieder ein neuer Nationalrat gewählt und wir werden den Gesichtern wieder nicht entkommen können. Aber manchmal laufen die Dinge nicht nach Plan. Und immer, wenn es nicht nach Plan läuft, beginnen die Dinge lebendig zu werden.

Wenn meine Tochter lebendig wird, also nicht mehr online ist, verlässt sie ihr Zimmer, um sich ein Butterbrot zu streichen. „Und wer hat gewonnen?" „Wir. Wir gewinnen immer" sage ich. „Und wer hat wirklich gewonnen?" „Keiner. In diesem Spiel gibt es keine Gewinner," sagt meine Frau und beißt vom Butterbrot meiner Tochter ab. „Wirklich verloren hat die Demokratie in diesem Spiel," sage ich und klinge dabei sicher wie ein Oberlehrer. „Warum spielt man eigentlich bei einem Spiel mit, das man gar nicht gewinnen kann?" Sie rettet ihr Butterbrot durch einen taktischen Rückzug in ihr Zimmer. Diesmal konnte meine Tochter sich noch von den Gesichtern fernhalten, in fünf Jahren ist sie selbst eine Wahlberechtigte. Meine Frau schaltet den Geschirrspüler ein und ich frage sie: „Was wäre, wenn man den ungültigen Stimmen eine Gültigkeit geben könnte? Oder wenn man es schaffen würde, den Nichtwählern den Weg zur Urne schmackhaft zu machen?" „Du willst jetzt aber keine Partei gründen, oder?" Der Blick meiner Frau hat etwas Strafendes, zugleich aber auch etwas Flehendes. „Nein, ich glaub, das will ich nicht." Dann wäre ich plötzlich Teil eines Spiels, das ich in dieser Form ablehne. Wozu braucht es heute noch Parteien? Wäre es nicht schön, wenn endlich wieder Menschen das Sagen hätten und nicht Interessengruppen. Wenn Politik dem Gemeinwohl dienen würde und Abgeordnete wieder Menschen mit Ansehen werden. Wenn es im politischen Diskurs um das gemeinsame Lösen von Sachfragen ginge und nicht um ideologische Grabenkämpfe? „Eigentlich möchte ich nur bei der nächsten Wahl eine Wahl haben. Verstehst du? Ich möchte mit einem guten Gefühl mein Kreuzerl machen, ich möchte den Gesichtern eine Nachricht hinterlassen, die sie nicht negieren können. Was, wenn wir die Möglichkeit hätten, uns selbst zu wählen? Stell dir vor, was passieren würde, wenn deine gültige Stimme gelten würde. In welcher Form auch immer." „Also ich bin jetzt müde und mir raucht schon der Kopf," sagt meine Frau und lässt sich die letzten Brösel der Kartoffelchips aus der Packung in den Mund rieseln. „Es ist ja nur so eine Idee, mein Schatz." „Wenn *du* eine Idee hast … na schaun ma einmal." Die leere Packung verschwindet im Restmüllbehälter und ich drehe das Licht ab.

EINE IDEE, VIELE FRAGEN, WENIGE ANTWORTEN UND EINE MÖGLICHKEIT VON ABERTAUSENDEN

Wenn ich einmal eine Idee habe, dann ziehe ich das meistens durch. Das ist es, was meine Frau mir sagen wollte. Zeit meines Lebens bin ich ein Ideenumsetzer gewesen, es hat mich zu dem gemacht, was ich heute bin. Meine Ideen schreiben meine Lebensgeschichte, und das nicht nur beruflich. Auch abseits der Schauspielerei spiele ich mit Ideen und versuche diese – oft radikal und ohne Kompromisse – umzusetzen. Manchmal auch schlechte. So bin ich Gestalter meines Lebens. Es ist eine Privileg, seine eigenen Ideen umsetzen zu können und es zu dürfen. Dieses Privileg ist zugleich eine Verpflichtung.

Die Geschichte dieses Buches ist die Geschichte einer Möglichkeit. Es handelt von der Umsetzung einer Idee, die ich nur gemeinsam mit anderen, um genau zu sein: Mit ihnen liebe Leserin und lieber Leser umsetzen kann. Dieses Buch ist kein Fahrplan, keine Anleitung oder gar ein politisches Manifest, es ist lediglich die Geschichte einer Idee und zugleich ein Teil dieser Idee. Einer Idee, die, während ich diese Zeilen schreibe, auch noch nicht zu Ende gedacht ist. Und wenn in einigen Monaten die letzte Zeile in diesem Buch geschrieben sein wird, werden viele Fragen offen bleiben und neue auftauchen.

Ich werde ihnen in diesem Buch – direkt oder indirekt – viele Fragen stellen, auch unbequeme. Ich werde ihnen Geschichten erzählen, versuchen Erklärungen zu finden, mit einem Provinzpolitiker in einen intensiven Dialog treten,

Menschen, die ich persönlich schätze, zu Wort kommen lassen, mich von einem bekannten Politikberater beraten lassen, Ereignisse rund um dieses Projekt in Form eines „Livetickers" notieren und dokumentieren, und zu allen möglichen Dingen meinen Senf dazugeben.

Der Feind des Lebendigen ist für mich das Absolute. Eine prinzipielle Frage, die ich ihnen stellen möchte: „Wollen wir *das*?" Was ich damit meine, ist: All das, was über uns hereinbricht, dem wir scheinbar ohnmächtig gegenüberstehen, was unser Leben immer mehr und mehr reglementiert, was in uns Ängste schürt, uns informiert, manipuliert und dabei unterhält, was einer riesigen Blase gleicht, die jeden Moment zu platzen droht, was ich meine, ist die Matrix, in der wir alle besser und schlechter unser Dasein fristen, in der die Demokratie zum Spiel der Mächtigen geworden ist und sich Demokratie dabei gefährlich verändert und sich hinter verschlossenen Türen zur Diktatur wandelt. Wenn sie so wie ich *das* nicht wollen, dann sollten wir gemeinsam ein Zeichen setzen. In anderen Ländern müssen die Menschen bereits auf den Straßen kämpfen, wir aber haben (noch) eine Wahl. Noch. Wir dürfen den von uns selbst gewählten Autoritäten ohne Angst entgegentreten und sie freundlich, aber bestimmt auf ihre Nacktheit aufmerksam machen.

Kennen Sie das Märchen, vom Kaiser mit den neuen Kleidern? Wer hat denn da „Der Kaiser ist nackt" gerufen? Richtig, ein Kind. Ein ungezogenes natürlich. Wo sind heute die ungezogenen Kinder? Wer möchte schon gerne aus der Reihe tanzen? Wer möchte der Erste sein, der den Kaiser der Nacktheit bezichtigt. Natürlich: Wenn einmal alle schreien, dass der Kaiser nackt ist, dann schreien wir mit. „Schleich die Nockata. Do braucht kana a Nockapazl, wia di!" Aber wer möchte der Erste sein, sich versündigen. Wer möchte heute noch selbst denken, wenn gedacht werden viel bequemer ist. Wo sind sie, die Ungehorsamen? Nackte gibt es genug, zwar nicht in Hülle, aber oft in ziemlicher Fülle.[1]

Die erste Antwort, die ich auf eine in ihnen brennende Frage geben kann, ist: Nein! Meine Frau wiegt nicht 100 kg, sie ist nicht dick und auch nicht rund. Sie ist groß und schlank und für mich und viele andere eine Schönheit. Sie isst gerne, oft und viel, verfügt aber über einen raschen Stoffwechsel und verbrennt alles, was sie isst, ohne Spuren zu hinterlassen. Das Leben ist eben nicht immer gerecht. Die zweite Frage lautet wahrscheinlich: Was genau ist jetzt ihre Idee, welcher Plan steckt da dahinter? Ehrlich gesagt: Ich habe noch keinen Plan, aber die Idee, die mir nun doch schon seit einigen Jahren im Kopf herumschwirrt, hat ein klar definiertes Ziel. Ich möchte bei der kommenden Nationalratswahl, wann auch immer diese sein wird, am Wahlsonntag in der Wahlzelle ein gutes Gefühl haben. Ich würde mir wünschen, dass das Angebot am amtlichen Stimmzettel um eine konkrete Option erweitert wird, die all jenen, die das Vertrauen in unsere Parteien – nicht in die Politik oder die Demokratie an sich – verloren haben, die Möglichkeit gibt, sich als politisch interessierte, eigenverantwortlich lebende, selbstdenkende Bürgerinnen und Bürger, die bereit sind, einen Wandel der politischen Kultur und damit einen grundsätzlichen Systemwandel zu unterstützen und auch mitzutragen, als gültige Stimme zu registrieren.

Nehmen wir an, es gäbe eine wahlwerbende Liste, die allen Nicht-Weiß- und Protestwählern die Möglichkeit bietet, sich als „Gültige Stimme" zu registrieren. Sie wählen keine Partei, geben ihre Stimme nicht ab, sondern behalten sie. Sie nützen damit ihr demokratisches Recht zur Demonstration. Und nicht nur sie, viele andere Enttäuschte und Parteienverdrossene haben sich angeschlossen und werden damit zu einer politischen Kraft außerhalb des Parteiensystems. Stellen sie sich einmal die Gesichter der Gesichter vor, wenn sich bei der ersten Hochrechnung *unser* Balken auf Augenhöhe – oder zumindest leuchtende Kinderaugenhöhe – mit dem der Etablierten befindet. Was für einen Spaß hätten wir dann mit den „Gesichtern" … aber Schluss jetzt! Träume sind auch nur Schäume und Politik ist kein Spaß. Politik ist bitterer Ernst. Wer gerne lacht und lebensfroh ist, mit heiterem Gemüt durchs Leben geht, sollte sich von politischen Ämtern fernhalten. Blödsinn! Auf keinen Fall: Lachen ist Pflicht. Lächle, du kannst sie nicht *alle* töten.

Wir sollten uns endlich frohen Muts aus dem Gefühlssumpf der Ohnmacht am eigenen Schopf packen und gemeinsam eine Initiative starten, die einem politischen System, das nahezu ausschließlich profitorientiert statt schicksalsorientiert agiert, die Rute ins Fenster stellt und Energie entzieht. Es geht um nichts anderes als um *eine* Möglichkeit, die wir gemeinsam installieren, nicht um ein Angebot meinerseits an eine anonyme Wählerschaft. Warum? Weil ich nichts anzubieten habe. Nichts, was ich konkret für sie tun kann, um ihre Lebensumstände und damit ihre Lebensgeschichte zu verbessern. Dazu fehlen mir die Macht und die Lust. Was interessiert mich ihre Lebensgeschichte? Ich kann sie nur einladen, ihr Selbstverständnis von Politik, Demokratie und Staat zu erforschen, falls nötig zu erweitern und Schöpferin oder Schöpfer einer anderen politischen Kultur zu werden.

Ich mache ihnen ein Angebot, über *eine* Möglichkeit nachzudenken, die sie ergreifen können. Ganz ehrlich: Es ist mir letztendlich egal, ob sie dies tun. Mein Leben wird dadurch nicht besser oder schlechter und der Lausbub in mir kann gut auch bei der nächsten Wahl wieder den dicken blauen Filzstift zücken und „Ich bin eine gültige Stimme" auf den amtlichen Stimmzettel malen. Was mir bei genauer Überlegung doch nicht egal sein sollte, ist, wie es ihnen geht, denn das hat sehr wohl einen Einfluss auf mein persönliches Lebensglück, weil ich letztendlich im selben Boot sitze und das Glück des Einzelnen nicht losgelöst vom Glück der Gemeinschaft – einer immer inhomogeneren pluralistischen Gesellschaft – betrachtet werden kann. Ich würde mir wünschen, dass es ihnen gut geht und sie die Möglichkeit haben, ein gelungenes Leben zu leben. Insofern habe ich schon Interesse an ihrer Lebensgeschichte und revidiere, was ich weiter oben geschrieben habe. Es war ein Fehler.

„Das ist es, was den Menschen ausmacht: Er hat die Freiheit, Fehler zu machen," meinte der Wirtschaftsphilosoph Rahim Tagizadegan, als wir uns im Vernehmungszimmer von Puls4 im Rahmen der Sendung „Gültige Stimme" über „Das gute Leben" unterhielten. Aber der Mensch hat auch die Pflicht, sich Fehler einzugestehen und das eigene Scheitern zu reflektieren. Scheitern ist Teil eines erfüllten Lebens und Fehler machen zu dürfen ein Luxus, den sich jeder leisten kann, darf und soll. Wer nichts wagt, der ist gefangen in seiner eigenen Passivität und legt sich freiwillig in die Ketten der Ohnmacht. Schon aus Eigennutz sollte einem das Glück der anderen wertvoll sein und man sollte bereit sein, einen Beitrag für das Wohl der Gemeinschaft zu leisten. Selbst wenn das jetzt schwülstig klingt, ich meine das genauso, wie ich es sage. Es ist mir wichtig, dass es ihnen gut geht, liebe Leserin und lieber Leser.

Klinge ich jetzt schon wie ein Politiker, oder noch schlimmer: Klinge ich jetzt schon wie ein Politikberater?

DER POLITIKBERATER

Herr Rudi Fußi ist von Beruf Politik- und Kommunikationsberater. Einer, der schon fast alle im Parlament vertretenen Parteien auf allen Ebenen beraten hat. Bis auf die Freiheitlichen berät er so gut wie alle. Man könnte ihn auch als Nutte bezeichnen. Aber halten wir uns zunächst einmal, wie in der Politik unüblich, an die Fakten:

Herr Fußi hat im Jahr 2005 mit viel persönlichem Einsatz eines der zahlenmäßig erfolgreichsten Volksbegehren initiiert. 624.807 Wahlberechtigte unterzeichneten das Volksbegehren gegen den Ankauf von Abfangjägern. Erfolgreich, aber doch ohne Folgen. Die Abfangjäger wurden gekauft. Klar, schließlich war ja der Rest der Wahlberechtigten dafür oder es war ihnen zumindest wurscht. Wer strikt gegen den Ankauf war, war die SPÖ unter Alfred Gusenbauer. Ein guter Grund für Fußi, sich aktiv am SPÖ-Wahlkampf zu beteiligen, denn die Abfangjäger wurden zum Wahlkampfthema. „Mit Kanzler Gusenbauer keine Abfangjäger" lautete die Parole. Man fand nach gewonnener Wahl eine österreichische Lösung: ein paar Abfangjäger weniger, dafür die aber teurer. 2012 tritt Fußi aus der SPÖ aus. Was blieb, sind viele Einsichten und ein offener Abschiedsbrief an die SPÖ, den ich ihnen auszugsweise nicht vorenthalten möchte:

2002. Es war der Tag, an dem Schwarz-Blau im Nationalrat den Kauf der Eurofighter beschlossen hatte. Zeit für mich, ein Zeichen zu setzen. Schnell gegoogelt, wo in meinem Heimatbezirk die SPÖ-Bezirksstelle ist und hingefahren. Die Damen am Empfang, die ab

heute meine GenossInnen sein würden, waren sehr freundlich und irgendwie überrascht, dass da einfach so jemand ins Lokal kommt und ein Beitrittsformular verlangt. Am untersten Teil des Mitgliedsantrags fand sich ein auszufüllender Punkt, der wohl dafür gedacht ist, fleißige Mitgliederwerber zu belohnen: Geworben von: _____ Natürlich habe ich es wahrheitsgemäß ausgefüllt und wohl zum ersten und letzten Mal in der Geschichte der Partei stand dort: „Dr. Wolfgang Schüssel, Dr. Jörg Haider".
Was für eine Aufregung. Der böse Fußi, der eh schon überall war, nun in der SPÖ. Für diejenigen, die es nicht wissen: In der Steiermark war ich als Schulsprecher nicht nur Mitglied der ÖVP-nahen Schülerunion, sondern auch der JVP gewesen. Und war so was von antisozialistisch unterwegs, man kann es sich ärger gar nicht vorstellen. „Ich bin ein Sozialistenfresser" wurde ich noch 2001 in der „Presse" zitiert. Das Thema ÖVP hat sich – nachdem ich begann, politische Standardwerke aufzusaugen – aber schnell erledigt.
Ab nach Wien – „Studieren". In der Nachschau: „Inskribiert sein". Der Rest ist bekannt: Aus einem Ferienjob in der Lugner-City kam ich zu den „Demokraten" und habe das Volksbegehren gegen Abfangjäger initiiert.
Gusi war sofort zu einem Termin bereit. Habe meine Bereitschaft geäußert etwas zu tun, um diese unselige schwarz-blaue Regierung zu bekämpfen. Von Gusenbauer war ich im persönlichen Gespräch völlig überrascht. Einnehmend, intellektuell brillant, völlig anders als medial transportiert. Diesem ersten Treffen sollten viele weitere folgen. So lernte ich nach und nach alle kennen. Schnell habe ich erkannt: Idealismus treibt da kaum jemanden.
Wahlabend 2006. Ich hatte mit „Fairness-TV" den Bewegtbild-Teil des Wahlkampfs verantwortet. „Wir" haben gewonnen. Ich werde diese Euphorie nie vergessen. Was wurde Gusi geschmäht, beschimpft und wegen seines Aussehens, seiner Radlerhose oder seiner Frisur verarscht. Es war sein Tag. Zu vorgerückter Stunde habe ich mich in Gusis Büro wiedergefunden. Neben Barbara Prammer, Johanna Dohnal, Doris Bures und anderen. Alle euphorisiert vom Wahlabend. „Wirst sehen Rudi, die Abfangjäger sind Geschichte, anders können wir unsere Sozialpolitik gar nicht

finanzieren", meinte Barbara Prammer. „Ich wäre da nicht zu voreilig. Das wird ja nur hochgespielt, das Thema. Wir werden da eine Lösung finden, mit der alle gut leben können", meinte ein grauhaariger Genosse, der sich zu uns gesellte. Es war meine erste und bis jetzt letzte Begegnung mit Werner Faymann.
Und so kam es. Es wurde ein Vergleich geschlossen. Ein paar Abfangjäger weniger, die dafür pro Stück teurer. Damit war wahrscheinlich das Gleichgewicht des Schreckens hergestellt. Kann ja in Österreich nie nur eine Seite allein bedient werden. Von Jahr zu Jahr habe ich mich, vor allem höchstinteressiert an Themen wie Verteilungsgerechtigkeit, Demokratie und Reformen, immer mehr radikalisiert. Irgendwann war ich dann damit am linken Rand der SPÖ und total überrascht, dass es doch einige gibt, die ähnlich denken …

… Gusi wollte mit der Aufgabe des Parteivorsitzes retten, was zu retten ist und glaubte, in Werner Faymann einen Partner gefunden zu haben. Ich weiß, dass viele es nicht wahrhaben wollten, dass just dieser Faymann einen perfiden Plan verfolgt hat. Er war nie Sachpolitiker gewesen, nur Machtpolitiker. Und er wollte Macht nicht teilen.
Gestützt von einigen ehemaligen Mitstreitern Gusis rief er zum Putsch. Der Leserbrief an die „Kronen Zeitung" war der Tiefpunkt. Der einzige politische Akt Gusenbauers, den ich bis heute nicht verstehe.
„Nehm ma doch den Faymann, der hat super Kontakte zum Dichand", sprach ein, heute unter dem Verlust seines Diplomatenpasses leidender, Seniorenvertreter beim Heurigen in kleiner Runde. Und so kam es.
Der Rest ist bekannt. Mit Faymann kam Laura an die Macht. Und mit ihr eine Clique, die im Unterschied zu den wirklich engagierten AktivistInnen in der SJ nie was mit Ideologie am Hut hatte. „Die jungen Roten" waren bei jeder Veranstaltung Häupls, um ihn mit „Michi, Michi"-Rufen zu feiern. Das war Programm.
Was politisch folgte, war die sukzessive Selbstaufgabe sozialdemokratischer Werte und Grundsatzpositionen. Der Boulevard wünscht, Faymann-SPÖ spielt. Aber nicht nur der Boulevard durfte sich

wünschen, auch die ÖVP natürlich. Faymann waren ideologische Grundpositionen einfach egal, wahrscheinlich kannte er sie nicht einmal.

Das nun vorgelegte Sparpaket beweist einmal mehr, dass Faymann und seine Clique nicht einmal ansatzweise verstanden haben, worum es geht. Dass wir uns im größten Verteilungskampf der letzten 60 Jahre befinden und sich dieser zunehmend intensivieren wird. 72 Prozent der lohnsteuerpflichtigen Einkommen in Österreich sind niedriger als 1.492,– € netto pro Monat. 50 Prozent niedriger als 930,– € pro Monat. Die Vermögen sind in einer Art und Weise in den Händen einiger weniger konzentriert, dass man selbst als Marktradikaler diesen Zustand kritisieren muss.

Eine Gesellschaft, in der einige Wenige fast alles und der Rest kaum etwas besitzt, setzt sich der Gefahr aus, den sozialen Frieden zu verlieren. Diesen Prozess erleben wir gerade …

… Wenn Vermögen und Einkommen in einem Land so ungleich verteilt sind wie in Österreich, würde man glauben, dass die Sozialdemokratie nie an der Macht sein konnte. War und ist sie aber. Und sie hat diese Entwicklung nicht nur ermöglicht, sondern auch beschleunigt.

Dem politisch Interessierten muss man nicht näher erklären, was in der SPÖ falsch läuft. Was im gesamten politischen System falsch läuft. Dieses Parteiensystem dient nur dazu, seine eigenen Leute im staatlichen und semi-staatlichen Bereich zu versorgen und Posten aufzuteilen. Und Geld. Viel Geld. Da stört Ideologie doch nur.

Das Parlament ist de facto zur Abstimmungsmaschine der jeweiligen Regierung verkommen, lebendiger Parlamentarismus ist eine Illusion. So wie der Weltfrieden. Wobei ich in diesem Fall noch eher an den Weltfrieden glaube.

Die Politik ist in ihrer Reformunfähigkeit gefangen. Wir stehen außen und schauen zu. Und fast alle würden eh wissen, was reformiert gehörte. Was man machen sollte, um z.B. mehr Partizipationsmöglichkeiten für die Menschen im politischen System zu schaffen. Da gibt es einen breiten Konsens unter den Menschen. Die politische Klasse freilich lebt in ihrer eigenen Realität. Diese wiederum hat sich von der Lebenswirklichkeit der Menschen entfernt.

Nicht die WählerInnen sind schuld, sollte die FPÖ stärkste Partei bei den nächsten Wahlen werden. Es ist diese Form der Klientelpolitik, der gegenseitigen Blockade, der Verkommenheit der einzelnen politischen Player. Die Politikverdrossenheit der Menschen hat viele Gründe. Die Tatsache, dass keiner mehr Klartext spricht ist, ist mit Sicherheit einer davon. Man kann auch sagen: Wir werden ständig belogen.
Ich glaube nicht mehr daran, dass sich die SPÖ erneuern kann. Ich glaube nicht, dass es der SPÖ noch darum geht, Werte ernsthaft und konsequent zu vertreten. Es geht nur mehr darum, alle fünf Jahre bei einer bundesweiten Wahl möglichst gut abzuschneiden und an der Macht zu bleiben. Das ist einfach zu wenig, sorry.

Dass die Kindersoldaten unter Lauras (Anm. Laura Rudas) Kommando scheinbar nichts Besseres zu tun haben als Privataccounts von Parteimitgliedern zu beschnüffeln, regt mich nicht wirklich auf. Dass sie Leserbriefe fälschen, altgediente Mitarbeiter der Löwelstraße raushauen, weil diese nicht Rudas-ergeben sind, auch nicht. Dass mir von Herrn O. und Frau R. oftmals erklärt wurde, es gehe ums Marketing und nicht primär um den Inhalt, auch nicht. Dass Faymann glaubt, die Schweiz sei ein Nato-Mitglied und Rudas keinen Satz sprechen kann, ohne dass man den Wunsch hat, Sebastian Kurz möge sie ein bissl integrieren, auch nicht.
Mich regen diese Dolme nicht mehr auf. Das beweist für mich, dass ich innerlich mit dieser Partie abgeschlossen habe. Nicht mit den vielen FreundInnen, die ich kennenlernen durfte. Die werde ich weiterhin haben. Nicht mit FunktionärInnen, in deren Herzen das Feuer noch brennt. Aber diese haben nichts zu sagen. Die SPÖ hat so keine Zukunft. Daran wird sich leider in Zukunft auch nichts ändern. Jetzt bin ich das, was viele geworden sind, weil sie es einfach satt haben, jahrelang auf Veränderung zu hoffen: heimatloser Linker. Aber man sieht sich im Leben immer zwei Mal.
In diesem Sinne darf ich herzlichst darum Ersuchen, meine Mitgliedschaft mit sofortiger Wirkung als aufgelöst zu betrachten."[2]

2012 tritt Rudi Fußi aus der SPÖ aus und managt danach den Team-Stronach-Wahlkampf, das mangels Teamgeist und Handeln aus Eigennutz inzwischen Geschichte ist. Viele der Entscheidungsträger sprachen und sprechen nach, was ihnen Fußi und viele andere Politikberater ins gespitzte Ohr flüstern. Werden wir also von Nachplapperern regiert?

WIE ENTKOMMT MAN EINER EIGENEN MEINUNG

DÜRINGER: Was meinen Sie, Herr Fußi, sind unsere Politiker nichts anderes als Bioroboter, die nur die Anweisungen ihrer Politberater befolgen?
FUSSI: Nicht wirklich. Die zahlen mich gut, sehr gut, machen aber so gut wie nie das, was ich vorschlage. Jetzt werden Sie sagen: Aha, Rudi, Du machst also etwas, das eh keiner braucht und lebst trotzdem gut davon. Bingo! Und damit haben wir schon einen der Grundsätze österreichischer Politik verstanden. Es gibt natürlich Menschen wie sie, die sagen, ich sei eine Nutte. Das empört mich dann schon. Eigentlich tut es mir auch weh. Je mehr ich drüber nachdenke, desto mehr muss ich mich aufregen. Nutte? Pfah. Verdammt, ich bin eine Edelprostituierte, keine Nutte. Viele Menschen glauben ja, dass man in die Politik geht, um dort seine Meinung zu vertreten und die Welt zum Besseren zu verändern. Arme Narren, kann ich da nur sagen. Die Politik ist für Edelprostituierte der fruchtbarste Boden: Wo sonst bekommt man vom Volk dafür bezahlt, dass man es fickt …
DÜRINGER: Herr Fußi bitte, wir sind nicht unter uns.
FUSSI: Hoppala. Hab ich „ficken" gesagt? Das können Sie sich auch gleich merken: Political Correctness. Es gibt Dinge, die man nicht sagt. Die man nicht sagen soll. Die man nicht sagen darf. Aber keine Sorge, das ist ganz einfach zu lernen, da gibts eine Liste, die lernen Sie auswendig und schon kann nichts mehr passieren.
DÜRINGER: Das klingt schon nach Kommunikationsberatung. Nehmen wir einmal an, ich möchte in die Politik gehen,

was wäre da … oder sagen wir anders, nehmen wir an, ich kenne jemanden, der in die Politik gehen möchte, weil ich selber möchte ja nicht, da gehts eher darum, … das ist jetzt nicht so leicht zu erklären, ähhh …
Fussi: Sagen sie Herr Düringer, trinken sie?
Düringer: Was meinen sie, Alkohol?
Fussi: Was meint man sonst? Wasser, Kräutertee, Limonade?
Düringer: Alkohol? Eher selten.
Fussi: Das ist schlecht. Erster Merksatz für einen angehenden Politiker: Abstinenz ist Präpotenz. Das muss in ihre DNA eindringen. Sie kommen in ein Lokal, sehen wildfremde Menschen, zahlen eine Runde – am besten dem Stammtisch. Der macht die Wählerstimmen aus! Wissenschaftlich: Opinion Leader – praktisch: der Stammtisch! Wenn wir uns nämlich anschauen, mit wem wir es eigentlich zu tun haben.
Düringer: Wie meinen sie das?
Fussi: Ui, wie meinen sie das? Ich würde ihnen wirklich ein Kommunikationstraining ans Herz legen. „Wie meinens das?" „Das weiß ich nicht." Solche Sätze dürfen niemals aus ihrem Mund kommen. Das hört der Arbeitgeber nicht gerne. Wer sind für sie als Politiker ihre Arbeitgeber?
Düringer: Die Wähler.
Fussi: Richtig. Wir in der Fachindustrie sagen lieber Stimmvieh, das trifft es ganz gut. Es ist nämlich unglaublich, wie viel Mist die absondern. Den Sondermüll, den die absondern, den können wir an einer ganz zentralen Stelle einsammeln. Der Gott sei Dank aber aufgrund modernster Technik geruchsneutral gehalten wird und deshalb für alle, die wollen, leicht zugänglich gehalten wird. Sie wissen, von welchem Stall ich rede. Social Media. Soziale Medien,

richtiger wäre asoziale Medien. Damit haben sie sicher auch schon ein wenig Bekanntschaft gemacht, oder?
Düringer: Allerdings. Narren gibt es überall, auch in den asozialen Medien. Aber das sind sicher nur Einzelfälle.
Fussi: Sie Sozialromantiker! Das sind keine Einzelfälle, das sind diejenigen, für die sie als Politiker da sein sollen. Alles echte Menschen. Alle wahlberechtigt und alle so, dass wir mit denen nichts zu tun haben wollen. Müssen wir auch nicht, wir müssen aber mit ihnen reden. Also nicht direkt und persönlich, aber wir müssen auch den größten Idioten das Gefühl geben, dass sie uns wichtig sind. Dafür ist dieses Social Media ganz hervorragend geeignet. Klingt komisch, ist aber so.
Düringer: Weil man weiß, was der Wähler will?
Fussi: Das fragt man sich, wenn man so etwas liest, natürlich. Was wollen die eigentlich von uns. Wenn man ständig als Arschloch beschimpft wird, was hindert einen daran, sich auch wie ein Arschloch zu benehmen. Und ganz egal, was der Wähler so sagt, was er will, was will er denn wirklich?
Düringer: Ja. Was will er?
Fussi: Er will seine Ruhe haben. Der Wähler an sich ist ein mieselsüchtiges Schwein. Er will auf der einen Seite gestreichelt werden, auf der anderen Seite regt er sich dann darüber auf, dass es zu fest gestreichelt war. Wir müssen so sein wie er. Das ist die wichtigste Regel. Ich nehme es eh nicht an, aber falls sie die österreichischen Philosophen schätzen und gelesen haben. Buber, Benedikt, Druskowitz, Kraft, Popper, Wittgenstein, Liessmann wie sie alle heißen.
Düringer: Nicht alle. Aber Fromm, Watzlawick …
Fussi: Schön für sie, aber bleiben wir am Boden. Thomas Brezina hat viele Millionen Bücher verkauft, mehr als alle

österreichischen Philosophen zusammen. So schauts aus. Das ist die Bildungsgerade Österreichs. Von Gabalier zu Brezina. Und irgendwo stehen wir am Straßenrand, halten den Daumen raus und sagen – „Ihre Stimme bitte!" Da simma wieder mal beim Kernpunkt. Damit die uns ihre Stimmen geben – und wir das Geld kassieren können –, müssen wir leider mit ihnen reden. Damit wir das aber richtig machen, gibt es ein paar wichtige Regeln.

DÜRINGER: Also reden kann ich, das habe ich, glaub ich, bewiesen.

FUSSI: Ja, vielleicht, aber halt nicht so, wie sie das in Zukunft als Politiker tun werden. Wichtig ist dabei eine Grundumkehr der Kommunikation. Grundsätzlich wollen wir ja eine ruhige Kugel schieben, das möchte ich immer wieder erwähnen, aber es wird sich nicht vermeiden lassen, dass sie als Politiker sehr viel gefragt werden. Und da ist es ja normalerweise so, dass man reflexartig auf eine Frage eine Antwort gibt. Weil es auf den ersten Blick ganz einfache Fragen sind, mit denen wir konfrontiert werden. Sind sie gegen Mindestsicherung? Sind sie für Mindestsicherung?

DÜRINGER: Dafür.

FUSSI: Ganz schlechte Antwort.

DÜRINGER: Na dann halt dagegen.

FUSSI: Ganz schlecht: Bei beiden Antworten verlieren sie die Hälfte ihrer Wähler. Sie dürfen NIX sagen! Niemals!!! Wenn sie eine Position haben, die sie wirklich vertreten, sind sie verloren. Wenn sie etwas sagen, was 50 % super finden, dann sind 50 % DAGEGEN!!!! Das ist fatal! Das wollen wir nicht.

DÜRINGER: Aber wenn das meine Position ist. Meine persönliche Meinung …

Fussi: Wichtig ist, wie entkommt man einer eigenen Meinung! Wo man ja auch sagen muss, Flucht wird vielleicht für ihre weitere Karriere sowieso ein Thema werden.
Düringer: Wie meinen sie das?
Fussi: Prinzipiell ehrlich. Das ist etwas, was sie in Zukunft vermeiden sollten.
Düringer: Soll ich Lügen oder was?
Fussi: Lügen ist ein hartes Wort. Sagen wir so: Wie sag ich es, ohne dass ich was sag. Das kommt ihnen jetzt vielleicht anfangs schwieriger vor als es ist. Für die Frauen ist es etwas leichter als für uns Männer. Wir müssen uns ein bisserl umlernen. Wir müssen reden. Also nicht nur „Jo, eh" oder „Eh gut", sondern wirklich reden. Keine Sorge. Das kann man lernen! Im Großen und Ganzen gibt es rund 20 bis 30 Sätze, die sie beherrschen müssen. Eines kann dabei immer dabei sein …
Düringer: … das Gemeinwohl!?
Fussi: Richtig. Sie lernen schnell. Das Gemeinwohl. Es geht ganz gemein um MEIN WOHL. Haha. Nein, aber jetzt wirklich. Da muss ich sie aufwecken können um Fünf in der Früh, zack, die Phrasen müssen sitzen. Aber damit kommen sie dann aber auch wirklich durch. Ich gebe ihnen ein paar Beispiele:

- ✓ „Was sie da in der Theorie sagen, klingt sehr gut, ist in der Praxis aber fast nicht umsetzbar."
- ✓ „Ich glaub, das sind wir den Leuten schuldig dass wir uns damit befassen."
- ✓ „Das ist eine wunderbare Anregung, die nehmen wir gerne auf."

- „Ich finde, sie haben das Recht darauf, dass wir das ernstnehmen."
- „Wir werden umgehend zu diesem Thema einen Arbeitskreis einberufen."
- „Ich glaube, dass wir an einem Punkt angekommen sind, wo Polemiken dieser Art nicht angebracht sind."
- „Eine Gesellschaft kann nur dann funktionieren, wenn sie gemeinsam an Lösungen arbeitet."
- „Ich glaube, dass es mit Oberflächlichkeit alleine nicht gehen wird."
- „Es geht nicht nur um uns, es geht auch um die kommenden Generationen."
- „Wir dürfen uns nicht in Kleinigkeiten verlieren, wir müssen das große Ganze sehen."
- „Ich glaube, man kann nicht erwarten, dass wir in allen Dingen gleicher Meinung sind."

Wenn sie das intus haben, dann wissen sie schon, wie sie welche Inhalte transportieren. Unabhängig von der Farbe der Partei.

Düringer: Aber gibt es keine Prinzipien?

Fussi: Doch. Wie der SPÖ-Abgeordnete Christian Faul einmal festgestellt hat. „Ich hab nur ein Prinzip. Ich sauf kan Wein aus einem Tetrapak." Das ist schon genug – fast zu viel. Mehr brauchts nicht.[3]

EHRLICH WÄHRT AM LÄNGSTEN

Ist das so? Erlauben sie mir, weil es mir gerade einfällt und bevor ich ihnen meine Projektidee näher erkläre, einen kleinen Exkurs. Ist es nicht so, dass man sich mit Unehrlichkeit ganz gut und lange über Wasser halten kann, es also durch Unehrlichkeit zu etwas bringen kann? Und wozu kann man es bringen? Zu mehr! Mehr als die anderen zum Beispiel. Das ist oft nicht viel, aber es ist schon einmal mehr. Mehr Stress, mehr Konflikte, mehr Schulden, mehr chronische Krankheiten, mehr seelisches Leid. Ist nicht in einer Gesellschaft, die getrieben ist vom Streben nach immer mehr und das so schnell wie möglich, die Unehrlichkeit eine Notwendigkeit? Würden wir uns, wenn wir ehrlich wären, ehrlich zu uns selbst, nicht viel mehr Fragen stellen müssen zu unserem Streben und Tun? Ehrlichkeit zu mir selbst bedeutet außerdem, dem, was ist, ins Auge zu sehen, sich zu stellen. Kein Schöndenken, Schönreden oder gar Schönsaufen, sich nicht vom Gruppendenk in Beschlag nehmen zu lassen, aufhören der Mehrheit hinterherzulaufen. Plumpe Lügen haben kurze Beine, Lebenslügen hingegen bevorzugen den langen Schritt. Nicht, dass ich mich jetzt bewusst anlüge, mir selbst ohne Scham ins eigene Gesicht lüge, um daraus einen Vorteil zu gewinnen, allein die Dinge nur aus meiner Sicht sehen zu können, subjektive Wahrheiten oder gar die Wahrheiten anderer mit objektiven Tatsachen zu verwechseln sind Unehrlichkeiten, die sich nicht vermeiden lassen. Darin einen Fehler zu sehen, wäre wohl selbst ein Fehler, denn dies würde mein Menschsein in Frage stellen. Die Möglichkeit, über das Leben nachzudenken, zu bewerten, zu verurteilen steht der Objektivität schon vom Prinzip her im Wege. Was es braucht, ist das Bewusstsein darüber, dass all meine Erfahrungen, bevor sie für mich zu einer brauchbaren oder manchmal auch unbrauchbaren Information werden, durch einen Filter laufen, durch mein eigenes konditioniertes Gehirn. Aus in meiner Gefühlswelt abgespeicherten Erfahrungen werden in der Gegenwart mögliche zukünftige Ereignisse konstruiert. Mein Denken lügt. Nicht immer, aber oft genug, um dies nicht vernachlässigen zu können. Oft sind diese Lebenslügen eine Notwendigkeit, um uns vor Leid zu schützen, denn so manche Unehrlichkeit hilft uns die Illusion zu bewahren, sie schützt mich vor einem tiefen Loch, in das ich fallen könnte, hilft mein Weltbild aufrechtzuhalten und die eigenen Taten zu rechtzufertigen. Wer möchte schon seine eigene Lebensgeschichte auf den Prüfstand legen und Punkt für Punkt untersuchen und in Frage stellen? Wer von uns ist schon ehrlich zu sich selbst?

Wenn ich schon nicht ganz ehrlich zu mir sein möchte, dann erwarte ich mir wenigstens Ehrlichkeit von den anderen. Aber könnten wir diese eingeforderte Ehrlichkeit überhaupt verkraften? Von meinem Partner, meiner Partnerin, meinen Freunden, den Nachbarn, meinen Kindern? All die Menschen um mich sollten gefälligst ehrlich zu mir sein, denn das würde auch mir helfen, ehrlich zu ihnen sein zu können. Stellen sie sich vor, sie rufen eine Freundin an, plaudern ein wenig über dies und das und fragen, ob sie Lust hätte, in nächster Zeit einmal auf einen Kaffee mit ihnen zu gehen: „Natürlich, gerne, unbedingt. Das sollten wir wirklich einmal machen. Aber erst nach den Feiertagen, denn dann habe ich wieder mehr Zeit. Rufen wir uns einfach nach den Feiertagen zusammen …" Man kennt das, stimmts? „Ich habe momentan keine Zeit." Oft gehört und oft selbst behauptet. Aber kann man Zeit haben, muss man sich Zeit nicht nehmen? Muss man sich Zeit nicht irgendwo abzwicken? Jetzt ehrlich, hat nicht jeder von uns Zeit? Alle haben wir unsere Lebenszeit, zugegeben eine große Unbekannte in der persönlichen Lebensformel, aber nicht wegzuleugnen. Sollte sie das nächste Mal jemand fragen, ob sie Zeit haben, dann seien sie ehrlich: „Ja, ich habe prinzipiell Zeit, aber ich möchte in nächster Zeit etwas anderes machen und nicht mit dir auf einen Kaffee gehen."

Ist es das, was wir hören wollen, das, was wir unserem Gegenüber sagen wollen? Könnten wir diese Ehrlichkeit überhaupt verkraften, sowohl aktiv als auch passiv? Ist da nicht etwas Diplomatie angesagt? Diplomatie ist die kleine Schwester der Lüge. Die bewusste Lüge ist die Königin der Unehrlichkeit. Sie ist kalt, wissentlich berechnend und dient dem eigenen Vorteil, sie kann aber auch schützen, mitunter Leben retten. Und sie setzt sich der Gefahr aus, als Lüge entlarvt zu werden.

Ein großer Teil der Bevölkerung hat immer mehr das Gefühl belogen zu werden. Belogen und betrogen von der Wirtschaft, den Finanzmärkten, den Medien und der Politik. Täuscht uns dieses Gefühl, handelt es sich tatsächlich um Lügen, oder ist es etwas viel Perfideres, etwas das man nicht so leicht aufdecken kann? Halbwahrheiten. Sie beeinflussen unser Urteilsvermögen, geschickt gestreut versuchen sie tief in unsere Gefühlswelt einzudringen, versuchen uns in Watte zu hüllen, Bedürfnisse zu wecken auf das, was wir wollen – was wir wollen sollen. Aber die Kluft zwischen veröffentlichter und öffentlicher Meinung wird immer weiter, dabei ist nicht auszuschließen, dass die öffentliche Meinung ihrerseits ebenfalls auf Halbwahrheiten beruht. Hinter jeder Halbwahrheit steht ein Interesse und dieses macht sich die Sache ungeniert zu nutze. Dies ist kaum das Interesse am Gemeinwohl, es ist das Interesse der Herrschenden, sie machen sich unseren tiefsitzenden Wunsch nach Unehrlichkeit geschickt zu nutze. Man erzählt uns, was wir hören wollen, weil wir es hören wollen sollen.

Wir rufen nach Politikern, die Klartext sprechen, den Mut haben, uns auch mit unangenehmen Tatsachen zu konfrontieren. Wären wir aber bereit, uns diesen Tatsachen auch zu stellen? Egal ob wir bereit dafür sind oder nicht, wir werden uns diesen Tatsachen stellen müssen. Es wäre klug, wenn jeder von uns schön langsam lernen würde, mit der Ehrlichkeit der Dinge umzugehen und sie in seinem Denken, Sprechen und Handeln zuzulassen. Wir leben in aufregenden Zeiten und haben mehr Möglichkeiten als je zuvor. Und damit sind wir wieder bei der Möglichkeit. Konkret: Bei der Möglichkeit, sich an einem politischen Kunstprojekt zu beteiligen.

WAS IST „GILT!"?

Eine politische Aktion gegen die Herrschenden, gegen das Establishment, gegen die Diktatur der Finanzkartelle, einen Aufruf zur größten Massendemonstration der Zweiten Republik, reinen Populismus ohne Lösungen, Volksverhetzung, eine Gefahr für die Demokratie, den Versuch eines immer weniger erfolgreichen Kabarettisten, sich wieder zurück ins Rampenlicht zu holen, eine vom linken Lager gestützte Kampagne gegen die Freiheitlichen, eine Aktion der alternativen neuen Rechten, eine Gefahr für andere Kleinparteien … Ja, ja man kann viel in das Projekt GILT! hineininterpretieren. Aber verwechseln wir bitte hier nicht Ursache mit Voraussetzung und warten wir zuerst auf die Wirkung. Eines versichere ich ihnen: Meine Idee wendet sich nicht gegen bestimmte Personen, Gruppierungen, Parteien oder Weltanschauungen, sondern gegen ein an den unterschiedlichsten Positionen und Wertesystemen auftretendes Verhalten. Ein angelerntes Verhaltensmuster, das jeder an sich selbst erkennen kann: das Handeln aus Eigennutz auf Kosten anderer.

Das System, in dem wir alle politisch sozialisiert wurden, unsere Nachkriegsordnung, die repräsentative Demokratie ist nicht die Ursache, es ist die Voraussetzung. Die Ursache für all die Verwerfungen und gefühlten Ungerechtigkeiten sind keine Systeme, Kartelle, Parteien, Kammern, Ämter, Behörden, sondern Menschen wie du und ich und deren Handeln oder eben Nichthandeln aus Eigennutz, auf Kosten anderer: das Arschlochverhalten. Was also ist GILT? Vieles:

GILT! versteht sich als eine gewaltfreie Rebellion gegen das Arschlochverhalten im politischen Geschäft, ein sanfter Tritt nach oben mit dem hochgesteckten Ziel, freie Bürgerinnen und Bürger als freie Mandatare ins Parlament zu begleiten.

GILT! ist auch ein Kunstprojekt, eine Art paradoxe Intervention, die den Herrschenden den Spiegel vorhalten soll.

GILT! will deutlich machen und zeigen, wie Politik in Österreich funktioniert und warum sie eben so nicht funktioniert bzw. funktionieren kann.

GILT! hat nicht den Anspruch, Österreich zu retten oder Antworten auf alle Fragen zu haben. Wir wollen durch unser Projekt zeigen, dass es eine andere Art von Politik braucht.

GILT! will Menschen eine Stimme geben, die keine haben. Wir wollen Nicht- und Ungültigwähler am Stimmzettel sichtbar machen. Wir sind der Beweis dafür, dass längst eine schweigende Mehrheit mit diesem Politiksystem nichts mehr zu tun haben will.

GILT! hat kein Programm. Was bringt ein Programm, wenn man sich nicht daran hält? Wir haben ein Menschenbild: Wir wollen einander in Respekt und Würde auf Augenhöhe begegnen.

GILT! will bewusst einen Bruch mit dem Bisherigen. Wir setzen keine Parteisoldatinnen und Parteisoldaten ins Parlament, sondern einfache Menschen, die, so wie es die Verfassung vorsieht, nur ihrem Gewissen verantwortlich sind.

GILT! will den Menschen nicht sagen, was sie zu denken haben. Wir wollen maximale Transparenz in die Politik bringen und den Menschen Einblicke in den Zustand unserer Demokratie verschaffen.

GILT! will zeigen, dass der Nationalrat längst kein Querschnitt der österreichischen Bevölkerung ist. Wo sind die Arbeitslosen, Armen, Obdachlosen, Kleinunternehmer, Alleinerziehende? Wir bringen sie ins Hohe Haus.

GILT! ist keine Partei im herkömmlichen Sinn. Man braucht eben formal eine Partei, um in Österreich überhaupt kandidieren zu können, weil die Person unwichtiger ist als die Partei. Das zeigt schon einmal ganz gut, warum wir hier ein Problem haben.

GILT! funktioniert nicht nach herkömmlichen Spielregeln. Es ist keine Spaßpartei, sondern ein Kunstprojekt, das zeigen soll, dass wir uns nicht länger mit Politsprech und dem Streben nach Machterhalt zufrieden geben.

GILT! will keine Wahlen gewinnen, um eigennützige Interessen von Wenigen umzusetzen und letztendlich am Futtertrog der Macht mitzunaschen.

GILT! ist der Anschub, den dieses Land braucht und den die etablierten Parteien brauchen, um endlich umzudenken. Wir sind der wohlgemeinte Arschtritt, den die Damen und Herren in der Politik so dringend brauchen. Let's kick ass!

Na gut, das war jetzt zugegebenermaßen ein wenig popolistisch, aber letztendlich brauchen wir alle einen Tritt in den Arsch, um diesen wieder in die Höhe zu bekommen. Wer GILT! ankreuzt, wählt keine Partei, nicht den Herrn Düringer, man wählt auch nicht gültige Stimmen, denen man ab nun die Verantwortung für das eigene Leben umhängen kann. Wer GILT! ankreuzt oder sich unterstützend an diesem Projekt beteiligt, zeigt Flagge und gibt sich selbst als „Gültige Stimme" zu erkennen. Alle Gültigen Stimmen, all die Kräfte, die sich bereits gewollt oder ungewollt im Widerstand befinden, selbst für positive Veränderungen stehen würden, wenn sie nur wüssten wie, weil sie sich zunehmend ohnmächtiger fühlen, könnten die kommende Nationalratswahl zu einer demokratisch legitimen und wirkungsvollen Protestaktion nutzen, um auf dem Wahlzettel eine Botschaft zu hinterlassen. Jeder könnte damit indirekt zur Veränderung der politischen Kultur beitragen und die tief verwurzelten und gut vernetzten Machtstrukturen schwächen.

Diesmal steht uns noch die Wahlkabine zur Verfügung, beim nächsten Mal bleibt uns vielleicht nur mehr die Straße, um unserer Stimme Gehör zu verschaffen. Nutzen wir die Gelegenheit, erhöhen wir die Wahlbeteiligung, aber verschenken wir unsere Stimmen nicht an Parteiprogramme und andere unhaltbare Versprechen. Hören wir auf, durch Nichtwählen einem System, dem wir nicht mehr vertrauen, den Rücken zu stärken. Nichtwähler, aber auch Weißwähler sind Systemerhalter. Sie stärken die Macht der stimmenstärksten Parteien und wählen damit das, was sie ablehnen. Sie machen paradoxerweise das Unwählbare wählbar.

HERR DÜRINGER IST UNWÄHLBAR!

Um die politischen Parteien nach den Kriterien der Wahrheit, der Gerechtigkeit, des Gemeinwohls einzuschätzen, sollte man zunächst ihre wesentlichen Merkmale erkennen. Drei lassen sich aufzählen: 1. Eine politische Partei ist eine Maschine zur Fabrikation kollektiver Leidenschaft. 2. Eine politische Partei ist eine Organisation, die so konstruiert ist, dass sie kollektiven Druck auf das Denken jedes Menschen ausübt, der ihr angehört. 3. Der erste und genau genommen einzige Zweck jeder politischen Partei ist ihr eigenes Wachstum, und dies ohne jede Grenze. Aufgrund dieser drei Merkmale ist jede politische Partei in Keim und Streben totalitär. Wenn sie es nicht in Wirklichkeit ist, dann nur, weil die anderen Parteien um sie herum es nicht weniger sind als sie.[4]

SIMONE WEIL

Bei diesem Projekt geht es nicht um meine Person, nicht darum, den Roland Düringer und seine Partei zu wählen, *mir ihre Stimme zu geben* oder *mich bei meinen* Plänen zu unterstützen. Behalten sie ihre Stimme. Ich bin nur der Transporter, das Taxi, der Lkw, der das wertvolle Gut aufnimmt und zielstrebig versuchen wird ans Ziel zu bringen. Ob mir das gelingen wird, kann ich nicht garantieren – Sonntagsausflug wird das sicher keiner. Steine, Schlaglöcher und möglicherweise tiefe Schluchten werden sich in den Weg stellen. Man wird uns die Fahrt nicht leicht machen, mit rauen Sonderprüfungen zwischen den Etappen ist jedenfalls zu rechnen. Und wenn sie sich jetzt fragen, warum macht der das, was hat der Düringer davon? Nichts! Nichts außer einer Aufgabe, an der ich wachsen kann.

+++ Liveticker 16.7.2016 +++ Liveticker 16.7.2016 +++ Li

Gerade hat meine Mutter angerufen. Ich erzähle, dass ich gerade ein Buch über ein politisches Projekt schreibe und vorhabe, mich in die Politik einzumischen. Sie ist nicht begeistert von dieser Idee und zeigt sich besorgt: „Geh hör auf! Politik? Damit wirst du dir nur schaden. Sag mir, warum tust du dir das an?" Früher, bei schlechten Schulnoten, gebrochenen Knochen oder der Entscheidung, Schauspieler zu werden, hat sie mich oft gefragt: Warum ich *ihr* das antue. Heute – 35 Jahre später – weiß sie, dass sich mein Handeln nicht gegen sie richtet, aber ihre Sorge ist sicher berechtigt. Wieso tu ich mir das eigentlich wirklich an? Ich weiß es nicht. Vielleicht ganz einfach weil ich muss. Passiert ist ja bis jetzt noch nicht viel. Ein paar Gespräche mit Vertrauten. Kern und Kurz sind von meiner Idee begeistert und haben mir einen sicheren Sitz im Bundesrat verspochen. Auch in Brüssel würde man mich mit offenen Armen empfangen. Und die Bilderberger stehen ohnehin hinter mir. Rothschild habe ich noch nicht erreicht, aber der muss ohnehin machen, was ich sage … Sie sehen, ganz egal was die Zukunft bringen wird: Was ich schon jetzt habe, ist ein gutes Gefühl und das möchte ich mir, genauso wie das Lachen, bis zum Schluss bewahren. Das ganze soll ein Heidenspaß für alle werden – also nicht für alle: Den Machtmenschen und ihren Vasallen soll das Lachen so richtig vergehen – aber all den guten und willigen Kräften in der Politik soll es Mut geben, sich endlich gerade zu machen und gegen die eigene Parteiendiktatur aufzustehen. Mich wird das Unternehmen Kraft kosten. Man wird versuchen, mich als Skurillo zu diffamieren, mich einen Spinner, Weltverbesserer und Selbstdarsteller nennen. Mich womöglich ins rechte Lager rücken und als demokratiefeindlich bezeichnen, aber auch als sozialromantischen Linken mit Hang zu Verschwörungstheorien lächerlich machen. Scheiß drauf! Das nehme ich gerne in Kauf.

Ich kann den leeren Lkw mit laufendem Motor direkt an der Laderampe abstellen, beladen werde ich ihn nicht und eine leere Fuhre macht keinen Sinn. Das Taxi ins Hohe Haus müsst ihr selbst besteigen. Für vertrauenswürdige Begleiter, die sich gemeinsam mit mir auf den Weg machen, falls notwendig navigieren, vor Nagelbrettern warnen, mir bei technischen Pannen zur Seite stehen und mich vielleicht davor bewahren, die wertvolle Ladung in den Dreck zu fahren, bin ich dankbar. Keinesfalls werde ich mich verbiegen, selbst verleugnen oder lügen, um mehr Stimmen für das Projekt GILT! zu erhalten. Ich werde sicher nicht mit der Brechstange einen „Wahlkampf" führen, um mir ein erlogenes Wahlergebnis auf die Schultern meines Egos zu heften. Wer mitfahren will und sich im Klaren ist, wohin die Reise geht, ist dazu eingeladen, aber ich bin nicht bereit, Stimmvieh auf den Wagen zu treiben. Ein in Zahlen messbarer Wahlerfolg wäre natürlich fein und gäbe Hoffnung auf Veränderung im gesellschaftlichen Bewusstsein, aber dieser muss passieren, weil die Zeit und die Menschen reif dafür sind. Letztendlich kann nichts passieren, selbst wenn die Ladefläche leer bleibt und der Lkw unverrichteter Dinge in die Garage gestellt wird, ist deshalb mein Leben nicht besser oder schlechter. Was immer kommen wird, es ist wie es ist und es kann nur gut sein. Jetzt noch einmal für alle, damit es gleich von Anfang an klar ist und es zu keinen enttäuschten Gesichtern kommt: Ich kann euch hinbringen, aber ich bleibe nicht dort. Herr Düringer ist unwählbar! Ich bin gerne bereit, als Hofnarr ein wenig Unruhe zu stiften, aber was ich definitiv nicht anstrebe, ist eine politische Funktion. Herr Düringer ist kein Politiker, dazu fühle ich mich nicht berufen. Und es scheint, als ob so mancher Berufspolitiker auch nicht wirklich zum Politiker berufen ist.

DER PROVINZPOLITIKER MISCHT SICH EIN

NADERER: Herr Düringer gestatten sie, dass ich mich als geneigter Leser ihrer Ausführungen ab hier einmische? Aus meiner Sicht, auch wenn sie das nicht hören wollen, sind sie sehr wohl ein Politiker und ihr Einstieg in die Politik liegt vielleicht länger zurück als sie denken. Wollen sie diesbezüglich mit mir in einen Dialog treten?
DÜRINGER: Ich denke, das ist bereits geschehen. Mit wem habe ich das Vergnügen?
NADERER: Mit einem waschechten Provinzpolitiker. Naderer mein Name. Walter Naderer, Landtagsabgeordneter im NÖ Landtag. Den Vornamen könnens gleich wieder vergessen, seit der Schulzeit im Internat in Melk bin ich meinen Familiennamen als Rufnamen gewohnt, der ist jetzt quasi eine Marke geworden. „Der Naderer" … meistens mit einer etwas geringschätzigen Betonung „da Nadara", das ist mir aber wurscht, weil, wenn das jemand so ausspricht, fordert er mich zu einer Stellungnahme heraus und diese kann bisweilen markante Spuren hinterlassen.
DÜRINGER: Markante Spuren? Im Gesicht, oder wo?
NADERER: Nein, Herr Düringer, ich bin ja kein Kind aus Favoriten so wie sie. Bei uns auf dem Land werden Konflikte anders ausgetragen.
DÜRINGER: Jetzt müssens aber selber ein bisserl lachen?
NADERER: Schmunzeln vielleicht. Fakt ist, ich sage ganz einfach oft genau das, was ich mir denke, wenn dabei auch die Nachdenkphase unterschiedlich lange ausfallen kann. Vom reflexartigen Widerspruch bis zum durchdachten Statement

oder Debattenbeitrag im öffentlichen Diskurs. Da kann es dann Sager geben, nach denen man sich „den Naderer" gut merkt. Ich gehöre sicher nicht zum politischen Einheitsbrei.
DÜRINGER: Das behaupten aber alle. Das gilt es erst zu beweisen.
NADERER: Gerne, den Beweis kann ich liefern. Und weil sie gerade „gilt" sagen: Wo ja, wie ich gerade gelesen habe, ihr Projekt den Namen GILT trägt …
DÜRINGER: Genau GILT! mit Rufzeichen.
NADERER: Da könnte man ja gleich das i auf den Kopf stellen.
DÜRINGER: Wie meinen sie das?
NADERER: „G!LT" – das spart sogar einen Buchstaben.
DÜRINGER: Goa ned so bled?
NADERER: Und das obwohl ich ein Politiker bin!
DÜRINGER: Wenn ich jetzt so nebenbei ihre persönliche Vita google: Vom politischen Einheitsbrei sind sie wirklich weit entfernt. Ehemals ÖVP, dann Stronach und jetzt wilder Abgeordneter im NÖ Landtag. Das sind aber nicht unbedingt Referenzen, die Vertrauen schaffen.
NADERER: Dann lassen sie mich versuchen, ihr Vertrauen zu gewinnen. So von Politiker zu Politiker.
DÜRINGER: Nur zu. Die Zeit muss sein.
NADERER: Kennen sie die drei wichtigsten Gesprächsthemen der Mitteleuropäer zwischen 18 und 60 Jahren?[5]
DÜRINGER: Das Wetter vielleicht?
NADERER: Weit gefehlt: Es ist nicht das Wetter und schon gar nicht die Gesundheit oder besser Krankheit, weil ja Gesundheit selbstverständlich ist und nicht beredenswert?
DÜRINGER: Herr Naderer, jetzt machen sie es nicht spannender als nötig. Also, worüber reden wir dann?

NADERER: Wenn wir nun dabei beginnen, uns selbst zu analysieren und uns neben der Verhaltensform des Konsumenten sofort auch als Existenzialisten entlarven, ist es naheliegend, dass genau diese materielle Orientierung unsere größte Sorge sein wird. Das ist für knapp die Hälfte aller Unterhaltungen auch zutreffend, da geht es um Karriere und Einkommen, die internationale Statistik spricht über „Career & Money". Da wir uns am häufigsten über den Job unterhalten, reflektieren wir dabei auch unser eigenes soziales Verhalten – und natürlich das anderer, was sich in der Tatsache spiegelt, dass unsere Beziehungsebenen und unsere Position im eigenen Umfeld statistisch das zweitwichtigste Gesprächsthema darstellen. Alle gestandenen Wiener unter uns wissen das, denn schon vor Generationen war der Tratsch an der Bassena, der praktisch der Damenwelt vorbehalten war, die gleichwertig einzustufende Analyse der eigenen sozialen Stellung im persönlichen Umfeld. Schon in dieser Form der alltäglichen Kommunikation kamen Dinge zur Sprache, die man streng sozialwissenschaftlich „Beziehungsformen von Personen der Öffentlichkeit" nannte, also die außerehelichen Verhältnisse der Politiker und deren -Innen, auf gut Wienerisch: „Pantscherl". Womit, sie ahnen es Herr Düringer, die Politik praktisch über Generationen das dritthäufigste Gesprächsthema sozialer Gruppen außerhalb des Familienverbandes war.

DÜRINGER: Also nicht das Wetter, nicht die Krankheiten und nicht der Sinn des Lebens oder gar banaler Sex sind in den vorderen Rängen der Gesprächsthemen zu finden?

NADERER: Richtig, Job vor Beziehung und Politik lautet das Ranking. Jeder, der auf politische Aussagen, Berichte, Ereignisse oder auch nur wahlkämpfende Politiker in irgendeiner

Form reflektiert oder unelegant geschimpft hat, ist ein politischer Mensch.

Düringer: Vom politischen Menschen zum Berufspolitiker ist es aber noch weit, oder?

Naderer: Nicht unbedingt, der Weg vom politischen Menschen zum originären – nicht ordinären – Politiker ist kürzer als sie denken. Bereits in dem Moment, wo sie eine im politischen Diskurs eingebrachte Meinung oder ein Argument deutlich vernehmbar unterstützen oder eben ablehnen, ergreifen sie in einem nicht privaten Umfeld PARTEI, beschäftigen sich mit der Sache des Volkes der „Res Publica" und sind, republikanisch betrachtet, bereits Politiker. Dabei kann schon der Zufall ausreichen und sie werden aus einer Stammtischdiskussion heraus von einem zufällig anwesenden Parteifunktionär entdeckt, stehen bei der nächsten Bezirksvertretungs- oder Gemeinderatswahl auf dem Wahlvorschlag der Partei ihres Vertrauens und damit sind sie de facto Politiker. Das passiert häufiger, als sie denken. Zwischenzeitlich weniger aus Stammtischdiskussionen denn aus Blogs, also Diskussionsforen im Internet. Eine Umfrage unter 2.000 Kandidaten zur letzten Nationalratswahl hat dazu ergeben, dass etwa ⅔ davon angesprochen wurden, politisch tätig zu werden und nur ⅓ von sich aus den Weg in eine Parteiorganisation gefunden hat. Die meisten davon im Jugendalter als familiäre Erblast.

Düringer: Sie wollen mich jetzt aber nicht für irgendeine Partei anwerben, Herr Naderer? Mich als Vehikel vor ihren politischen Karren spannen? Haben sie irgendeine politische Fehde auszutragen, bei der ich ihnen gerade gut hineinpasse?

Naderer: Keineswegs, für was halten sie mich?

DÜRINGER: Offen gestanden bin ich mir diesbezüglich noch nicht ganz sicher.
NADERER: Am besten, sie sehen mich als ihre Verbindung zur Bodenkontrolle. Sie heben ja gerne immer ein wenig ab, und da ist es nicht schlecht, wenn man sie ein wenig auf den Boden der tagespolitischen Realität zurückholt.
DÜRINGER: Ich möchte mit Tagespolitik nichts am Hut haben. Ich möchte einfach nur öffentlich sagen können, was ich mir denke.
NADERER: Ach so! Sie berufen sich wie die überwiegende Mehrheit aller öffentlich oder halböffentlich Diskutierenden auf ihr Grundrecht der freien Meinungsäußerung, ohne politische Absicht. Das ist nett, aber vollkommen belanglos. Denn wo beginnt Politik?
DÜRINGER: Und wo hört sie auf?
NADERER: Letztlich leider dort, wo der Krieg beginnt. Was ist aber Politik? Wikipedia sagt: „Politik bezeichnet die Regelung der Angelegenheiten eines *Gemeinwesens* durch verbindliche Entscheidungen. Sehr allgemein kann jegliche Einflussnahme, Gestaltung und Durchsetzung von Forderungen und Zielen in privaten oder öffentlichen Bereichen als Politik bezeichnet werden. Zumeist bezieht sich der Begriff nicht auf das Private, sondern auf die Öffentlichkeit und das Gemeinwesen im Ganzen."[6]
DÜRINGER: Man soll nicht alles glauben, was in Wikipedia geschrieben steht.
NADERER: Es steht ihnen natürlich frei, diese Definition für Humbug zu erklären und politisches Handeln einzig den von ihnen als solchen legitimierten Akteuren aufzuerlegen, bloß herrscht da ein Widerspruch zur Feststellung, dass jegliche Einflussnahme, Gestaltung und Durchsetzung

von Forderungen und Zielen in privaten oder öffentlichen Bereichen als Politik bezeichnet werden kann. – Na, wie sieht es jetzt aus? Wollen sie weiterhin ihre politischen Absichten abwürgen?

DÜRINGER: Die Frage sollten sie nicht mir stellen, sondern den Leserinnen und Lesern.

NADERER: Gerne. Also liebe Leserschaft: Wollen wir das System so hinnehmen, wie es uns frustriert zurücklässt oder studieren sie weiter sorgfältig dieses Buch, bringen demnächst ihren Hintern in die Höhe und beteiligen sich an der Möglichkeit zum zigtausendfachen Protest gegen etablierte Systemerhalter, Sesselkleber und Parasiten an den, auch mit ihren Steuern gefüllten Geldtöpfen. Als jemand, der das politische Geschäft auch von innen kennt: Die Chance, sich aktiv in die Politik dieses Landes einzumischen, war noch nie so groß und so nötig wie heute. Also diesmal G!LT's.

DÜRINGER: Das klingt ganz so, als wären sie ein Sympathisant meiner Idee, Herr Naderer?

NADERER: Ich würde eher sagen ein Mitstreiter, jetzt einmal so von Politiker zu Politiker.

DÜRINGER: Ich bin kein Politiker, Herr Landtagsabgeordneter!

NADERER: Auch wenn sie sich jetzt wie ein trotziges Kind auf den Boden schmeißen und hundert Mal schreien „Ich bin kein Politiker" … sie san a Politika, Herr Düringer! Da haben sie gar keine Wahl mehr.

DÜRINGER: Na gut, lassen wir das einmal so stehen. Ich habe keine Wahl mehr, aber alle anderen haben noch die Wahl und als gelernte, etwas zweifelnde Demokraten mit gelegentlich aufkeimenden, anarchischen Phantasien kennen sie ja die demokratiepolitische Auseinandersetzung über die schicksalsbestimmende Richtung einer Gesellschaft: die Wahl.

Naderer: Und diese Wahl beginnt mit einer grundsätzlichen Entscheidung …

Düringer: Der Entscheidung ob man sich die Qual der Wahl überhaupt antun möchte.

Naderer: Wenn nun in der angeführten Definition von *Regelung der Angelegenheiten eines Gemeinwesens durch verbindliche Entscheidungen* die Rede ist, dann sei ihnen gewiss, dass die verbindlichste aller Entscheidungen jene ist, an dieser Wahl teilzunehmen oder nicht. Beleuchten wir daher beide Varianten genauer. Variante a) sie verweigern die Wahl! Das ist für eine eventuelle demokratische Revolution ganz schlecht. Bereits aus der Wahlbeteiligung kann sich Entscheidendes für die Zusammensetzung demokratiepolitisch festgelegter Gremien ergeben. Deshalb genau hier das erste Demokratie-Axiom des Systemkritikers: Je geringer die Wahlbeteiligung bei einer Wahl ist, umso leichter ist es für die etablierten Akteure, ihre Arbeitsweise fortzusetzen!

Düringer: Wie kommt man zu dieser Feststellung?

Naderer: Ganz einfach durch Bestandsanalyse. Politische Parteien haben Strukturen. Manche haben gefestigte, andere wieder äußerst lose geformte Strukturen, aber jede Wahlpartei hat eine mehr oder minder effiziente Organisation. Genau diese Form der Organisation entscheidet im Zusammenspiel mit der medialen Wahrnehmung über den Wahlerfolg. Also wenn sie wirklich das System stören wollen, brauchen sie zumindest eine Minimalstruktur. Sprich: Wenn sie, wie erwähnt, der Chauffeur sein wollen, der die Fuhre an den Bestimmungsort bringen soll, dann brauchen sie ein Vehikel. Der Taxler braucht ein Taxi, sie können ja nicht jede gültige Stimme bucklkraxn und in die Wahlzelle oder gar in den Nationalrat tragen.

DÜRINGER: Sie sprechen jetzt aber nicht von der Gründung einer politischen Partei, oder? Ich weigere mich nämlich, für irgendjemanden „Partei" zu ergreifen.
NADERER: Für Gleichgesinnte auch nicht?
DÜRINGER: Sobald ich für etwas „Partei" ergreife, ergreife ich zugleich gegen etwas anderes „Partei".
NADERER: Werden wir da jetzt philosophisch? Von mir aus nennen wir es offiziell nicht Partei. Nennen wir es Bewegung, Liste, Initiative …
DÜRINGER: Ehrlich, g'fallt ihnen das? Bewegung, Liste, Initiative? Da schlaft mir gleich das Gesicht ein.
NADERER: Spätpubertäre Coolness ist hier fehl am Platz, darum geht es nicht. Was sie brauchen, ist ein Vehikel, das organisiert ist und eine Struktur hat. Glauben sie mir das einfach. Nur so hat der geneigte Nichtwähler eine Wahl, wobei wir wieder beim Thema sind. Sobald man die Wahlzelle betreten hat, hat man sich, im Gegensatz zum Nichtwählen, für Variante b) entschieden: Variante b) sie gehen hin und wählen!
Da gibt es dann wieder zwei Optionen, die der ungültigen Stimme und die der gültigen Stimme. Für Ersteres gilt die Variante a) der verweigerten Wahlbeteiligung, da sie ein mathematisch festzulegendes Zahlenspiel nur dahingehend beeinflusst, dass zwar die Beteiligung erhöht wird, aber nicht die zuzuordnenden Stimmen pro zu vergebendem Mandat beeinflusst wären. Es gilt eben bei der Ergebnisermittlung nach einer Wahl nur jene Anzahl der abgegebenen Stimmen für das Ergebnis als bestimmend, die aus den gültigen und jenen Stimmen zugeordnet werden, die auch den tatsächlich in den Gremien vertretenen Parteien zugute kommen. Auch die Stimmen für Kleinparteien sind vergebene

Liebesmüh und stärken wegen der völlig unverhältnismäßigen Zurechnung wieder nur die Stimmenstärkeren. Das hier angewandte Zählsystem nennt man das D'Hondtsche System der Mandatsermittlung mittels Wahlzahl und Zurechnung von Überhang und Reststimmen in mehreren Ermittlungsverfahren.

DÜRINGER: Buh! Jetzt bin ich gleich ein wenig überfordert.

NADERER: Das ist mir wurscht. Elementare Staatsbürgerkunde ist auch ein Erkenntnisgewinn für die ohnehin klugen Leser. Als politisch denkender Mensch und vielleicht bald selber Politiker haben sie zu wissen, wie Wahlergebnisse entstehen. Nicht minder verbindlich ist dann aber die tatsächliche Variante b), in der sie hingehen und eine Partei wählen, die einc reelle Chance hat, in den Nationalrat einzuziehen. Jeder, der eine gültige Stimme abgibt, beeinflusst ein Wahlergebnis etwa 3-mal so effektiv wie jene, die nicht hingehen oder ungültig wählen. Das lässt sich unter Heranziehung angeführter Umstände auch algorithmisch nachweisen. Und fragen sie jetzt nicht nach dem Beweis! Ich lehre hier nicht höhere Mathematik! Ein bisserl können sie mir schon vertrauen.

DÜRINGER: Na gut, jetzt wissen wir etwas mehr über das Zustandekommen von Wahlergebnissen, aber man kann von den Lesern nicht erwarten, dass sie jetzt aufspringen und sofort aktiv in den politischen Ring steigen.

NADERER: Das hieße ja, eine Meinung oder ein Argument formulieren, das Maul aufreißen, selbst wenn es unangenehm ist und seinen Standpunkt dann auch vertreten. Dabei wäre gerade diese Form der Artikulation jenes Grundrecht, das wir schon angesprochen haben. Daraus lässt sich das zweite Axiom des Systemkritikers ableiten: DAS GRUNDRECHT AUF

Freie Meinungsäusserung schützt und fördert jene, die eine eigene Meinung in die politische Diskussion einbringen wollen!

Düringer: Was die eigene Meinung betrifft bin ich persönlich ja etwas skeptisch. Wie kann ich überprüfen, ob das, was ich denke, die Meinungen, die ich gerade mit mir herumtrage, überhaupt Produkte meiner eigenen Erfahrungen und Erkenntnisse sind. Oder denke ich lediglich, was andere wollen, das ich denke. Und damit nichts anderes mache, als fremde, oftmals auch bezahlte Meinungen nachzuplappern, um in ihnen eine Bestätigung meiner selbstkreierten, von meinem sozialen Umfeld schablonenhaft vorgegebenen Wirklichkeit – meinem Weltbild – zu erlangen.

Naderer: Herr Düringer, ihre Gedankengänge in Ehren, aber wollen sie ihre Leserinnen und Leser verschrecken? Falls nicht, sollten sie einen Gang zurückschalten. Sie wollen die Leute ja zu etwas einladen und nicht verstören und verunsichern.

Düringer: Mit Verlaub, Herr Landtagsabgeordneter, ihr Insiderwissen in Ehren, aber wenn ich jetzt vielleicht auch einmal in meinem Buch etwas sagen könnte, ohne unterbrochen zu werden.

Naderer: Selbstverständlich, es liegt mir fern, sie in ihrem Tatendrang zu stören. Sie können bei Fragen aber jederzeit auf mich zukommen.

Düringer: Danke, Herr Naderer. Gehabt Euch wohl.

Naderer: Stets der Eure, Herr Düringer.

MENSCHENVERSTEHER

In den Neunzigerjahren, als ich Gefahr lief, dem medial beförderten öffentlichen Bild meiner Person folgend, mich selbst als Kabarett-Superstar zu sehen, wurde ich oft gefragt: „Herr Düringer, warum machen sie eigentlich nichts über Politik?" Meine Antwort darauf war immer: „Weil ein paar Millionen Menschen und deren Alltag mich mehr interessieren und ich das spannender finde als die wenigen namentlich bekannten Politiker in diesem Land." Heute hingegen, nachdem ich mich in der medialen Aufmerksamkeit erfolgreich vom Publikumsliebling zum weltfremden Spinner weiterentwickelt habe, heute in einer Zeit, wo viele Dinge sich dem Abgrund oder zumindest einer schier unüberwindbaren Wand nähern, und das immer schneller und zielsicherer, ja heute … da ist das noch genauso wie vor drei Jahrzehnten. Es ist der Mensch im Allgemeinen, und im Speziellen sind es die Menschen um mich und deren, in meinen Augen, seltsames oder nennen wir es „bemerkenswertes" Verhalten, dem mein berufliches Interesse gehört. Ich selbst würde mich als Menschenversteher bezeichnen. Ich bin auch ein Putinversteher. Auch ein Obamaversteher. So schwer es fällt, ich versuche sogar Dschihadisten, Neonazis, faschistische Antifaschisten, ich versuche sogar die Superreichen, die den Hals nicht vollkriegen können zu verstehen.

Etwas zu verstehen heißt für mich nicht, es oder jemanden zu mögen, zu bejahen oder zu tolerieren. Es geht mir aus beruflichen Gründen darum, das Handeln der jeweiligen Person aus seiner oder ihrer Sicht betrachten zu können. Die oft geforderte Objektivität – die wohl größte

Illusion unserer Denkmaschine – beiseite zu lassen und versuchen subjektiv, eben aus Sicht der beobachteten Person, das jeweilige Verhalten zu ergründen. Je weniger ich dieses Verhalten verstehen kann, desto spannender ist die Aufgabe des Schauspielers, umso größer die Herausforderung. Gewissermaßen bin ich ein Wissenschaftler auf der ständigen Suche nach neuen Erkenntnissen. Seit drei Jahrzehnten darf ich nun das oft sonderbare Verhalten meiner eigenen Spezies erforschen und darüber berichten. Was für eine Gnade! Und dieses Studium möchte ich bis ans Ende meiner Tage fortsetzen, ein ewiger Student bleiben.

Mit dem Projekt G!LT beginnt für mich ein neuer Studienabschnitt, der im besten Fall das bisher Erlernte in einen neuen Zusammenhang stellt. Und das natürlich aus meiner Sicht. Letztendlich ist jede Subjektivität realer als vermeintliche Objektivität. Ich kann die Welt nur aus meiner Sicht betrachten, mit dem, was mir meine geschulten Sinne liefern und mir mein konditioniertes Gehirn daraus hochrechnet.

Die Welt des österreichischen Bundesheeres durfte ich in den Achtzigern aus der Sicht des Wehrmanns betrachten. Einkaserniert im Kaisersteinbruch war das zugegeben keine erfreuliche Sicht, brachte mir aber eine erfreuliche Aussicht auf meine berufliche Zukunft. Ich war damals Mitglied einer rund um den österreichischen Schauspieler und Lehrer Herwig Seeböck formierten Schauspielgruppe. Mit dabei auch meine späteren Weggefährten des Wiener Kabarett-Ensembles „Schlabarett" Alfred Dorfer, Reinhard Nowak, Andrea Händler und Eva Billisich. Der Plan war, aus meinen Erlebnissen, Beobachtungen und Charakterstudien als Wehrmann des PzSTB 9 (Panzerstabsbattalionneun) ein systemkritisches Bühnenstück zu kreieren. Ich war also in geheimer Mission beim Militär und das ließ die sonst wohl langweiligste Zeit des Lebens rascher vergehen. Worauf ich in dieser Zeit mein Augenmerk lenkte, waren nicht militärische Geheimnisse oder betrügerische Machenschaften in hohen Funktionen des Heeres, sondern die proportional hohe Anhäufung von Arschlöchern, aber auch von Menschen, in diesem Fall speziell Männern, die vielleicht keine Arschlöcher waren, sich aber trotzdem wie solche verhielten. Warum wohl? Ganz einfach: Sie hatten die Möglichkeit dazu, weil beim Militär auch das größte Würsterl etwas zu sagen, in dem Fall etwas zu schreien hat. Nicht, dass ich in meiner Jugend, in meiner Schul- und Ausbildungszeit nicht auch auf Arschlöcher gestoßen wäre, Arschlochverhalten war mir also prinzipiell nichts Unbekanntes, in dieser Dichte war es aber neu. Eine wertvolle Erfahrung und zugleich der Beginn meiner beruflichen Laufbahn. Mit dem Kabarettstück „Atompilz von links" gelang es uns jungen Schauspielern Aufmerksamkeit auf unsere Arbeit zu lenken. Der Rahmen für die Handlung war das belächelte Bundesheer und für die Lacher sorgte die durchaus gekonnte Darstellung von Arschlöchern. Ich persönlich habe nichts gegen das Militär, Soldaten, olivgrüne Gewänder, eiskalte Schlafräume, auch nichts gegen Schusswaffen oder einen anständigen „Gfechtler" – viel Bewegung an frischer Luft und ein paar durchfrorene Nächte in einem improvisierten Unterstand sehe ich als wertvolle Erfahrung für Körper und Geist. Was mich manchmal zornig macht und auch antreibt, ist das gängige Arschlochverhalten, das sich in vielen Facetten an vielen Orten offenbart. Wer meine Arbeit ein wenig kennt, weiß, welche Freude es mir bereitet, Arschlochverhalten – sowohl gegenüber anderen als auch jenes gegenüber sich selbst – darzustellen, ohne den realen Menschen hinter der Figur beim Namen zu nennen. Die oftmals im Kabarett angewandte Praxis, öffentliche Personen zu beleidigen war mir von jeher zu einfach, das ist billig und entbehrlich. Sich von oben herab einem Raubvogel gleich auf sein Opfer zu stürzen und es vor aller Augen zu zerhacken und auszuweiden, ist kurzzeitig, spektakulär und effektvoll – aber nicht nachhaltig. Um die Spiegelneuronen des Publikums zu aktivieren und damit in die Gefühlswelt jeder einzelnen Zuseherin, jedes einzelnen Zusehers einzudringen, reicht es nicht, von außen zu bewerten und zu verurteilen. Ich versuche zu verstehen. Wenn ich dieses kleine Arschloch namens Ingenieur Engelbert Breitfuß – eine Figur aus der ORF-Serie MA2412 – nicht verstehe, nicht die Fähigkeit habe, so zu denken, fühlen und zu handeln wie er, dann wird es für das Publikum am Ende nicht mehr sein als eine Karikatur, ein Abliefern von Textzeilen. Erst wenn ich mich aus der Position des Beobachters herauswage, das kleine Breitfuß-Arschloch in mir selbst erkenne und zulasse, bereit bin, meine eigene Finsternis zu akzeptieren, erst dann schaffe ich Raum und Freiheit zur Improvisation und die Figur wird zum lebendigen Menschen und verkommt nicht zur Maske und zum Kostüm. Sie wird lebendig und im Augenblick des Betrachters real.

In meinem Beruf geht es aus meiner Sicht nicht ums bloße Verurteilen, es geht darum zu verstehen. Ich liefere dem Publikum ein Spiegelbild, nicht der Realität, sondern lediglich meiner Wahrnehmung der Realität. Sobald es Überschneidungen mit der Realität des Betrachters gibt, kommt Freude im Publikum auf „Jo, genauso is es, so sans!", man freut sich, das Arschlochverhalten des ungeliebten Nachbars vorgeführt zu bekommen. Fehlt diese Überschneidung in der eigenen Wahrnehmung, so stößt man als Schauspieler auf Unverständnis und Ablehnung. „Fria hot er ma besser gfoin, da Benzinbruada". Das hat nicht unbedingt nur mit dem zu tun, was ich auf der Bühne oder vor der Kamera von mir gebe – das ist nur ein Teil der Geschichte –, es hängt auch von dem ab, welches Weltbild, basierend auf den eigenen Wahrnehmungen und Wahrnehmungsdefiziten, der Zuseher in den Saal mitbringt. Die Darstellung des Arschlochverhaltens der anderen wird beklatscht, das Spiegelbild des eigenen Arschlochverhaltens abgelehnt oder vom Verstand negiert, um sich selbst zu schützen. Sonst müsste man ja beginnen, über sich selbst nachzudenken und das wäre aufwendig und kostet Zeit. Zeit, die man lieber mit dem Beklagen der Umstände, des Systems oder der „Oaschlecha" in der Politik investiert. Damit ist man zumeist in guter Gesellschaft, schafft Gruppenidentität und steht mit seinen Sorgen und Zweifeln nicht ganz alleine da. Dann kann man am Stammtisch, im Internet oder wo auch immer die Gier der Manager, Kapitalisten, Banker, und Politiker beklagen. Weil man stolz von sich behaupten kann: Kein gieriger Banker, Manager, oder gar Politiker zu sein. Und warum sind wir das nicht? Ganz einfach: Weil wir keine Möglichkeit dazu haben, weil wir unsere Gier nur im All-inklusive-Urlaub oder am „All you can eat"-Asiabuffet ausleben dürfen. Letztlich brauchen Arschlöcher, oder solche, die es gerne werden wollen, immer erst die Möglichkeit, ihr Arschlochverhalten ausleben zu können. Damit sind wir schon wieder bei der Politik. Sie ist definitiv eine Möglichkeit für alles Mögliche.

POLITIK, EINE MÖGLICHKEIT FÜR ALLES MÖGLICHE

Aber hat sich die Politik nicht selbst ihrer Möglichkeiten beraubt? Hat sie nicht einen höchst fragwürdigen Pakt geschlossen, denn wenn die Interessen aus Politik und Wirtschaft in die gleiche Richtung laufen, dann steht das Bürgerinteresse meistens hintenan. Die derzeitigen politischen und wirtschaftlichen Systeme belohnen leider Verhalten, das die Umwelt zerstört, anderen Menschen und Wesen schadet, kurzfristigen Erfolg vor langfristige Verbesserungen stellt und häufig sinnentleert ist.

Eine Möglichkeit kann eben alles sein, sowohl eine Möglichkeit für das Gute und für das Schlechte. Ganz so wie der Mensch zugleich den Himmel und die Hölle in sich trägt. Sind unsere Politiker dann nichts anderes als unsere Spiegel, in denen wir uns selbst erkennen können? Spiegel ist nicht immer Spiegel. Waren sie schon einmal in einem Spiegelkabinett? Da kann es schon zu Verzerrungen kommen. Bevor wir uns den Kopf über die Funktion der Politiker zerbrechen, sollten wir uns mit dem Auftrag der Politik an sich befassen. Dazu gibt es sicher die unterschiedlichsten Positionen und Ansprüche. Fragen wir doch einmal, weil wir ihn gerade bei der Hand haben, einen Politiker.

DÜRINGER: Herr Naderer, was ist für sie die Aufgabe der Politik?
NADERER: *Die* Aufgabe wäre das Ordnen der Gesellschaft durch die Erfüllung der jeweiligen Hoheitsaufgaben, das Regeln der Angelegenheiten eines Gemeinwesens auf der

entsprechenden Ebene wie Kommune, Region, Nation – auf gut Deutsch: Gemeinde, Bundesland, Staat. Mehr braucht die Politik nicht zu tun.
DÜRINGER: Mit Verlaub, das klingt jetzt ein wenig nach Politikersprech, geht es etwas konkreter?
NADERER: Ja. Dazu müssen wir uns auf die Ebene der Befindlichkeit der Gesellschaft, ja sogar der einzelnen Mitglieder dieser Gesellschaft begeben und dort bietet sich je nach Tagesverfassung, Lage, Krise oder gar Katastrophe ein ständig wechselndes Bild der Wertigkeiten in den wichtigsten Aufgaben der Politik. Ansprüche können sich ändern, politische Ansprüche können sich mitändern. Ein Beispiel: In einer Umfrage der Zeitschrift „Focus" im Frühjahr 2015 waren die dringlichsten Probleme deutscher Bürger in dieser Reihenfolge genannt:

1. Arbeitslosigkeit
2. Renten sichern
3. Gesundheitsvorsorge
4. Soziale Gerechtigkeit
5. Niedrige Energiekosten
6. Wirtschaft ankurbeln
7. Bildung
8. Umweltschutz
9. Verbrechensbekämpfung
10. Schutz vor Terror und
11. Die Regelung des Zusammenlebens mit Migranten

Jedoch im Februar 2016 sah die Reihung völlig anders aus: 1. Ausländerpolitik vor Bildungspolitik und Arbeitsmarkt waren nach den Medienanalysen in meinem damaligen

Landtagsklub dominierend. Aus dieser Pressebeobachtung folgten die Themen:

4. Flüchtlingsbetreuung (auch Abschiebung)
5. außenpolitische Krisen
6. Soziale Gerechtigkeit
7. Rentensicherung
8. Steuerreform
9. Staatsschulden
10. Familienpolitik
11. Wirtschaftswachstum

Die genaue und kritische Analyse machen unsere klugen Leserinnen und vifen Leser für sich, wir beide bemerken nur, dass das Thema Ausländer von Platz 11 auf Platz 1 vorgestürmt ist. Plötzlich macht man sich Sorgen sogar um die Staatsschulden und der Umweltschutz ist aus den Top 11 gefallen. So schnell kann es gehen.
Düringer: Damit stellt sich die nächste Frage ja fast von selbst: Wie erfüllt die Politik – konkret die Politikerinnen und Politiker – ihre Aufgaben?
Naderer: Objektive – obwohl natürlich nur Summe von subjektiven Befindlichkeiten – Antwort: praktisch gar nicht! Aber diese Antwort kennen sie, oder? Politiker erfüllen ihre Aufgaben in unserer Wahrnehmung nur unzureichend, dafür aber sind sie Meister im Suggerieren von Pflichterfüllung. Politik suggeriert die Erfüllung ihrer Aufgaben, also ihre weiblichen und männlichen Akteure, die Politmoderatoren und so weiter tun nur so, als würden sie ihre politischen Aufgaben erfüllen. Die meiste Zeit verwenden sie damit, sich zu überlegen, wie sie ihre Handlungen, Entscheidungen und Projekte

an die Bevölkerung, die Wähler vermarkten. Die tägliche und die zentrale Frage des Profipolitikers am Morgen lautet: Was kampagnisiere ich heute? Dazu wäre es gut zu wissen, wie Politik hierzulande überhaupt funktioniert und warum daher der soziale Wohlfahrtsstaat zum Scheitern verurteilt ist. Ein kluger Mann hat einmal gesagt: „Ein Staatskonstrukt, das sich in seinem Selbstverständnis nur mehr als siamesischer Zwilling aus Politik und Verwaltung definiert, ist zum Untergang verurteilt, weil es damit seinen ausgegrenzten Bürgern nicht auf Dauer eine heile Welt verordnen kann, in der Politiker und Beamte hausen wie die Maden im Speck und die Bürger nur zur Beschaffung neuen Specks verdonnert werden!"

DÜRINGER: Welcher kluge Mann hat das gesagt? Helmut Schmidt? Karl Marx? Ludwig von Mises? Albert Schweitzer? Albert Einstein?

NADERER: Nein. Walter Naderer im Dezember 2015.

DÜRINGER: Sapperlot.

NADERER: Die Quelle ist in diesem Fall zweitrangig. Merken genügt! Wenn wir als gelernte Österreicher über Politik nachdenken, fallen uns gleich Dinge ein wie Parteibuch, Parteifreund, Parteilinie, Klubzwang und die Unfähigkeit der Akteure bei der Problemlösung.

DÜRINGER: Nicht nur. Da fallen mir noch ganz andere Dinge ein.

NADERER: Lassens mich raten: Die Sachzwänge der einzelnen Mandatare? Die endlosen Ausreden auf frühere Fehler politischer Gegner? Dieser ständige Blick in die Vergangenheit verbunden mit den Investitionen in dieselbe über das Pensionssystem? Die Selbstbeweihräucherung der Regierer? Die kurze Leine der inseratenabhängigen Regional- und auch der anderen Medien?

DÜRINGER: Das ständige Zanken um eine Bildungsreform, ohne zu thematisieren, dass wir kein Bildungs-, sondern ein reines Ausbildungssystem für zukünftige, systemabhängige und unkritische Konsumenten finanzieren.
NADERER: Richtig, aber das beschreibt ihre persönliche Wahrnehmung. Letztendlich, bei aller Kritik, beschreiben sie doch demokratisch gewählte Frauen und Männer, die als Moderatoren Vertreter einer politischen Gesinnung sind, oder?
DÜRINGER: Ja. Das macht die Sache aber nicht besser.
NADERER: Die Frage ist nun: Belassen wir es dabei oder wollen wir diesen Blick auf die Politik nun ein wenig „objektivieren"?
DÜRINGER: Weil sie schon wieder „objektiv" sagen: Objektiv gesehen haben wir nicht nur Gesinnungsvertreter, sondern auch Gesinnungsvertreterinnen. Sie sind natürlich noch ein Politiker vom alten Schlag, aber sie sollten darauf achten, unsere weibliche Fangemeinde nicht zu vergrämen?
NADERER: Mit Verlaub, ich denke, diese Fangemeinde ist zahlenmäßig überschaubar.
DÜRINGER: Ein wenig mehr Ernsthaftigkeit, wenn ich bitten darf?
NADERER: Gut, keine dummen Witze mehr, die Republik ist in Gefahr! Habe schon verstanden. Gendern wir jetzt den ganzen Dialog, oder nur wenn es wirklich notwendig ist?
DÜRINGER: Wir könnten uns darauf einigen, dass alle folgenden Äußerungen als geschlechtsneutral zu betrachten sind. Nicht Manderl, nicht Weiberl …
NADERER: Nicht Fisch, nicht Fleisch?
DÜRINGER: Sondern Flisch. Also fahren wir fort mit der Rettung der Politik, indem wir den Versuch wagen,

gemeinsam mit *das* Leser ein politisches Verständnis, vielleicht sogar ein politisches Bewusstsein zu erarbeiten.

NADERER: Ich glaub, Herr Düringer, von außen verstehen sie die Dinge ja ganz gut. Ich erklär ihnen jetzt, wie Politik im Inneren funktioniert und warum meine Form der Umsetzung nicht immer nur Begeisterung auslöst. Und genau dann, wenn ich keine Begeisterung auslöse, steigt meine Begeisterung für Politik.

DÜRINGER: Und die geneigte Leserschaft wäre begeistert, wenn sie ohne Umwege und ohne Selbstbeweihräucherung von einem Insider erfahren würde, wie Politik im Inneren funktioniert.

NADERER: Das kann ich ihnen anhand der ÖVP-Unterorganisationen beschreiben. Die Unterorganisationen der ÖVP bezeichnet man als Bünde: Bauernbund, Arbeiter- und Angestelltenbund, Seniorenbund, Wirtschaftsbund, dann gibt es auch noch die Junge VP. Parteien haben eben in ihren Strukturen Interessensebenen, die Partikularinteressen vertreten sollen. Im Gefüge der Partei wird aber nicht nach Anteilen in der Bevölkerung repräsentiert, sondern nach der Dominanz innerhalb der Gruppierungen und der Macht ihrer Akteure. Das spiegelt sich brutal wieder in unseren gesetzgebenden Körperschaften. Diese Formen sind eben gewachsen und bilden in den alten Parteien ein Gerüst, mit Patina versteht sich. Insgesamt sitzen 11 Bauernvertreter im NÖ Landtag, 11 von 56, das sind 20 %, obwohl auch in NÖ die landwirtschaftliche Bevölkerung unter 4 % liegt. So funktioniert eben Politik und hier zeigt sie diese typisch österreichische Eigenheit: In letzter Konsequenz wird Österreich von Machthabern und weniger von demokratischen Einrichtungen regiert! Als gelernter Demokrat und angehender

Politiker sollte man sich hinter die Ohren schreiben: „Es kommt auf die Wahlvorschläge an, nicht auf die Wähler!"

Düringer: Was habe ich mir unter einem Wahlvorschlag vorzustellen?

Naderer: Am demokratiepolitischen Diskurs teilzunehmen steht im Zusammenhang mit dem Grundrecht auf freie Meinungsäußerung. Am demokratiepolitischen Gestaltungsprozess teilzunehmen erfordert die Gründung einer Wahlbewegung, das Erstellen von Wahlvorschlägen in den jeweiligen Wahlkreisen, die dann von den sogenannten „Zustellungsbevollmächtigten" gemeinsam mit den erforderlichen Unterstützungsunterschriften eingebracht werden müssen und schon ist man auf einem Wahlzettel wählbar und kann, wenn alles ideal läuft, eine legislative Ebene regieren.

In den Gremien aller etablierten Parteien gibt es bei internen Wahlen immer nur einen – ich wiederhole EINEN (1) – Wahlvorschlag, dem zugestimmt oder der abgelehnt werden kann. Über die Besetzung entscheiden die sogenannten „Gremien", das ist meist EIN (1) grimmiges Gesicht und einige Vasallen.

Düringer: Das kann ich jetzt aber nicht glauben?

Naderer: Das glauben sie nicht? Wer ist der mächtigste Mann in der ÖVP? Es ist der NÖ Landeshauptmann. Niemand, der ihm nicht passt, wird Bundesparteichef oder Minister. Er selber versteht sich natürlich als Bauernbündler.

Düringer: Jetzt verzetteln wir uns aber nicht in den Niederungen der niederösterreichischen Landespolitik.

Naderer: Obwohl damit die eine Regierungspartei schon verständlich erklärt wäre. Die vereinfachte Veranschaulichung von Politik funktioniert halt oft mit der Erwähnung markanter Persönlichkeiten. Weniger einfach zur

Veranschaulichung sind dann die Institutionen hinter politischen Entscheidungen, nicht nur *die Regierung* oder *das Parlament*. Das hat, zugegeben, alles seine Berechtigung und auch Wertigkeit, aber Politik fängt schon im Kleinen an. Sogar schon dort, wo man sich in der Öffentlichkeit zu einem Thema, zu einem Sachverhalt äußert. Die Institutionen sind dann entsprechend die Gemeinderäte, Landtage und das Parlament.

Düringer: Wie kommt es nun zu demokratisch legitimierten Körperschaften, zu Gemeinderäten, Landtagen, Nationalrat?

Naderer: Unsere Republik ist ja per se eine Demokratie, sogar Wikipedia bestätigt uns das: Österreich ist nach der *Bundesverfassung von 1920 in der Fassung von 1929, die 1945 wieder in Kraft gesetzt wurde, eine föderale, parlamentarisch-demokratische Republik, bestehend aus neun Bundesländern.* Das bedeutet in der Praxis, dass viele Menschen bei Wahlgängen einige wenige Menschen, die Mandatare, also ihre Politmoderatoren wählen. Es gibt somit das aktive Wahlrecht des Wählenden und das passive, das ist jenes, das gestattet, sich für eine Wahl auf einem Wahlvorschlag zu bewerben. Und bereits hier gehts ans Eingemachte. Am besten erkläre ich es praktisch, oder? Ich skizziere zuerst einmal den Zugang zum demokratiepolitischen Prozess, die Motive, den Frust, eben all das, das Menschen antreibt, nicht nur miteinander zu kebbeln, sondern tatsächlich in den demokratischen Ring zu steigen. In der Regel beginnt es mit einer Interessengemeinschaft bestehend aus nahezu Gleichgesinnten.

Düringer: Jetzt kommen sie mir gleich wieder mit Partei, Bürgerbewegung, Initiative und schon schläft mir wieder das Gesicht ein.

NADERER: Na, was dann? Widerstandsbewegung? Freiheitskämpfer? Koalition der Willigen? Revolution? Solche Kampfbegriffe ziehen in der Regel auch all jene Tilos an, mit denen man nicht in Berührung kommen sollte und deren Motivation in der Regel die feindliche Übernahme einer von anderen erarbeiteten Idee ist. Was halten sie von „Politwerkstatt", Herr Düringer? Das klingt doch nach etwas zum Angreifen, nach Bohren, Hämmern, Schweißen – auf alle Fälle nach Hackeln! Mir gefällt das, Herr Kollege! Gründen wir doch mit ein paar Gleichgesinnten unsere Politikwerkstatt. Ein Politkollegium sozusagen. Grundsätze und Codex können wir definieren, Programmatik lassen wir in jedem Fall weg.
DÜRINGER: Das klingt nach viel Arbeit.
NADERER: Was haben sie geglaubt? Der Herr Düringer schreibt ein Buch, alle Politikenttäuschten folgen seinem Ruf, kriegen den Arsch in die Höhe, organisieren sich selber und besetzen als gewählte Volksvertreter gewaltfrei das Parlament?
DÜRINGER: Halt! Es geht ja, wie schon weiter oben erwähnt, nur darum eine Möglichkeit in den Raum zu stellen.
NADERER: Wissen sie, wie viele Möglichkeiten überall rund um uns im Raum stehen? Jede und jeder hätte die Möglichkeit, weniger zu fressen und sich mehr zu bewegen, aber …
DÜRINGER: … aber die Mehrheit entscheidet sich dafür, an Herz-Kreislauf-Erkrankungen dahinzuvegetieren, schon klar.
NADERER: Bingo.
DÜRINGER: Kann man aus ihrer Sicht die sogenannte schweigende Mehrheit ohnehin vergessen.
NADERER: Das fragen Sie mich? Sind nicht sie der Experte, der dem Volk seit Jahrzehnten aufs Maul und in die Seele schaut? Und weil sie ja, wie sie sagen, seit Jahrzehnten ohne

Zweifel gut und offenbar aber auch gerne das Arschlochverhalten erforschen, eine Frage: Sie haben einmal auf ihrem Blog „gueltigestimme.at" live von einem Stau auf der Westautobahn berichtet. Und ziemlich fassungslos darüber informiert, dass die Hohlköpfe rund um sie nicht in der Lage waren, eine Rettungsgasse zu bilden.

DÜRINGER: Ich erinnere mich. Ich habe am nächsten Tag erfahren, dass bei dem Unfall eine Frau an der Unfallstelle verstorben ist und ihr Mann dabei lebensgefährlich verletzt wurde. Kann jetzt aber nicht mehr sagen, ob diese Frau überlebt hätte, wäre die Zufahrt für die Hilfskräfte frei gewesen. Möglich wäre es …

NADERER: … aber sie wissen es nicht. Was sie wissen, weil sie es selbst beobachtet haben, dass die Rettungsgasse ganz einfach nicht funktioniert hat.

DÜRINGER: Ich frage mich gerade, ob die Rettungsgasse überhaupt eine gute Idee ist. Ob es nicht besser wäre, so wie früher den Pannenstreifen freizuhalten?

NADERER: Herr Düringer. Was wenn aber der Pannenstreifen durch ein Fahrzeug mit Panne blockiert ist? Und ganz ehrlich, hat das mit dem Pannenstreifen damals funktioniert.

DÜRINGER: Nicht immer.

NADERER: Und warum?

DÜRINGER: Weil es immer wieder ein Arschloch gegeben hat, das sich nicht an die Regeln gehalten hat und auf dem Pannenstreifen an der stehenden Kolonne vorbeigerollt ist.

NADERER: Ja, und was passiert, sobald der erste am Pannenstreifen vorbeirauscht?

DÜRINGER: In zwei Minuten kommt der nächste und dann passiert es im Sekundentakt. Sobald einer den Bann gebrochen hat, befinden wir uns im gesetzlosen Raum.

Naderer: Und wer ist jetzt das Arschloch? Der Erste, der am Pannenstreifen überholt oder die Nachahmungstäter?

Düringer: Warum der erste fährt, wissen wir ja nicht. Vielleicht ein Notfall, seine Frau liegt bereits im Kreissaal und er möchte die Geburt seines Sohnes miterleben, oder der Vater liegt im Sterben und er möchte sich noch von ihm verabschieden.

Naderer: Oder das Auto hatte eine Panne und der Flug nach Australien zur Hochzeit der Tochter hat bereits mit dem Boarding begonnen. Einigen wir uns darauf, der erste, der das Gesetz bricht, hat einen guten Grund oder er macht es ganz einfach, weil er es kann und es sich traut. Eben, weil er ein Arschloch ist! Die anderen, die seinem Beispiel folgen, aber tun es nur, weil sie glauben, sie dürfen, weil es die anderen auch machen.

Düringer: Da sind wir wieder am springenden Punkt. Der Pannenstreifen ist die Möglichkeit, der erste, der die Regel bricht, ist das Arschloch und der Rest kopiert das Arschlochverhalten und fühlt sich dazu vielleicht noch berechtigt.

Naderer: Ja, aber gibts da nicht noch eine weitere Form von Arschlochverhalten. Was ist mit denen, die dann für Recht und Ordnung sorgen wollen, sich als moralische Instanz gebärden und so weit nach rechts ausscheren, um den Pannenstreifen unpassierbar zu machen und damit mit Sicherheit einen Stau am Pannenstreifen verursachen?

Düringer: Aber soll man passiv bleiben? Ist es nicht wichtig sich einzumischen?

Naderer: Natürlich. Allerdings am rechten Ort zur rechten Zeit.

Düringer: Und wo ist der rechte Ort, wo ist die rechte Zeit?

NADERER: Immer und überall! Wir müssten eine Gesellschaft anstreben, in der aufkeimendes Arschlochverhalten sofort und an Ort und Stelle von den anderen sanktioniert wird. In der Arschlöcher nicht nachgeahmt, sondern geächtet werden.

DÜRINGER: Würde bedeuten, der erste, der am Pannenstreifen entlangfährt, fährt alleine, keiner folgt ihm und wenn er sich wieder in die Kolonne einreihen möchte, kann er sicher sein, dass er dort eine feste Fotzn kriegen wird.

NADERER: Oder zumindest, dass ihn keiner in die Kolonne einordnen lässt und er dort steht, bis sich der Stau aufgelöst hat.

DÜRINGER: Entscheidend ist aber, dass das Arschloch alleine bleibt und keiner hinterhertrottet. Ein frommer Wunsch. Aber unrealistisch, oder?

NADERER: Absolut. Aber das wäre die Aufgabe von Politikern. Visionen zu haben, wie sich das gesellschaftliche Leben in fünfzig Jahren gestalten könnte. Nicht sollte, aber könnte. Ziel sollte es sein, dass eine Autobahn kein Tatort mehr sein darf.

DÜRINGER: Was nicht heißt, dass keine Unfälle mehr passieren können, aber dass niemand mehr Unfälle provoziert und das nicht nur auf Autobahnen, sondern überall, in allen Bereichen des Lebens.

Liveticker 21.7.2016 +++ Liveticker 21.7.2016 +++ Liv

Heute bin ich Studiogast bei einer Aufzeichnung für eine „Pro und Contra"-Sendung zum Thema: Regieren die Banken die Welt?[7]
Der ehemalige Investmentbanker Rainer Voss ist einer der Diskussionsteilnehmer. Ich denke, der Mann weiß, wovon er spricht, denn er war tätig für die Deutsche Bank. Er bestätigt, was ich als außenstehender

Beobachter nur vermuten kann: Es gibt da keine Verschwörung von ein paar Gangstern – auch Bankster genannt –, die nichts Besseres zu tun haben, als die Welt in einen lange geplanten Finanzcrash zu steuern, sondern es ist eine Summe von vielen menschlichen Entscheidungen innerhalb eines Systems. Es ist das ganz normale Arschlochverhalten, das von einem aus den Fugen geratenen Bankensystem unterstützt und gefördert wird. Nach der Aufzeichnung plaudern wir noch ein wenig. Er meint: „Was für mich nicht verständlich ist, warum zurzeit in Deutschland alle über die Zuwächse der AfD diskutieren, über ein paar tausend Flüchtlinge mehr oder nicht, aber kein Mensch spricht über den Zustand der Deutschen Bank. Das wäre das Einzige, was uns interessieren sollte. Wenn die Deutsche Bank kippt, wäre das in Kürze das Ende der Infrastruktur. Nicht nur in Deutschland." Ich lade ihn in die Sendung „Gültige Stimme" ein und er sagt zu.

TATORT HYPO

Wir leben in einer Gesellschaft, in der die Menschen mit den sinnvollsten Jobs, wie Kindergärtnerinnen oder Pfleger, am wenigsten verdienen, jene mit den unsinnigsten, wie Investmentbanker, aber am meisten ... Das Problem ist, dass wir versuchen etwas zu regulieren, das wir nicht wirklich verstehen. Und die Regulierer sind ja auch Teil des Systems ... Ein Gesetz ist in sechs Monaten gemacht und 150 Milliarden für eine Bankenrettung ist in sechs Monaten verabschiedet, aber das Denken in den Köpfen der Leute, das ja ein Ergebnis einer gesellschaftliche Reflexion ist, das zu ändern, dauert Dekaden, das langt kein Politiker an ... Der nächste Crash kommt daher bestimmt – wir wissen nur noch nicht wann.[8]

RAINER VOSS, EHEM. INVESTMENTBANKER DER DEUTSCHEN BANK

Ist ein gelungener Bankraub heute noch ein Überfall oder ist dies ein Unfall. Eine unglückliche Verkettung von Ereignissen und Handlungen. Die Hypo Alpe Adria-Bank ist keine Bank mehr, sie ist zu einem Tatort verkommen. Es handelt sich dabei um den größten Bankraub in der Geschichte der Zweiten Republik, durchgeführt ohne Waffengewalt, sondern langfristig gut vorbereitet und professionell ausgeführt, die Möglichkeiten, die das System bietet ausnützend und das auf Kosten anderer. Am Tatort Hypo fließen die Grenzen von organisiertem Verbrechen, dubiosen Bankgeschäften und willfähriger Politik sanft ineinander. Die Kärntner Landesbank war ein einladender Schmelztiegel für Räuber und Plünderer aller Art. Wie viele Milliarden sie uns letztendlich am Ende des Tages kosten wird, kann man heute wohl nicht mit Gewissheit sagen, die unterschiedlichsten Zahlen wurden und werden kolportiert. Ganz egal, wie hoch der Preis sein wird, das Geld, das wir dafür erarbeiten werden müssen, ist gottlob nicht weg. Nur woanders. Die Hypomilliarden sind nicht verloren, die hat jemand. Und wenn man klug war, hat man daraus Werte geschaffen oder es einfach ausgegeben. Falls sie einmal ein Aston Martin DB11 mit serbischem Kennzeichen auf der Autobahn überholt, kann es gut sein, dass sie dazu einen kleinen Beitrag geleistet haben. Die Hypo Alpe Adria ist heute Geschichte, selbst der im Oktober 2016 beendete parlamentarische Untersuchungsausschuss lockt kaum jemanden mehr hinter dem Ofen hervor. Die Milliarden sind abgeschrieben, der Fall erledigt und aus der öffentlichen Wahrnehmung nahezu verschwunden. Krieg in Syrien, Flüchtlinge, Putin, Trump/Clinton, Atombombentests in Nordkorea, CETA und defekte Wahlkuverts haben den „Kriminalfall Hypo" aus den Nachrichten verdrängt. Die Deutsche Bank hat interessanterweise bis heute (5. August 2016) noch nicht den Weg in die Schlagzeilen gefunden. Wenn sie das tut, dann werden wir erkennen, dass die Kärntner Hypo nur die Spitze eines Eisbergs war, auf den wir gerade mit Volldampf aufgelaufen sind. Empfinden sie dabei so etwas wie Ohnmacht, Resignation oder Wut? Haben sie das Gefühl, nichts als ein Passagier am Hochseekreuzer der Weltgeschichte zu sein, untergebracht auf einem der untersten Decks, die Brücke des Kapitäns so weit entfernt wie die Spitze des Mount Everest? Oder sind sie noch kräftig genug und willens, sich auf den Weg zu machen, den Oberdecks einen Besuch abzustatten und den Kapitän, die Offiziere und die geladenen Gäste des Galadinners zur Rede zu stellen? Wollen sie die Umstände, die Verflechtung von Finanzwirtschaft, Medien und Politik als gegeben hinnehmen oder sind sie bereit sich einzumischen? Zielgenau dort, wo ihre Stimme gehört werden muss; in der Wahlzelle? Sollten wir uns nicht beim nächsten Galadinner der Eliten selbst auf die Gästeliste schreiben und einen Blick auf die Menükarte werfen? Und selbst wenn man es nicht bis in den Festsaal schafft, auch in der Küche kann man einen Blick auf die angebotenen Köstlichkeiten werfen. Einladen wird uns dazu freilich keiner, da werden wir schon kreativ sein müssen und selbst die Initiative ergreifen. Wie sagt man: Frechheit siegt. Und wenn sie schon nicht siegt, sie kann für Aufregung sorgen und den Betrieb stören.

In der Causa Hypo hatte ich mich dazu entschieden, mich einzumischen: Ich schrieb einen vorlauten und frechen Brief an den Verantwortlichen der „notverstaatlichten" Pleitebank. Oft habe ich schon Post vom Finanzamt bekommen, zumeist mit Forderungen oder Abmahnungen, diesmal forderte *ich* etwas beim Finanzminister ein; Antworten auf meine Fragen zum Kriminalfall Hypo und als Unterstützer einer Bürgerinitiative die Einsetzung eines parlamentarischen Untersuchungsausschusses, aber lesen sie selbst:

An das Bundesministerium für Finanzen
zH. Vizekanzler und Finanzminister Dr. Michael Spindelegger
Johannesgasse 5
1010 Wien

Betreff: Unser Steuergeld

Werter Dr. Spindelegger, 10. März 2014

so wie vielen anderen Steuerzahlern liegt auch mir seit geraumer Zeit etwas im Magen, etwas wirklich schwer Verdauliches. Die Hypo Alpe Adria International AG. Hier scheint ja einiges ganz schön schief gelaufen zu sein, obwohl ich den Verdacht hege, dass es für so manchen ganz gut gelaufen ist und leider auch noch weiterhin gut laufen, vielleicht sogar zu einem glücklichen Ende kommen wird. Glücklich deswegen, weil nicht zur Verantwortung gezogen. Der beste Bankraub ist ja immer noch der, den keiner bemerkt. Für den Großteil der Bevölkerung allerdings, ist es wie so oft wieder einmal schlecht gelaufen. Die Bürger müssen wohl wieder einmal bürgen, mit ihrer Arbeitsleistung und ihren kleinen Vermögen. Wir Steuerzahler werden für die Machenschaften der Gierigen bestraft und die Umverteilung von Fleißig zu Reich geht munter weiter. Es sei denn, es finden sich mutige Politiker, die endlich aufstehen, den Rücken gerade machen und das tun wofür wir sie bezahlen: Den Menschen im Lande zu dienen, Entscheidungen zum Wohle der Bevölkerung zu treffen und bereit sind, die richtigen Fragen zu stellen:

- Warum zum Beispiel werden nicht alle für die Kreditvergabe und die ordentliche Geschäftsführung der Hypo Alpe Adria Verantwortlichen, die Vorstände und Aufsichtsräte geklagt und zur Rechenschaft gezogen?
- Warum wird einem heimischen Schuhfabrikanten von Seiten der Finanzmarktaufsicht der Prozess gemacht, bei diesen Machenschaften aber offenbar ein Auge zugedrückt?
- Welche Banken, Finanzinvestoren und Hedgefonds kassierten als Gläubiger seit der Verstaatlichung unsere Steuergelder und werden noch weiterkassieren?
- In welchem Ausmaß hat die Raiffeisen Gruppe davon profitiert?
- Warum haftet die Bayerische Landesbank nicht für die Vollständigkeit und ordnungsgemäße Bewertung der Bilanzpositionen in der Übergabebilanz? Wurde diese Klausel im Übernahmevertrag im Tausch gegen schlechtes Geld gestrichen?

- Warum lassen wir uns jetzt u. a. von einem ehemaligen Investmentbanker namens Dirk Notheis um teures Geld beraten, jener Herr, der damals die Bayerische Landesbank im Rahmen der Verstaatlichung beraten und damit uns über den Tisch gezogen hat. Einem „Experten" also, gegen den in Deutschland wegen Beihilfe zur Untreue in einem ähnlichen Fall ermittelt wird?
- Und vor allem: Warum konnte ein damaliger Finanzminister eine „geschminkte Leiche" wie die Hypo auf unsere Kosten zurückkaufen? Von welchem Teufel wurde er damals geritten? Wer oder was hat ihn dazu getrieben? In wessen Interesse geschah diese Blitzaktion, hatte vielleicht die „Bauernmafia" ihre Hände im Spiel? Immerhin gewährt sie, dem pflegebedürftigen und politikverdrossenen Josef Pröll seitdem Unterschlupf.
Herr Dr. Spindelegger, als höchster politischer Vertreter in abgabenrechtlichen Angelegenheiten sollte es Ihr Interesse sein, weil Interesse aller Staatsbürger, diese Causa aufzuklären, die Schuldigen, Mittäter und Profiteure zu finden, bereits geflossene Steuerzahlungen bis zur Zieladresse zu verfolgen und weitere zu verhindern. Wenden sie weiteren Schaden ab und lehnen sie einen parlamentarischen Untersuchungsausschuss nicht länger ab. Dienen sie nicht weiter den Finanzhaien, ihren Verbündeten und den schwarzen Schafen ihrer Zunft, sondern uns, denen sie verpflichtet sind. Lassen sie es nicht zu, dass unser Glaube an den Rechtsstaat und die Demokratie endgültig erlischt.
Für viele Menschen in diesem Land wird es, nach und nach, enger und enger und sie haben die Schnauze gestrichen voll. Verhindern wir, dass ihre Wut eines Tages auch unsere Straßen heimsucht und der Staat sein wahres Gesicht zeigen muss: Die Diktatur.
Ich selbst habe mich einer parteiunabhängigen Bürgerinitiative angeschlossen, in der wir die Einsetzung eines parlamentarischen Untersuchungsausschusses zur Causa Hypo fordern. Denn wer ein Problem erkennt und nichts dagegen tut, ist selbst ein Teil des Problems.

Ich hoffe auf eine weise Entscheidung ihrerseits, dadurch bliebe uns das Kasperltheater eines „Weisenrates" erspart.

Roland Düringer

PS: Und falls ihnen bei Gelegenheit Herr Faymann über den Weg läuft, sprechen sie ihn bitte darauf an und versuchen sie auch ihn auf die Seite des Volkes zu ziehen.

Natürlich ist das Populismus, was sonst. Bevor ich den Brief ins Kuvert stecke, lese ich ihn auf meinem Blog „gueltigestimme.at" vor, dann schicke ich ihn eingeschrieben ab. Mit einer konkreten Beantwortung meiner Fragen rechne ich nicht, mit einem vorgefertigten Wischiwaschi-Antwortschreiben aus dem Büro des Finanzministeriums schon. Nachdem der Fall Hypo bereits für Schlagzeilen sorgt, wird man sicher schon etwas vorbereitet haben, um erzürnten Bürgerinnen und Bürgern das Gefühl von Beachtung und „Ihre-Anliegen-sind-uns-sehr-Ernst" zu vermitteln. Zwei Tage später die erste Reaktion. Ein Mann klopft mir auf dem Weg zum Theater auf die Schulter: „Super danke. Endlich einer, der den Mund aufmacht." Ein ältere Dame spricht mich an: „Danke, Herr Düringer, dass sie sich für uns einsetzen." Aus einem an mir vorbeirollenden Auto ruft mir ein junger Mann mit offensichtlichem Migrationshintergrund zu.: „He Roli, voi leiwound Oida." Sein Beifahrer zeigt mir „Daumen nach oben." Ich kann nicht glauben, dass so viele Menschen meinen Blog mitverfolgen. Meine Einschätzung, was meinen Blog betrifft, war richtig. In einer der auflagenstärksten Zeitungen des Landes wurde mein Brief veröffentlicht und ehe ich mich versah, war ich Teil der Tagespolitik. Zwei Tage später, erschien im „Standard" ein offener Brief von Michael Spindelegger an mich. Er lädt mich gerne zu sich ins Finanzministerium ein, um mit mir unter vier Augen über die Hypo Alpe Adria zu sprechen und mir dazu etwaige Fragen zu beantworten. Die Zeitungen berichten und kommentieren. Experten werden befragt, was man von dieser Einladung halten soll. Der Politberater Josef Kalina hält das für keine so gute Idee. Er findet „es ist nicht sinnvoll mit einem Skurillo über den Hypofall zu plaudern." Nachdem ich unseren Finanzminister und Vizekanzler nicht unbedingt für einen Skurillo halte, beschließe ich, einem Treffen im Finanzministerium zuzusagen. Bedingung: Keine Presse, keine Fotos. Wenige Tage später sitze ich im Büro des Finanzministers.

Auch wenn Herr Spindelegger und ich sicher unterschiedliche Weltbilder mit uns herumtragen, so gibt es bei diesem einstündigen Gespräch doch einen gemeinsamen Nenner. Sowohl der amtierende Finanzminister als auch der Schauspieler haben keine Ahnung, was beim Hypo-Skandal tatsächlich gelaufen ist und keinen Schimmer, welche Konsequenzen dieser Kriminalfall für die Republik haben wird. Beide sind wir auf Informationen angewiesen, die uns zugetragen werden und unsere Quellen sind naturgemäß unterschiedlich. Alles beruht heute letztendlich auf Expertenmeinungen. Für Universalgelehrte ist in dieser fragmentierten Sicht auf die Welt kein Platz mehr und der Hausverstand wohnt heute im Supermarkt. Details zur Hypo-Affäre kann und will ich mit dem Finanzminister nicht diskutieren. Die Hypo ist nur ein Symbol, ein Wegweiser, der deutlich die Richtung zeigt, wo es in Zukunft langgehen wird, wenn nicht endlich jemand entschieden auf die Bremse steigt. Selbst wenn Herr Spindelegger auf die Bremse steigen wollte, er kann es nicht.

Das ist es, was ich spüre: Der Finanzminister der Republik und quasi Eigentümervertreter dieser maroden Bank hat nicht das Sagen. Vielleicht wäre es das, was Dr. Michael Spindelegger jetzt der Bevölkerung sagen sollte: „Meine Damen und Herren. Wir stecken als Staat in einem großen Dilemma. Ich als Finanzminister der Republik würde in dieser schwierigen Situation, von der wir heute noch nicht abschätzen können, was für Konsequenzen sie haben wird, geschweige denn wie viel sie sie als Steuerzahler kosten wird, eine Entscheidung treffen, die den Schaden von ihnen abwendet und die verbrecherischen Netzwerke, die für diesen Raubzug verantwortlich sind hinter Schloss und Riegel bringt. Aber ich habe dazu keine Möglichkeit, mir sind die Hände gebunden. In einer globalen Welt, die von einigen Kartellen, allen voran von einem Finanzkartell gesteuert wird, hat ein einzelner Staat nichts mehr zu melden. Selbst wenn ich mich, wie von der Finanzprokuratur empfohlen, dazu entscheiden würde, die Bank in die Insolvenz zu schicken und damit diesen Fall den Gerichten zu übergeben, kann ich ihnen nicht garantieren, dass ich nicht einen Anruf erhalte, der mich vom Gegenteil überzeugt und mir ein Angebot macht, dass ich nicht abschlagen kann. Unser Land wird, so wie alle anderen auch, von Machtnetzwerken und nicht von den gewählten Vertretern beherrscht. Mir als Minister bleibt nur mitzuspielen – oder meinen Hut zu nehmen. Mehr kann ich für sie nicht tun und ich schäme mich dafür, dass wir es so weit kommen ließen. Aber die Verlockungen am großen Kuchen mitzunaschen sind für so manche Vertreter meiner Zunft schlichtweg zu verlockend und zu groß. Ich habe ihnen die Hyposuppe nicht eingebrockt und ich würde sie liebend gerne für sie auslöffeln, aber mir sind die Hände gebunden. Nehmen sie also alle ihre Löffel zu Hand, der Topf, den es auszulöffeln gibt, wird eine große Aufgabe sein und ich kann ihnen garantieren, wenn ich meinen Blick nach Osten wende, da warten am Herd der Finanzspekulanten noch weitere Töpfe auf Sie. Mahlzeit!"

Das wäre doch eine Überraschungsrede gewesen, oder? Den Hut hätte er danach sicher nehmen können, keine

Frage. Aber er hätte unsere Anerkennung gewonnen. Den Hut hat der Bundesparteiobmann kurze Zeit später dann ohnehin genommen, oder möglicherweise nehmen müssen. Man hat ihm vielleicht ein Angebot gemacht, dass er nicht abschlagen konnte, das zu verlockend war, oder aber: Er hatte ganz einfach die Schnauze voll von der Politik. Wie auch immer. Meine Mutter jedenfalls war sehr stolz darauf, als sie in der Zeitung lesen durfte, dass ihr Sohn einen persönlichen Termin beim Vizekanzler dieses Landes hatte. Sie ist, 1935 geboren, eine obrigkeitshörige Person und machte immer einen tiefen Kniefall vor Autoritäten. Wählen geht sie schon lange nicht mehr: „Es sind ja eh alles die gleichen G'fraster." Nein, Mutter, das sind sie nicht, es gibt viele, die Gutes schaffen wollen und würden, wenn sie denn könnten. Aber sie können nicht. Andere wiederum könnten, aber sie tun es nicht. Als mir die Leute auf der Straße nach der Veröffentlichung des Briefes auf die Schulter klopften und sich bei mir für den Brief bedankten, bekamen sie immer die gleiche Frage gestellt: „Haben sie auch schon in dieser Angelegenheit einen Brief an den Finanzminister geschrieben?" „Nein. Aber sollte man eigentlich eh. Andererseits, wen interessiert schon mein Brief. Der landet sowieso nur im Mistkübel." Ja, das tut er sicher irgendwann einmal, aber letztendlich ist es nicht „ihr" Brief, der etwas bewegt, es wäre die Unmenge an Briefen, die in kurzer Zeit die Schreibtische des Finanzministeriums zumüllen würden. All diese Post, ihre Briefe im Büro des Finanzministers, würden eine Geschichte erzählen, ohne sie jemals gelesen zu haben. „Jo eh! Da haben sie eh Recht. Is eh woa." Eh! Eines der Lieblingswörter der Österreicher und Österreicherinnen. „Eh" steht für: Ich finde es absolut wichtig und richtig, dass man in dieser Angelegenheit aktiv wird und sehr entschieden handelt. Leider habe ich weder Lust noch Zeit dafür, finde es aber toll, dass sie das für mich tun." Mit Verlaub, ist das nicht auch Arschlochverhalten?

Ich gab dann noch ein paar Interviews, war zu Gast bei einer TV-Diskussion zum Thema und die Bürgerinitiative „Tatort HYPO" schaffte es durch meine Person auf das bunte Titelblatt der Sonntagskrone. Insgesamt brachte es die Online-Petition der Bürgerinitiative zur Einsetzung eines parlamentarischen Untersuchungsausschusses zu mehr als 150.000 Unterstützungserklärungen. Die Politik stand unter Zugzwang.

HERR DÜRINGER WAR SCHON IN DER POLITIK

Ich bin Listenerster. Nicht weil ich der Erste war, nicht weil ich der Schnellste war, nicht weil ich der Beste war. Man hat mir den Platz auf der Liste freigehalten, um der Bürgerinitiative „Tatort Hypo" ein Gesicht zu geben. Ein Gesicht, das man kennt, ein Gesicht, das die „Petition zur Einsetzung eines parlamentarischen Untersuchungsausschusses" auf das Titelbild der „Krone Bunt" gebracht hat. Mein Gesicht hat einen Beitrag geleistet, um den Unmut der Bürgerinnen und Bürger – die noch viele Jahre für die Folgen des Hypo-Desasters zu bezahlen haben werden – ins Parlament zu tragen.

Ich stehe knapp davor, auf der Treppe vor dem Parlament. Kameras laufen, Fotoapparate blitzen, Mikrofone mit farbenfrohen Windschützern und Senderlogo bitten um eine Wortspende. Herr Düringer hat sich eingemischt und ist als Listenerster zu einer Sitzung des Petitionsausschusses ins Parlament geladen. Er darf in einer 15-minütigen Rede die Anliegen der Bürgerinitiative im Ausschuss zum Vortrag bringen. Mein Gesicht darf heute zu den Gesichtern sprechen. Den Gesichtern, die sonst um meine Stimme buhlen, diese aber nicht bekommen. Auch heute werden sie meine Stimme nicht bekommen, sie werden sie nur vernehmen. Sofern sie willens sind zuzuhören. Eine parlamentarische Mitarbeiterin nimmt mich in Empfang und lotst mich durch die Sicherheitsschleuse. Zwei weitere Mitarbeiter des Hohen Hauses übernehmen mich. Geschäftiges Treiben in den Gängen. Mitarbeiter, Journalisten, Fachreferenten,

Klubsekretärinnen, Abgeordnete, sie alle scheinen hier zuhause zu sein. Ich selbst fremdle, bin hier nur Gast in einer mir fremden Welt. Es erinnert mich an meine fallweisen Besuche „am Berg" – Küniglberg, ORF-Zentrum. Auch dort bin ich nicht daheim, Orte wie diese beherbergen für mich etwas Abschreckendes – einen Geist, den ich meide wie der Teufel das Weihwasser: den Verwaltungsgeist. Er hat an Orten wie diesen das Sagen. Orte wie dieser nehmen dir die Begeisterung, den Mut zur Kreativität und zum entschiedenen Handeln. Was bleibt, ist ein verwaltetes System, das sich selbst genügt und am Leben erhält. Ein Raumschiff samt Besatzung in einer erdnahen Umlaufbahn. Mit an Bord ist die Angst, die Angst der Besatzung auffällig zu werden und das Versorgungsschiff verlassen zu müssen. An Orten wie diesen ist es sinnvoll, unsichtbar zu sein und als „unsichtbarer Austauschbarer" Sorge zu tragen, das andere, die den Fehler begangen haben, sichtbar werden, ausgetauscht werden. „Am Berg" wird Fernsehen gemacht. Und Politik – verkleidet als Unterhaltung und Information. Hier macht die Politik auch Programm. Politischen Parteien ist ihre Stellung am Küniglberg sehr wichtig, sie verschafft ihnen Kontrolle. Meinungskontrolle verschafft Macht, und Macht über die öffentliche Meinung öffnet die Türen ins Hohe Haus.

Heute öffnet mir eine Mitarbeiterin des Hohen Hauses die Tür. Dahinter befindet sich ein Sitzungssaal, in dem der Ausschuss in Kürze tagen wird. Ein schöner Saal. Prunkvoll. Tisch an Tisch zu einem großen Rechteck formiert. An den Außenseiten des Rechtecks haben die Ausschussteilnehmer der Parteien bereits Platz genommen. Ich werde zu meinem Platz an der Stirnseite unweit vom Ausschussvorsitzenden geleitet. Vorbei an den Gesichtern, geschätzte fünfzig an der Zahl. Vielleicht auch mehr, vielleicht auch weniger. Man sieht den Wald vor lauter Bäumen nicht. Abgeordnete, Referenten, Parlamentsmitarbeiter. Manche Gesichter kenne ich, eine ehemalige Ministerin, einige bekannte Politfunktionäre, einige Finanzsprecher wie mir scheint, größtenteils aber mir unbekannte Gesichter. Wenn mich nicht alles täuscht, haben sie ihre Plätze nach Parteienzugehörigkeit bezogen. Das schafft ein wenig Gruppenidentität, bietet Orientierung und gibt Sicherheit. Man weiß, wo man hingehört. Auch die anwesende Presse weiß genau, wo sie hingehört: Hinaus, vor die Tür. Die Show ist vorbei, jetzt beginnt hinter verschlossenen Türen das Ritual. Wozu? Warum so offiziell? Die Ausschussteilnehmer kennen sich wohl, haben täglich miteinander zu tun, laufen sich im Hohen Haus über den Weg, treffen sich auf den Gängen, teilen fallweise den Mittagstisch, besprechen sich im Café am Eck, sind Teil einer großen Familie. „Familie" ist zugegeben ein wenig zu weit gegriffen, aber als Besatzung eines in einer erdnahen Umlaufbahn befindlichen Raumschiffs kann man sie durchaus bezeichnen. Auch wenn ihre Ansichten unterschiedlich sein mögen, ihre Weltbilder teilweise ein wenig auseinanderklaffen, so gibt es doch eines, was sie eint: Sie alle haben ihre Posten auf den Versorgungsdecks des Schiffes bezogen und sie sind nicht unterwegs, um neue Welten zu entdecken, sondern um ihre eigene Welt zu verteidigen. Eine Welt, die ihre Rituale braucht. Der Vorsitzende begrüßt die Anwesenden mit einer Floskel und erklärt den Ausschuss für eröffnet. Er erteilt mit einer weiteren Floskel einem anderen Teilnehmer, offenbar ein Vertreter einer Regierungspartei, das Wort. Dieser ergreift wiederum mithilfe einer anderen Floskel das ihm nun zugeteilte Wort. Für mich birgt dieser Versuch, mithilfe ritueller Handlungen dem Treffen Ernsthaftigkeit und Bedeutung zu verleihen, ein beträchtliches Maß an Komik in sich. Nun gut, in mir lösen auch Heilige Messen ein Grinsen aus. Keinesfalls verächtlich, nein, ich genieße einfach die Situationskomik. Menschliches Verhalten kann schon sehr, sehr lustig sein und ernste Absichten verstärken den Effekt zusätzlich. Menschen, die sich selbst besonders wichtig nehmen oder versuchen, durch ihr Verhalten Dominanz zu gewinnen, stelle ich mir gerne nackt vor. Das hat schon in Kindertagen bei so mancher Mathematikprüfung ziemlich gut geholfen.

Nun sitzen alle nackt vor mir. Einem der Nackten wird vom unbekleideten Vorsitzenden mit einer Variation der vorherigen Floskel das Wort erteilt. Er übernimmt den Ball mit einer bereits gehörten Floskel und beginnt seine Ausführungen als Vertreter der anderen Regierungspartei. Wenn sie mich jetzt über den Inhalt seiner Worte befragen, so muss ich ihnen gestehen: Ich kann mich nicht mehr erinnern, meine Aufmerksamkeit war zu diesem Zeitpunkt ganz woanders. Meine Aufmerksamkeit gehört längst den Unaufmerksamen unter den Anwesenden. Nicht nur, dass sie den Worten des Redners nicht zuhören und mit den Gedanken ganz woanders zu sein scheinen, sie blättern in ihren Unterlagen, spielen mit ihren Handys und Tablets und einige tratschen mit den Sitznachbarn. Es herrscht Unruhe im Saal und ich beschließe, die Ausschussteilnehmer wieder anzuziehen und sie in eine Kindergartengruppe zu verwandeln. Wenn etwas nicht passt, muss man es eben passend machen. Vorschulkindern kann man die Unaufmerksamkeit und innere Unruhe viel leichter verzeihen. Zumal die Worte des Redners nicht wirklich fesselnd sind und Begeisterung für den eigenen Vortrag missen lassen. Es klingt so, als würde er selbstzufrieden nur Worte verwalten. Wenn jemand nichts zu sagen hat, flüchtet man sich in Zahlen und Fakten: „Julia liebt Romeo heute um 3,5 % mehr als gestern und man kann mit einem gemeinsamen Liebeszuwachs von täglich 0,8 % rechnen, was mit einer Wahrscheinlichkeit von 87,4 % in einem Desaster enden wird." Sätze wie diese töten die schönsten Liebesgeschichten.

Der Redner hat nun seine Worte zu Grabe getragen und der Vorsitzende erteilt Herrn Düringer mit einer Variante der Variation der Floskel das Wort. Ich bin heute der Überbringer einer Botschaft. Es ist die Botschaft einer Bürgerinitiative, die sich nicht mit dem Treiben rund um die Pleite der Hypo Alpe Adria-Bank abfinden und die Frage nach der politischen Verantwortung geklärt wissen möchte. Diese Botschaft kann man in einem Satz formulieren: „Es darf nicht sein, dass die Gewinne riskanter Finanzgeschäfte privatisiert, die Verluste aber sozialisiert werden und die Verteilung von Fleißig zu Reich von einer willfährigen Politik unterstützt wird." Nachdem mir 15 Minuten Redezeit zugebilligt wurden, schmücke ich diese Botschaft aus und versuche die Anliegen und auch die Fragen der von den Finanzkartellen geprellten Steuerzahlerinnen und Steuerzahler den Volksvertretern zu übermitteln. Und obwohl es gewöhnlich nicht meine Art ist, tue ich dies heute sachlich, unpointiert und ohne Showeffekt. Man will ja nicht die Ernsthaftigkeit des Rituals stören. Offenbar ein Fehler, denn das Ritual zerstört sich selbst, das Gemurre und Geplappere im Saal will nicht verstummen. Ich spreche unbeirrt weiter, überlege, ob ich auf dem Tisch tanzen soll, um etwas Aufmerksamkeit zu erhalten. Kurz scheint es, als ob jemand zwar leise, aber doch telefoniert. Die Dame rechts von mir erhält eine SMS und antwortet auch gleich darauf. Im Theater wäre das ein guter Augenblick, die Vorstellung zu unterbrechen und das Publikum zu fragen, ob einige mit dem Kopf gegen den Erbsensack gelaufen sind. Zumindest könnte man vorsichtig fragen, ob ihnen nicht leid um ihr Geld ist. Nachdem wir aber nicht im Kabarett sind, sondern im Hohen Haus, geht es hier nicht um das Geld der Anwesenden, sondern um unser aller Geld. Daher beschließe ich Ruhe zu bewahren, das Ego hintanzustellen und der Sache zu dienen. Einige lange Minuten halte ich noch durch, dann schnattert es erneut in mein rechtes Ohr. Ich hebe den Kopf und blicke in Richtung Gänsestall: „Wollen sie hier tratschen oder zuhören?" Die ehemalige Ministerin legt ihr Tablet zur Seite und straft mich eines bösen Blickes: „Wieso schaun sie mich dabei an?" Der Vorsitzende ergreift das Wort. Na, endlich! Er mahnt *mich* ab. Ordnungsrufe seien nur und ausschließlich ihm gestattet. Rituale haben eben strenge Regeln. Nach 13 Minuten beende ich meine 15-minütige Rede. Die Botschaft ist verkündet. Ob sie angekommen ist? Bei manchen ja, bei manchen nicht. Die Oppositionsparteienvertreter und ihre Mitarbeiter hatten wohl ein offeneres Ohr und hörten, wie ich meine, das, was sie hören wollten. Nun ist es an den Abgeordneten Stellung zur Causa zu beziehen. Der Finanzsprecher einer im Parlament vertretenen Kleinpartei erhält das Wort. Er äußert sich kritisch zu den politischen Vorgängen rund um den Hypo-Bankraub und erklärt, die Regierungsparteien können sich dabei nicht aus ihrer Verantwortung ziehen. Demonstratives Kopfschütteln, Augen werden verdreht, verbale Unfreundlichkeiten. Die Kindergartengruppe verwandelt sich vor meinen Augen. Ich sitze am Fußballplatz: „Simmering gegen Kapfenberg". Buhrufe aus dem Regierungssektor. Aus dem Teil der ÖVP-Ultras ein gezischtes, aber unüberhörbares „Geh halt doch die Goschn!" Wo bleibt der Pfiff des Schiedsrichters? Ich höre, ich beobachte und ich wundere mich. Bin fast ein wenig entsetzt. Dass es im Wahlkampf vor laufenden Kameras manchmal untergriffig wird, kann ich verstehen. Dies passiert oft auch aus Not und Verzweiflung, wenn der Verstand nur mehr im Kleinhirnmodus unterwegs ist. Angriff, Flucht oder Totstellen. Auch dass im Plenarsaal am Ende eines Entscheidungsfindungsprozesses den Medien und den Zusehern eine Show geboten wird, hat seine Gründe. Brot und Spiele, teile und herrsche. Aber hier, hinter verschlossenen Türen? Könnte man sich hier nicht auf Augenhöhe begegnen, zuhören, Argumente vorbringen, das jämmerliche Parteien-Hickhack beiseite lassen. Persönliche Befindlichkeiten hinter Sachfragen stellen. Bevor wir uns mit Sachfragen, Programmen und Anträgen beschäftigen, wäre es an der Zeit, die politische Kultur zu überprüfen. Sollte man sich nicht gerade im Parlament mit Respekt und Würde gegenübersitzen und das einem anvertraute Amt in Demut ausüben? Ich sitze hier, lehne mich zurück und schäme mich fremd. Einmal mehr studiere ich menschliches Verhalten. Im Konkreten: das Verhalten des politischen Establishments. Und wenn ich so in den Sitzungssaal schau, kann ich nichts Auffälliges auch nichts Außergewöhnliches erkennen. Es ist lediglich ein Spiegel. Ein Spiegel unserer Kultur getragen von unseren westlichen Werten. Man verhält sich hier so wie wir uns eben verhalten. So wie es uns beigebracht wurde. So wie im Kindergarten, in der Schule, am Arbeitsplatz, im Urlaub, beim Kaufen, beim Verkaufen, am Stammtisch, im Auto, am Futternapf, beim Balzen, bei der Schnäppchenjagd, beim Beschweren, beim Bewerten, beim Beurteilen, beim Verurteilen. Wo auch immer: Ich bin das Zentrum des Universums! Mein Weltbild ist richtig und nicht verhandelbar, und alle anderen sollten endlich aufhören, ihr falsches Weltbild auch noch zu verteidigen. Das Ziel ist es, eines Tages besser zu sein. Nicht besser zu werden als ich heute bin, sondern besser als die anderen. Um besser als mein Gegenüber zu sein, muss entweder ich besser werden oder ich muss mein Gegenüber weniger gut machen, indem ich es vor den anderen schlecht mache. Wer nicht bereit ist, in Konkurrenz zu treten und Kooperation sucht, ist ein Weichei und hat sich zu unterwerfen und zu kuschen. Man hat zu kooperieren oder man geht unter. Ich sehe mir die Gesichter an: Wer von euch würde in einem sportlichen Wettstreit, dort, wo letztendlich die eigene Leistung zählt, bestehen können? Wer würde faul spielen, zu unerlaubtem Doping greifen, wer würde sich aufs Material ausreden, bei Funktionären Protest gegen die Sieger einlegen, wer würde sich über das verletzungsbedingte Ausscheiden eines überlegenen Rivalen freuen? Was ich hier vor Augen geführt bekomme, ist ein repräsentativer Querschnitt unserer Zivilisation. Ein Abbild der Zivilisation, die, sollte nicht noch ein Wunder geschehen – so beschreibt Fabian Scheidler in seinem lesenswerten Buch „Das Ende der Megamaschine" – zum Scheitern verurteilt ist. Und wir alle haben in unterschiedlichsten Funktionen unseren Teil dazu beigetragen. Als Konsumenten, als Wähler, als User, als Meinungsmacher, als Lehrer, zumeist als gefügige Vasallen und Duckmäuser, die sich der ökonomischen Vernunft unterworfen haben und immer mehr Ansprüche stellen. Was kostet es? Was bringt es mir? Was habe ich unterm Strich davon?

Wobei: Es sind nicht alle. Auch hier im Sitzungssaal. Wie immer in gruppendynamischen Prozessen sind es nur einige wenige, die zündeln und bewusst für schlechte Stimmung sorgen. Wo bleibt der Ordnungsruf? Hallo? Wo bin ich hier eigentlich? Ach ja: Ich befinde mich ja auf einem der Versorgungsdecks eines Raumschiffs in einer erdnahen Umlaufbahn. Ich erlaube mir die Funktion der Bodenstation zu übernehmen und frage den Vorsitzenden, ob ich die restlichen zwei Minuten meiner verbliebenen Redezeit noch zu einer kurzen Stellungnahme verwenden dürfte. Meinem mündlichen Antrag wird stattgegeben. Oder einfacher gesagt: Ja. Ich darf! Bevor der Ausschuss sich dem nächsten Punkt der Tagesordnung zuwendet, wende ich mich geistig von diesem Ritual ab, indem ich mich an die Anwesenden wende: „Hätten sie die politischen Entscheidungen, die sie bisher getroffen haben auch dann getroffen, wenn sie von ihren Auftraggebern, den Wählerinnen und Wählern erst nach erbrachter Leistung und ihrem Einsatz für die Anliegen der Bevölkerung bezahlt werden würden? Würden sie ein anderes Verhalten an den Tag legen, wenn sie sich ihrer ökonomischen Versorgung nicht sicher sein könnten?" Der Vorsitzende bedankt sich bei mir für meine Anwesenheit und ich bedanke mich für die Einladung. Ich werde aus dem Saal begleitet und sehe mir im Vorbeigehen die Gesichter noch einmal an. Wenn mich nicht alles täuscht, sitzen hier durchaus auch Menschen, die bereit wären zu tun, wenn man sie nur ließe. Gute Geister, die sich den Sachzwängen, dem Klubzwang, der Parteilinie der Vernunft zu unterwerfen haben und an der Schwelle zur Resignation stehen. Wir als Kritiker der politischen Zustände könnten diese Menschen unterstützen, ihnen den Weg freischaufeln.

Manche Politikerinnen und Politiker sind besser als wir selbst, sie hätten unser Vertrauen verdient. Wir müssen sie nur finden. Den Weg aus dem Parlament findet Herr Düringer heute selbst.

Der Untersuchungsausschuss wurde eingesetzt und abgewickelt. Aber wie schon erwähnt, er war nicht mehr interessant, denn andere Themen hatten sich in der Zwischenzeit einen Platz in unseren Köpfen gesucht. Flüchtlinge, Bundespräsidenten, Terror in Europa und die Fußball EM. Was mich verblüfft hat, wie schnell und mit wie wenig Aufwand man als Kasperl das medial-politische System zum Reagieren und Handeln ermuntern kann. Man kann das durchaus als Gnade, aber auch als Pflicht betrachten. Weil man weiß, dass man könnte, wenn man nur wollte.

Und auch für Sie gilt: Wenn man die Gnade hat, in einem Land zu leben, in dem die freie Meinungsäußerung ein Grundrecht ist, dann hat man gefälligst auch die Pflicht dies zu tun. Na eh, sollt ma eigentlich eh machen … eh.

WIR SIND DAS FIEBER

Ich weiß nicht warum, aber plötzlich habe ich ein Ziehen im rechten Knöchel. Ein pochender, pulsierender Schmerz. Im Sitzen, aus heiterem Himmel. Nicht dass man es nicht aushält, aber doch störend. Wir sitzen beim Italiener am Eck. Meine Frau hat sich Rigatoni alla Norma bestellt. Ohne Rigatoni, aber dafür mit Spaghetti. Davor hatte sie etwas gegrilltes Gemüse aus der Vitrine. Und wie immer einen Prosecco, zwei Bier, einen doppelten Grappa und zwei Achtel Chianti. Nein, natürlich nicht! Ein stilles Wasser „aber von heraußen, wenn es geht" steht am Tisch. Sie streut noch etwas Parmesan über die Nudeln. Und ich? Ich habe Hunger. Ich sehe ihr an, wie es ihr schmeckt. „Schmeckts", frage ich. „Magst du nicht wenigstens kosten?" „Danke, nein." Ich höre meinen Magen knurren. „Sei doch nicht so streng mit dir, Schatz." Ich nehme einen Schluck vom Kräutertee und bewege meinen Knöchel. Es fühlt sich an, als wäre er ein wenig geschwollen. Ich kreise mit den Fuß vorsichtig unterm Tisch, vielleicht hat sich ja etwas eingezwickt und gehört entzwickt. Wieder verschwindet eine ziemlich große Menge an Spaghetti alla Norma in ihrem Mund. Sie schlingt aber nicht, sondern kaut sorgfältig. Die Verdauung beginnt im Mund und das, was im Magen ankommt, soll ein Brei sein. Ich kaue mittlerweile schon Suppen. In etwa dreißig bis zu fünfzig Kauwiederholungen pro Löffel. Woher weiß man, dass man den Löffel Suppe dreißig Mal gekaut hat, bevor man ihn hinunterschluckt? Indem man mitzählt: Eins, zwei, drei … achtundzwanzig … Und was kann man tun, dass man die Suppe nicht schon vorher hinunterschluckt. Man hält den Kopf nach vorne,

Kinn Richtung Brust. So hat meine Entgiftungskur begonnen, mit einer Aufgabe. Zwei Mal in der Woche kein tierisches Eiweiß und zwei Mal in der Woche jeden Bissen mindestens dreißig Mal kauen. Umso öfter je besser meint mein persönlicher Medizinmann. Seit einem guten Jahr ist er mein ständiger Begleiter und stellt mir immer neue Aufgaben. Warm trinken, kalt duschen. Im Eiswasser treten, Auslaugebäder im Salzwasser, Reibebäder und Einläufe – drei Mal die Woche vier Liter Kaffee arschlings. Das räumt einen wirklich aus. Den Organismus entgiften heißt: Alle Schleusen auf und die Zufuhr stoppen. Meine Aufgabe der letzten zwölf und der kommenden acht Tage lautet: Nichts! Zwanzig Tage keine feste Nahrung, nur Trinken. Tee, Wasser. Wenn ich schwach werde – nicht im Kopf, sondern körperlich –, dann eine klare, dünne Gemüsesuppe mit reichlich Salz. Au, auh, auhh! Der Knöchel schmerzt wirklich heftig, so als wäre ich umgeknickt. Kennen sie das. „Iwabegglt" sagt man bei uns. Ich nehme noch einen Schluck Tee, wenn ich wollte, könnte ich auch den kauen, aber ich will nicht. Ich schau lieber meiner lieben Frau beim Kauen zu. Es quält mich nicht, weder ihr leises Schmatzen, noch die Wolke von gekochten Paradeisern, gebratenen Melanzani, Basilikum, Oregano und Parmesan, die sich zwischen uns geschoben hat. Nach zwölf Tagen fragt man sich dann: „Wozu esse ich eigentlich?" Begonnen habe ich mit sechsundsiebzig Kilo, jetzt halte ich bei knappen vierundsechzig. Meine Frau meinte gestern sehr bestimmt: „Weniger dürfe es jetzt nicht mehr werden!" Es klang fast wie eine Drohung, ein Ultimatum. Ich sehe schon aus, als wäre ich bereits gestorben. Aber ehrlich, Tote haben keine Schmerzen. Ich schon. Und wenn ich jetzt Schmerzen sage, dann mein ich auch: Schmerzen! Mein

Knöchel fühlt sich an, als würde er gleich platzen und dieser Schmerz breitet sich aus wie heiße Lava. Rinnt vor zum Vorderfuß und hinauf zum Schienbein. Oh, ooh, das fühlt sich gar nicht gut an. Ich bin wirklich nicht wehleidig. Es fühlt sich an, als ob mir gerade jemand unterm Tisch still und heimlich mit einem Baseballschläger den rechten Knöchel zertrümmert hätte. Soll ich jetzt einfach schreien? Ich beiße, wie ich es als Bub aus Favoriten gelernt habe, die Zähne zusammen und knirsche meine Frau, die sich gerade mit einer Serviette den Mund abwischt und das Teller dem charmanten Kellner übergibt, an: „Wenn du fertig bist, wärs mir nicht unrecht, wenn wir uns dann bald auf den Weg machen." „Müde?" „Auch," sage ich und als könnte er Gedanken lesen, meint der Kellner „Noch irgend einen Wunsch?" „Ja, lieber Gott, mach, dass die Schmerzen endlich aufhören." Gott hat mich nicht erhört, dafür hat meine Frau die Zeche bezahlt. Ich stemme den Rest von mir mit links, weil rechts ja nicht funktioniert, in die Höhe. Nur nichts anmerken lassen, denke ich mir. Keine Schmerzen, keine Schmerzen Rocky. Der charmante Kellner hält uns die Türe auf: „Buonasera!" „Gute Nacht," sagt meine Frau und ich grunze ein kurzes, wahrscheinlich unfreundliches „Ciao". Man darf schon seine guten Manieren vergessen, nachdem man auf eine Tretmine gestiegen ist. Erst jetzt, draußen an der frischen Luft, wage ich einen Blick nach unten und siehe da: Der rechte Fuß ist noch dran, das ist einmal ein gutes Zeichen. Es spritzt auch kein Blut, aber mir ist fast ein wenig übel vor Schmerz. „Alles gut, Schatz?" „Gehen wir einmal," sage ich und setze mich in Bewegung. Drei Gassen, es sind nur drei Gassen, ein Stockwerk und dann kann ich wenigstens zuhause in Frieden sterben. „Sag, hatschst du?" Ihr kann ich nichts verheimlichen, sie würde sogar bemerken, wenn ich auf allen Vieren, nackt mit einer Schweinchenmaske und einem Stoffelefanten am Rücken die Gasse entlanggehen würde. Je größer die Schmerzen, desto schlechter die Witze. „Mit meinem Knöchel stimmt etwas nicht." sage ich. „Wieso, hast du dich angeschlagen?" „Ich weiß es nicht!" Das klang jetzt ein wenig unfreundlich und plötzlich muss ich trotz aller Schmerzen lachen. Schallend, aus vollem Herzen über die Situationskomik lachen. Ich habe mir beim Italiener sitzend, meiner Frau beim Essen zusehend, den rechten Knöchel zertrümmert und das ohne jegliche Krafteinwirkung. Und jetzt kann ich nicht mehr gehen. Meine Frau muss mich die letzten Schritte stützen, den ersten Stock erreiche ich am linken Bein hüpfend, das rechte Bein gehört nicht mehr mir. Das kann doch unmöglich mein Bein sein. „Sag Schatz, das kann jetzt aber nicht wahr sein, oder?" Ich spüre ihr Mitleid. Der Anblick muss erbärmlich sein. Weiß im Gesicht, ich beginne zu schwitzen, der Kreislauf wird schwach. Ich setze mich aufs Bett, meine Frau hilft ihrem fünfundneunzigjährigen Ehemann aus der Hose. Ich werfe einen Blick auf meinen rechten Knöchel, werfe einen Blick auf den linken Knöchel, dann wieder auf den rechten. Nichts. „Also sehen tut man nichts," meint meine Altenpflegerin. „Wo genau tuts weh?" Das klang wie: „Na, so schlimm kanns ja nicht sein." Was kann ich tun, um in meinem Leid ernst genommen zu werden. Wie wäre es mit einer Schüttelfrostattacke? Und da ist sie schon. Ich habe gänzlich die Kontrolle über meinen Körper verloren. Ich liege auf dem Bett, *es* schüttelt mich und rüttelt mich und *es* fiebert. *Es* hat Schmerzen, *es* ist nicht mehr *es* selbst. Welcher Dämon wohnt da in mir, wird er gleich in einer längst toten Sprache zu uns sprechen, wird ein

Alien aus meinem rechten Sprunggelenk geboren? Lachen sie nicht, es geht mir gerade wirklich nicht gut. Auch meiner Frau ist inzwischen das Lachen vergangen. „Sollen wir in ein Spital fahren?" Nein danke, mir gehts ohnehin schon schlecht. Der Schüttelfrost kommt in Schüben, er hat ein Muster, dem ich folgen kann oder besser muss, als läge ich in den Wehen. Da fehlen mir zugegeben die Erfahrungswerte, aber was man so hört, kann Kinderkriegen auch ein wenig weh tun. Schüttelfrostpause. Es bleiben mir in etwa drei Minuten, um entschieden zu Handeln. Meine Frau reicht mir das Telefon, ich rufe den Medizinmann. „Na endlich!" „Was endlich?" „Endlich tut ihr Körper was. Gratuliere!" Er klingt höchst erfreut und zufrieden. „Er repariert gerade. Mit dem Knöchel muss irgendwann einmal etwas gewesen sein und das wurde nie wirklich ausgeheilt. Alles was chronisch ist, machen wir beide akut! Das habe ich ihnen vor einem Jahr doch erklärt. Das einzige, was ihren Körper heilen kann, ist ihr Körper. Wir beide zeigen ihm nur den Weg und räumen den ganzen Dreck, der am Weg liegt weg. Wenn sie wollen, machens noch einen Einlauf. Aber nicht mit Kaffee, sonst könnens nicht schlafen, sondern mit Kamillentee." Ich will nicht, das heißt: Ich kann nicht. Selbst wenn ich mir jetzt noch vier Liter Kamillentee in den Arsch rinnen lassen wollte, ich könnte es nicht. *Es* beginnt mich wieder zu scheppern, das letzte, was ich höre, bevor mir das Telefon aus der Hand fällt: „Werns sehn. Morgen gehts ihnen wieder gut." Wenn nicht, ruf ich morgen in der Früh die Rettung. Ich starre an die Decke, mein Leben läuft wie ein Film vor mir ab. Kindheit. Schulzeit. Jugend. Erste Liebe. Siebenundvierzigster Sturz mit dem Motorrad. Halt! Spulen wir noch einmal zurück. Moto-Cross in Groß Höflein. Ich springe einen Sprung zu kurz, knalle in den Gegenhang und steige über den Lenker ab. Der rechte Knöchel fühlt sich nicht gut an, gar nicht gut. Ich sitz mit dickem Knöchel im Meidlinger Unfallkrankenhaus. Röntgen. Diagnose? Ich weiß es nicht mehr. Bänder, Knochen? Gebrochen, gezerrt, eingerissen, geprellt, gestaucht, überdehnt? Wurscht? Sechs Wochen Gips. Keine OP. Nach vier Wochen ist der Gips heruntergeschnitten. Coolpack und Voltaren. Die ersten Runden auf der MX-Bahn sind noch verhalten, dann wird der Hebel wieder umgelegt. Alles wieder gut. Damals war ich siebzehn, dreißig Jahre später wird zu Ende gebracht, was damals begonnen wurde. Falls nicht, ich morgen nicht aus eigener Kraft aus dem Bett komme: 144!

Ich wache auf, habe geschlafen wie ein Baby. Es riecht nach Kaffee. „Wie gehts dir heute?" „Ich weiß es noch nicht." „Du hast die ganze Nacht geschwitzt. Was macht der Knöchel?" Nichts. Er macht nichts. Ich bewege vorsichtig, dass Sprunggelenk. Links, rechts. Kreise? Schmerzfrei. Ich fühle mich, als könnte ich Bäume ausreißen. Spring aus dem Bett, stehe am rechten Bein, mach eine Kniebeuge. „Schaaatz, du bist gestern fast gestorben. Übertreib es bitte nicht." Als ob ich es jemals übertrieben hätte. Der Medizinmann ruft an: „Und wie gehts?" „Gut! Schmerzfrei, fit. Ausgeschlafen." „Na, sehen sie, hab ich ja gesagt. Manchmal muss es weh tun, damit es gut wird. Da wird jetzt noch einiges kommen. Freuen sie sich." Stimmt. In den nächsten Wochen ist da noch einiges gekommen, viele Altlasten sind aufgebrochen, haben rebelliert, wollten ihren Platz nicht räumen, haben wütend um sich geschlagen. Alles was sich im Laufe der Jahre ungebetener Weise bei mir eingenistet hatte, Gifte, Schlacken, Ablagerungen, Eiweißkristalle, Pilze, Bakterien, all die ungebetenen Gäste. Es war an der Zeit zu gehen. Ein halbes Jahr später war ich neu formatiert. Die Dämonen waren ausgetrieben, der Medizinmann und ich, wir hatten ihnen ihre Lebensgrundlagen entzogen. Wir haben ihnen den Hahn zugedreht, nach und nach erkannten sie, dass hier in mir nichts mehr zu holen war für sie – und sie verschwanden.

Dämonen sind eben auch nur Menschen. Einige von ihnen waren richtig hartnäckige Ungustln. Borrelien zum Beispiel. Sie waren der Grund zu handeln. Ich stand vor der Wahl, sie mit Antibiotika monatelang unter Beschuss zu nehmen und viele Kollateralschäden in meinem Organismus in Kauf zu nehmen, oder ihnen durch eine radikale Entgiftung die Lebensgrundlage zu entziehen, indem ich mein Körpermilieu transformiere und ein chronisches Leiden beende, indem ich es akut mache. Wie heißt es so schön: Besser ein Ende mit Schmerzen als Schmerzen ohne Ende. Borrelien sind wirklich Arschlöcher, beziehen ihre Versorgungsposten im System, kleben auf ihren Sesseln und wandeln ihre Gestalt, sind äußerst anpassungsfähig. Sie gehören dem Clan der Spirochäten an. Wendelförmige Bakterien, die ihre Gestalt verändern können und mit dem Syphiliserreger verwandt sind. Dieser Bakterienstamm hielt ab dem 16. Jahrhundert Europa in Beschlag. Viele kulturelle und gesellschaftliche Veränderungen in Europa waren diesen kleinen Mitbewohnern geschuldet. Sie kamen mit den Eroberern aus der Neuen Welt auf den europäischen Kontinent, man kann sie auch als den „Fluch der bösen Tat" bezeichnen. Als man ein Gegenmittel gegen Malaria entdeckt hatte und dass Spirochäten temperaturempfindlich sind, versuchte man Syphilispatienten Malariaviren zu injizieren, sie Fiebern zu lassen und danach das Malariagegenmittel zu verabreichen.

Im besten Fall starben die Spirochäten im Feuer des Malariafiebers oder aber der Patient starb an der Malaria. Es war jedenfalls keine sichere Sache.

Warum erzähle ich ihnen das alles? Lebende Organismen können krank werden, wenn sie von anderen lebenden Organismen als Wirt benutzt werden und das Immunsystem des Wirten nicht in der Lage ist, aus welchen Gründen auch immer, die Parasiten – die lästigen Bazillen – in Zaum zu halten. Bekommen die Bazillen die Überhand, wird der Organismus chronisch krank und stirbt im schlimmsten Fall an diesen Folgen. Lästige Bazillen geben sich durch lästige Symptome zu erkennen. Symptome kann man bekämpfen, das bringt dann Erleichterung, aber keine Heilung. Heilung muss von innen kommen, aber manchmal von außen injiziert werden. Manchmal braucht es einen Virus, um die Bazillen zu vertreiben. Ein Virus, der eine Immunsystemreaktion auslöst, ein Entzündung, ein Fieber, ein Feuer, in welchem die Bazillen verbrennen. Heilung kann mitunter ein schmerzvoller Prozess sein. Jeder grippale Infekt ist eine Übung für das Immunsystem, ein Reinigungsprozess mit welchem Schadstoffe entsorgt werden. Das Fieber zu bekämpfen, ist nichts als ein Schuss ins eigene Knie.

Gesellschaften, Zivilisationen, Kulturen sind lebende sich in ständiger Bewegung befindliche Organismen. Ihre Kleinstlebewesen sind wir Menschen, jeder Einzelne von uns. Auch Politik ist nichts als die Summe der handelnden Personen, sie ist ein lebender Organismus. Und wenn mich meine Beobachtungen nicht täuschen, dann ist dieser Organismus chronisch krank. Zu viele schädliche Bazillen haben sich eingenistet und haben mittlerweile auch das Sagen. Die guten Bakterien werden nach und nach verdrängt.

Wollen wir weiter Symptome bekämpfen: Wollen wir weiter über links und rechts diskutieren, über Parteiprogramme, Umfragewerte, Parteiobmann-Darsteller und anstehende Reformen? Köpfe ändern, Farben austauschen? Oder wollen wir der Virus sein, der die lästigen Bazillen zum Teufel jagt und den guten und willigen Kräften in der Politik den Weg bereitet.

Liebe Politikerinnen und Politiker außerhalb der Parteien, oder jene, die mit ihren Parteien schon längst abgeschlossen haben, lasst uns bei der nächsten Wahl das Fieber sein und beginnen wir damit, die Parasiten nach und nach rauszuschmeißen. Erwarten wir uns keine schnellen Veränderungen und keine Riesenschritte, keine sofort sichtbaren Ergebnisse. Üben wir uns dabei in Geduld, aber fangen wir endlich einmal an. Politik ist nur das, was wir aus ihr machen … aber eigentlich spreche ich die ganze Zeit nur über mich, reden wir doch über ganz etwas anderes.

IN WIEN 1963 ALS LOTTOSIEGER GEBOREN

Wir müssen etwas tun und zwar nicht nur im wutbürgerlichen Sinn, indem ich nur demonstrieren gehe und in den sozialen Medien zum Teil unqualifiziert auskotze, sondern indem ich mich in den gesellschaftlichen Diskurs einbringe und da ist besonders die Mitte gefordert, alle jene, die nicht in den extremen Lagern angesiedelt sind. Diese Mitte hat viel Intelligenz, theoretisches Engagement und muss sich auch praktisch Engagement antun … wir sind ohne Zweifel wohlstandsverwahrlost und überhaupt nicht darauf eingerichtet, was zu tun ist, wenn es einmal wirklich kracht.[9]

PETER RABL, JOURNALIST UND AUTOR

Jeder, der kurz nach Kriegsende und 30 bis 40 Jahre später in Österreich geboren wurde und hier lebt, hat in der ewigen Lotterie des Lebens einen Jackpot gewonnen. Was nicht heißen soll, dass man dadurch die Garantie für ein gutes gelungenes Leben hat oder hatte, den auch ein Lottosieg muss nicht immerwährendes Glück bedeuten, aber man hatte als Bürger dieses Landes verdammt gute Voraussetzungen, zumindest was das Mehren von materiellem Wohlstand betraf. Die Löhne, Gehälter, Pensionen und Förderungen stiegen kontinuierlich. Der Staat und die Institutionen hatten durch Proporz und Umlageverfahren immer mehr zu bieten und man griff zu, so oft und gut man konnte. Mit etwas Geschick, ein wenig Glück, Fleiß und Anstrengung oder wenn schon nicht Fleiß und Anstrengung, dann wenigstens guten Beziehungen, konnte man es hierzulande zu etwas bringen. Wozu genau? Natürlich zu mehr, denn *mehr* war in unserem Weltbild auch gleich mit *besser*. Als Kind der Sechziger kann ich ihnen sagen: Es wurde immer alles besser und besser. Ständig gab es mehr. Mehr Angebot, mehr Information, mehr Unterhaltung, mehr Freizeit, mehr Erlebnis, mehr Rekorde, mehr PS, mehr Verkehrstote, mehr Supermärkte, mehr Süßes, mehr Salziges und einfach mehr Möglichkeiten. Immer weiter weg in den Urlaub, aber immer schneller dort. Immer stärkere Autos für immer längere Staus, Platz für noch mehr Bierkisten im Kofferraum und auch der Fußraum im Fond wuchs von Modellreihe zu Modellreihe. Der erste VW Passat hatte die Größe eines heutigen VW Polos, allerdings war er leichter. Um die Lücke im Kleinwagensegment zu füllen, musste man den VW Lupo und den VW Up erfinden. Das Handschuhfach, die Mittelkonsole, Wohnungen, die Häuser, die Gärten und die Kühlschränke, alles bot uns immer mehr Platz und Raum. Abstellraum, Fitnessraum, Kellerstüberl, Wintergarten, Badezimmer jeder Raum musste ausgestattet werden, mit Industriegerümpel. Kurz: Was klein sein sollte, wurde immer kleiner und was groß genug war, wurde trotzdem immer größer und größer. Die Datenspeicher wuchsen, die Speichermedien schrumpften. Der Sonnenschutzfaktor der Sonnencreme erreichte astronomische Zahlen und bot den Schutz einer Ritterrüstung. Alles wurde leichter, effizienter und auch für die größten Untalente so manches machbar, die heimischen glattgebügelten Schipisten sogar für Deutsche und Holländer bezwingbar. Die Nahrungsmittel immer billiger und die Bäuche immer dicker, Maschinen nahmen uns die anstrengenden Arbeiten ab, selbst die Rasenmäher konnte man eines Tages besteigen und sich über den kunstdüngergedüngten Rasen bewegen lassen. Man bewegte sich nur mehr, wenn man wollte, nicht weil man musste, dadurch wurden die Zivilisationskrankheiten immer häufiger und die medizinische Versorgung immer besser. Krieg, Hunger und Elend kannte man nur mehr aus Erzählungen der Alten. Und die eigentliche gesellschaftliche Leistung war: Immer mehr und mehr Menschen konnten sich das immer leichter leisten. Es gab immer mehr Möglichkeiten, Wohlstand zu erlangen, denn der Staat hatte immer mehr zu verteilen. Schulbücher, Förderungen, Kuraufenthalte und viele Posten und gut bezahlte Lohnarbeit. So schlecht konnte die Politik damals wohl nicht gewesen sein, denn wir alle waren – trotz steigender Steuerlast – gut versorgt und das Ziel war die Frühpension. Auch wenn die Abgabenlast ständig stieg, und so mancher Politskandal die Nachkriegsordnung erschütterte, das Vertrauen in die politischen Eliten stand auf festen und sicheren Beinen. Und zog einmal eine kleine Krise ins Land, dann hatten wir unsere Helden, die uns aus dem Stimmungstief holten. Niki Lauda, Franz Klammer und die Helden von Cordoba. Wie man es dreht und wendet, hier, bei uns, in jener Zeit, ging es immer nur bergauf. Allgemein, im Durchschnitt, statistisch gesehen. Im einzelnen konnte auch hierzulande einiges schieflaufen, aber da war man dann zumeist selbst schuld, weil man die Gelegenheiten ganz einfach nicht beim Schopf gepackt hatte, übersehen hatte, dass das öffentliche Geld förmlich auf der Straße lag, weil man verabsäumte hatte, die richtigen Freunderln zu bewirtschaften oder dummerweise eine Position abseits vom staatlichen Futtertrog bezogen hatte. Aber sonst, wenn man nicht gerade eine schwere Krankheit hatte oder von seinen Eltern dummgeprügelt worden war, vom guten Onkel missbraucht oder sich mit Drogen die Birne weichgedröhnt hatte, konnte man es sogar als standfester Trinker recht gemütlich haben und es trotzdem ganz nach oben bringen. Nichts stand dem Glück im Wege, außer man fing plötzlich an Fragen zu stellen. Fragen an die Zukunft und wo sie uns wohl hinführen wird. Oder ganz einfach die Frage zu stellen: Warum eigentlich geht es uns hier bei uns so gut?

Finden Sie das jetzt verrückt? Warum soll man, wenn immer alles besser und besser wird, sich fragen, *warum* es eigentlich besser wird? Soll ich, wenn ich kein Zahnweh habe, fragen, warum ich kein Zahnweh habe? Soll man vielleicht gar sein Glück hinterfragen? Ich denke, das sollte man, jeden Tag. Um das Unglück zu verstehen, muss man dem Glück viele Fragen gestellt haben. Worauf hat die Erfolgsgeschichte unseres Landes gebaut? Zum ersten wohl darauf, dass bevor alles besser und besser wurde, es beschissen war. So schlecht, wie wir es uns heute nicht vorstellen können und wollen. Die erste Hälfte des letzten Jahrhunderts hatte unsägliches Leid und Schmerz über Europa gebracht, unser Land lag in Trümmern, ein beträchtlicher Teil der jungen Männer war im Krieg gefallen. Es begann alles – nicht wieder bei Null – es begann bei weit unter Null, es konnte also nur besser werden, man musste es einfach besser machen. Es lag viel Arbeit vor den Menschen in Österreich und sie packten es an, weil sie mussten. Der Wiederaufbau führte uns geradewegs ins Wirtschaftswunder. Aber war es wirklich ein Wunder oder waren es schlicht die Möglichkeiten, die uns im Sauseschritt in die goldenen Siebziger und unbeschwerten Achtziger brachten? Wem war unsere Glückseligkeit geschuldet? Meiner Einschätzung nach kann man die Gründe für unseren wachsenden materiellen Wohlstand in drei Buchstaben zusammenfassen: S-P-Ö.

Bevor die politisch interessierte Leserschaft jetzt den Kopf schüttelt –, wahrscheinlich schon zu spät – löschen sie das Fragezeichen vor ihrem geistigen Auge. Vergessen sie gemeinsam mit mir kurz die Politik, legen wir die Ideologien zu Seite und werfen wir gemeinsam einen nüchternen Blick auf die Realität: Dort steht S-P-Ö für Schulden, Pille und Öl.

Wann immer wir handeln, handeln wir in der Regel entsprechend unseren Möglichkeiten und Fähigkeiten. Die zweite Hälfte des letzten Jahrhunderts war eine Zeit der ungeahnten Möglichkeiten, begleitet von vielen positiven Überraschungen, welche aus meiner bescheidenen Sicht aber ihrerseits auf drei, heute als durchaus statisch unsicher zu bewertenden, Fundamenten bauen.

1. Die Möglichkeit, zu erwartende Werte aus der Zukunft in die Gegenwart zu transferieren, um damit auf Kosten der nächsten und übernächsten Generation einen kreditfinanzierten Wohlstand zu erlangen.

2. Die Möglichkeit, die Geburtenrate pharmazeutisch zu regulieren, um den Raum für Selbstentfaltung und Individualismus zu erweitern und damit die ständig steigende Schuldenlast auf immer weniger zukünftige Leistungsbringer aufzuteilen.

3. Die Möglichkeit Zugriff zu haben auf eine ganze Armee von Energiesklaven in Form von fossiler Energie – gebunden in Öl, Kohle und Gas, und später Atomenergie, deren Folgen für zukünftige Generationen heute noch nicht abzuschätzen sind.

Plakativ gesagt: Schulden, die Pille und das Erdöl haben uns in die Unbeschwertheit der Achtzigerjahre geführt. Die Lottosieger lebten in Saus und Braus, wir feierten Partys als gäbe es kein Morgen, aber irgendwann ist morgen dann heute und man muss der Realität ins Auge blicken. Eine Realität, die wir nicht sehen wollen, weil wir sie auch gar nicht mehr sehen können. Denn wir haben uns über lange Zeit einlullen lassen, oder aber gegenseitig eingelullt. Die geborgten Komfortzonen als gottgegeben betrachtet und den Anspruch auf ökonomische Versorgung durch staatliche Institutionen als unser natürliches Recht.

Liveticker 23.8 2016 +++ Liveticker 23.8 2016 +++ Live

Da fällt mir ein: Einer meiner Gäste in der „Gültigen Stimme" war ein junger Afghane, Herr Asif Safdary. Der heute Einundzwanzigjährige gehört einer von den Taliban verfolgten Minderheit den Hazara an und ist auf Wunsch seiner Familie mit 14 Jahren 2007 aus seiner Heimat geflohen. Mit Hilfe von Schleppern schaffte er es innerhalb weniger Wochen von Afghanistan nach Europa und landete schließlich im Auffanglager Traiskirchen. Auf die Frage: Was ist für dich ein gutes Leben? meinte er: „Ein gutes Leben ist es, wenn ich in der Früh aufwache und keine Angst mehr habe, dass ich heute erschossen werde." Das ist Realität. Auch heute noch."[10]

RAUBEN UND PLÜNDERN WAR IMMER SCHON EINFACHER

Die Ausdehnung von Marktlogik und staatlicher Macht ging in beiden Epochen Hand in Hand. Die beliebte Gegenüberstellung „freier Märkte" und „staatlicher Bürokratien" ist daher reine Fiktion. Die Schaffung von Märkten ist sowohl in der Antike als auch in der Neuzeit unauflöslich mit kriegführenden Staaten verbunden.[11]

FABIAN SCHEIDLER

Ich drehe gedanklich das Rad der Zeit jetzt noch weiter zurück, als homogene Gesellschaften noch die Regel waren. Werfen wir gemeinsam einen Blick auf frühere Agrargesellschaften. Die Menschen waren sesshaft geworden, bewirtschafteten den Boden und auch ihr Ziel war ein gelungenes Leben – was auch immer das für sie war. Vielleicht war es schon gelungen, wenn man den nächsten Winter überlebte.

Die Menschen lebten in kleinen Strukturen: Familien, Sippen, Clans, kleinen Dorfgemeinschaften und alles, was sie an Werten schaffen wollten, mussten sie mit eigener Körperenergie bewerkstelligen oder auf die Energie von Nutztieren zurückgreifen. Um Korn zu ernten, mussten sie den Boden bewirtschaften; um Wärme in der Hütte zu haben, mussten sie Holz hacken. Von nichts kam nichts. Was ich nicht an Holz herbeigeschafft hatte, konnte ich auch nicht verbrennen. Die Menge an Korn im Speicher für den Winter musste dem Bedarf – der Größe des Dorfes und damit der Anzahl der hungrigen Mäuler – entsprechen und war abhängig von der Ackergröße und der Qualität und Quantität der

Ernte. Das war oft Schicksal, die Natur ist eben nicht immer gerecht. Was da war, konnte verbraucht werden; was nicht da war, war nicht da. Man konnte nicht in die Zukunft reisen und sich Korn aus der nächstjährigen Ernte borgen. Meinte es die Natur gut und es gab reiche Ernte, war man dankbar, bedankte sich beim lieben Gott oder anderen Göttern und sah dem Winter gelassen entgegen. Wenn dazu noch tragischerweise bei einem Felssturz eine beträchtliche Anzahl von spielenden Kindern und Jugendlichen verschüttet wurde, war das beweinenswert, aber letztendlich für den Wohlstand der Gemeinschaft von ökonomischen Vorteil, denn man konnte nun die Überschüsse an Korn gegen andere Waren tauschen. Viele gesunde Kinder und eine schlechte Ernte verringerten den Wohlstand der Gemeinschaft. Die gesunden Kinder wurden über den Winter krank und schwach und die Alten und Schwachen überlebten den Winter ohnehin nicht. Nachdem man zukünftige Ernteausfälle nicht prognostizieren konnte, machte es auch keinen Sinn vorausschauend die Nachwuchsproduktion einzustellen, um den Wohlstand auch bei schlechter Ernte zu erhalten. Und Kindermachen macht ja auch Spaß, auch wenn die hungrigen Mäuler bei schlechten Bedingungen zu einer wirtschaftlichen Belastung für die kleine Gemeinschaft werden. Zu wenig Korn im Speicher bedeutet Hunger. Hunger bedeutet wenig Energie, wenig Energie bedeutet zu wenig Kraft zum Holzhacken. Kein Holz, kein Feuer: Erfrieren.

Was hätten diese Menschen damals wohl gegeben für einige persönliche Energiesklaven, die ihnen die körperlichen Anstrengungen abnehmen würden, für die Möglichkeit Liebe zu machen, aber dadurch keine zusätzlichen hungrigen Mäuler zu bekommen und für die Möglichkeit in die Zukunft zu reisen und von dort Korn in die Gegenwart zu bringen. Ich denke, sie hätten dafür ihre Seele verkauft oder zumindest den Erstgeborenen am Altar geopfert. Sie hätten die Möglichkeiten für mehr Wohlstand beim Schopfe gepackt. Genauso wie wir, weil jeder als Leben das Leben will inmitten von anderem Leben, das auch Leben will, letztendlich aus Eigennutz handelt.

Agrargesellschafften hatten es nicht leicht. Wie konnte man aus diesem Kreislauf aussteigen, ohne in die Zukunft zu reisen? Ganz einfach: Man muss ja nicht gleich in die Zukunft reisen, um Korn zu bekommen, man konnte sich auf den Weg machen und das Korn aus der Gegenwart ins eigene Dorf bringen, indem man es anderen Dörfern einfach wegnahm. Rauben und Plündern war einfacher – und auch unterhaltsamer als Ackerbau. Und wenn es einmal gut gelang, weil die Gegenwehr gering war, bekam man natürlich Lust auf mehr. Mehr Raub und Plündern bedeutete mehr Wohlstand, allerdings war es auch mit Risiko behaftet, denn man konnte in fremden Dörfern auf unerwartete Gegenwehr stoßen und fern der Heimat erschlagen werden. Wobei sich ein Heldentot auf der persönlichen Vita besser macht, als daheim in der Hütte zu verhungern.

Um erfolgreich zu rauben und zu plündern, war Gewaltbereitschaft die Voraussetzung. Man musste schon ein paar erschlagen, um an die Schätze zu kommen und lebte fortan in Angst vor der Rache der Beraubten. Feiner wäre es, als Räuber und Plünderer mit den Beraubten und Geplünderten gar nicht erst in Kontakt zu kommen. Dazu kann man Stellvertreter schicken, die dann aber unter Folter möglicherweise den Namen der Auftraggeber preisgeben und die Beraubten ihrerseits wiederum ihre Stellvertreter schicken, um grausige Rache zu üben. Die eleganteste Lösung, um als Räuber und Plünderer unerkannt und geachtet zu bleiben, ist nach wie vor: Jemanden zu berauben, den es noch gar nicht gibt. Jemanden, der noch gar nicht geboren ist.

Wenn man heute als Jugendlicher auf seine Zukunftsaussichten blickt, Pensions- und Berufsaussichten, Klimawandel, Bankenkrisen, Zuwanderung, Spaltung der Gesellschafft, dann kann man schon wütend auf uns werden, die wir unbedacht in Saus und Braus gelebt haben. Die vielbeschworene „Insel der Seligen" wird die nächste und die übernächste Generation systematisch geplündert haben. Unser Wohlstand beruht zu einem guten Teil auf Raub und Plünderung. Heißt das jetzt, dass wir, die Nachkriegsgeneration, böse verantwortungslose Menschen sind? Zum beträchtlichen Teil wohl nicht, wir haben einfach nur die Gelegenheiten beim Schopf gepackt. Und: Wir haben uns nie die Frage gestellt, warum es uns eigentlich so gut geht und wer die Rechnung für den Wohlstandszuwachs dereinst bezahlen wird. Wir hatten einfach Vertrauen. Vertrauen in die Politik, in die Institutionen, in die Wirtschaft, in die Banken. Wir hatten Vertrauen in die vermeintlichen Eliten, weil es immer etwas zu verteilen gab. Damit ist jetzt Schluss. Die tatsächlichen Eliten, die haben vorgesorgt und ihre Schäfchen im Trockenen. Uns, so lese ich auf orf.at, empfiehlt man indessen Zwieback einzulagern.

`Liveticker 24.8.2016 +++ Liveticker 24.8.2016 +++ Liv`

Wiens Haushalte sollen Zwieback lagern. In Deutschland ist dazu aufgerufen worden, für den Krisenfall Lebensmittel einzulagern. Auch in Wien gibt es eine Notfallliste für Haushalte. Die Lagerung von

Trinkwasser sei nicht notwendig – von Zwieback und Teigwaren aber schon. Im Falle eines großflächigen Stromausfalls muss man sich in einem Notfall keine Sorgen um das Wiener Hochquellwasser machen, denn „95 Prozent der Haushalte sind aufgrund des Gefälles von der Quelle mit Wasser versorgt", sagte Wolfgang Kastel, Geschäftsführer von „Helfer Wiens", gegenüber Radio Wien … Die Präventionseinrichtung hat bereits vor Längerem eine Notfallliste für Wiener Haushalte veröffentlicht. In Deutschland sorgt derzeit eine solche Checkliste für Verunsicherung. Die Bevorratungsliste, wie sie genannt wird, ist für Kastel nur vernünftig: „Es macht einfach Sinn, sich zu bevorraten, für kleinere Anlassfälle wie Krankheiten und Stromausfälle. Sich mit Sicherheit zu beschäftigen hat nichts mit Angst, sondern mit Vernunft zu tun."

Und damit sind wir im Jahr 2016 wieder beim Korn im Speicher in Form von Zwieback und Marmelade angelangt. Die verderbliche Butter kann man sich im kleinen Anlassfall dazudenken. Na ja, dann schauen wir einmal, was für „kleinere Anlassfälle" über uns hereinbrechen werden. Lassen wir uns einfach überraschen. Eine kleine Grippe, ein verstauchter Knöchel, ein Wasserrohrbruch vor ihrer Haustüre? Vielleicht aber bleiben eines Tages die elektronisch gesteuerten Billa-Türen verschlossen, weil der Hausverstand am Weg zur Arbeit sich verirrt hat. Jedenfalls ist es sinnvoll vorzusorgen, was auch immer kommen mag. Andere haben auch schon vorgesorgt und eingelagert. Ein lieber Freund unserer Familie ist Büchsenmacher und arbeitet in einem Waffengeschäft. Er kann bestätigen, dass fleißig eingelagert wird. Das Geschäft mit Verteidigungswaffen blüht, die Umsätze erreichen Rekordzahlen, kurzläufige Schrotgewehre – die klassische Hausverteidigungswaffe, mit der auch ungeübte ihr Ziel nicht verfehlen können, im schlimmsten

Fall sich selbst den Vorderfuß wegschießen – sind ausverkauft. Gängige Munition Kaliber 9 mm ist teilweise vergriffen, beim Großhandel wurden 120.000 Schuss bestellt, geliefert wurden 1.000 Schuss. Auch Polizisten und andere Behördenbedienstete, so berichtet mir mein Freund, lagern privat Munition ein. Das ist kein gutes Zeichen. Übrigens: Mein Freund arbeitet nicht in Dallas/Texas, sondern mitten in Wien. Womöglich handelt es sich dabei nur um vollkommen überzogene Reaktionen auf eine Ungewissheit, welche die von den politischen Eliten beschworene Glückseligkeit „Im-Vergleich-zu-anderen-Ländern-stehen-wir-noch-gut-da" als nicht mehr aufrechtzuerhaltende Illusion entlarvt. Natürlich im Vergleich zum Strampeln im kalten Wasser ist es selbst am dünnen Eis noch recht komfortabel, aber das Eis wird immer dünner und dünner.

Der uns als Krieg gegen den Terror verkaufte Krieg ums billige Öl wird immer härter und offener geführt und Mitgliedsstaaten der EU – dem größten Friedensprojekt aller Zeiten – machen sich als Handlanger der us-geführten NATO nützlich und entsenden Truppen und Kriegsmaterial in die Krisengebiete. Die Russen haben die Herausforderung angenommen und bomben eifrig in Syrien. Auch die Türkei möchte ein Stück vom Kuchen abbekommen. Nebenbei macht man in Europa Milliardengeschäfte mit Waffen und beklagt die Flüchtlingsströme. Scheinheiligkeit und Doppelmoral! Deutschland beliefert kurdische Kämpfer mit dem Panzerabwehrwaffensystem „MILAN".

Frau Merkel ist berührt und freut sich über jeden neuen Milan und teilt ihre Freude beim CDU-Zukunftskongress mit Gleichgesinnten: *„Wir haben ihnen* [den Peschmerga] *dieses Panzerabwehrsystem ‚Milan' geliefert und mich hat es dann sehr berührt, als mir ein Vertreter der Kurden im Nordirak erzählt hat, dass das Wort ‚Milan' jetzt ein Vorname für Babys ist, für männlich Babys, weil sie so entzückt sind von der Wirkung dieser Waffe".*[12]

Wie man am Gelächter im Saal hören kann, freut sich auch das Publikum. Und auch Frankreich rasselt mit den Zähnen und schickte nach den Terroranschlägen von Paris den Flugzeugträger Charles de Gaulle ins östliche Mittelmeer. Frankreich ist im Krieg. Vielleich ist dann Herr Hollande auch von jedem neuen kleinen syrischen Charles entzückt. Je suis Charlie. Die USA und Russland führen im Nahen Osten einen Stellvertreterkrieg und die NATO-Bündnispartner mischen mit. Vielleicht bin ich da ein wenig übersensibel, aber ich mag es nicht, wenn Großmächte mit den Säbeln rasseln, ich habe da kein gutes Gefühl dabei.

Die **Schulden** der HYPO versucht man noch durch Plünderung unserer Brieftaschen zu begleichen. Auch wenn der Untersuchungsausschuss wohl substanziell ergebnislos beendet und diese Akte offiziell geschlossen sein wird, die Rechnung dafür ist noch lange nicht bezahlt, das Geld dafür noch gar nicht verdient. Und dann gibt es da noch die Bank Austria, dann die Raika und „Die Erste" – die dann vielleicht „die Letzte" gewesen sein wird, weil sie wie alle heimische Banken, „was die Ostgeschäfte betrifft, gut aufgestellt ist" – oder eben war. Jetzt fällt mir gerade mein Gespräch mit Rainer Voss ein. Ja, da ist ja noch die Deutsche Bank. Sie wird als Systemrelevant und daher *gefährlich* eingestuft. Sie hat, so hört man, schon etwas Schieflage. Wie hoch das Kippmoment ist, und wie viel es noch braucht, um diesen Koloss zum Kippen zu bringen, wissen nicht einmal die Experten.

Sie werden uns aber mit Sicherheit sagen können, warum sie gekippt ist und auch, warum kein Ökonom das zuvor wissen konnte. Und liegt einmal die Deutsche Bank am Boden, dann sind wir froh, dass wir gut vorbereitet sind und auf ein knuspriges Stück Zwieback zurückgreifen können.

Aber hoffen wir, dass Europa auf diesen Fall genau so gut vorbereitet ist, wie auf die Flüchtlingsströme 2015. Dass alle Mitglieder der Europäischen Gemeinschaft an einem Strang ziehen und keine nationalen Regierungen aus Eigennutz handeln werden. Darauf wollen wir alle hoffen. Ja, und ich als Teil der Babyboomer-Generation hoffe, dass die Antibaby*pillen*-Generation meine Pension bezahlen wird und mich, wenn ich selbst dazu nicht mehr in der Lage sein werde, mit Brei füttert und bei Bedarf die Windeln wechselt. Ganz ehrlich, das tue ich nicht. Das will ich auch nicht, da müsste ich mich fast ein bisschen schämen. Man kann auch würdiger abtreten. In einer kleinen Hütte, wenn das Korn im Speicher verbraucht und das letzte Brennholz verbrannt ist, verhungern und erfrieren. Das Leben ist eben nicht gerecht.

Jetzt ehrlich. Soll man, wenn man am Eis steht und es knirschen hört, den Kopf in den nicht vorhandenen Sand stecken und seinen Weg fortsetzen? Ist das klug? Ist es nicht höchste Zeit innezuhalten und hinzuhören, in alle Richtungen Ausschau zu halten und wachsam zu sein. Den Atem und den Puls herunterfahren, um die sich ankündigende Panik schon im Entstehen zu blockieren, langsam und vorsichtig ein paar Schritte – wenn nötig auch bäuchlings – zurück wagen, auch wenn die Herde sich unaufhaltsam weiter und weiter bewegt und das immer schneller? Als könnte man im Zentrum des halbgefrorenen Sees im Laufschritt dem kalten Wasser entkommen, wenn das Eis bricht einer

Gazelle gleich von einer Scholle zur anderen hüpfen und so das sichere Land erreichen. Man hört es knirschen und diskutiert munter darüber, *ob* und *wie lange* das Eis noch hält. Die Frage, die sich jeder für sich stellen sollte: Kann ich schwimmen? Und wenn ja, wie lange halte ich es im eiskalten Wasser aus? Wann war ich überhaupt das letzte Mal im kalten Wasser, habe ich diese Erfahrung jemals in meinem Leben gemacht? War ich zeit meines Lebens ein Warmduscher, aber Kalttrinker, war meine einzige Erfahrung mit eiskaltem Wasser gemeinsam mit Leonardo DiCaprio und Kate Winslet. Wie lange hat DiCaprio im Eiswasser überlebt? Spätestens jetzt wäre es Zeit für eine zünftige Panikattacke. Zeit, die Komfortzonen zu verlassen! Harte Worte, stimmts? Habe ich mich jetzt bei ihnen unbeliebt gemacht? Ja? Gut.

JETZT NUR KEINE PANIK

Zu unseren Zeiten waren die größten Probleme der Welt – zumindest in der Theorie – gelöst. Für die Jungen von heute sind die großen Fragen eben nicht beantwortet. Wir alle glauben, dass Demokratie etwas Gutes ist, aber wir wissen nicht, wie wir diese erhalten können. Die Jungen müssen eine Antwort darauf finden. Dazu braucht es andere Charaktere, eine andere Philosophie, ein anderes In-der-Welt-Sein. Die fette Nachkriegszufriedenheit hat dem menschlichen Geist das Feuer ausgetrieben. Furchtbare Dinge geschehen, wenn ein Weltsystem auseinanderbricht. Siehe Syrien, das könnte nur der Anfang sein. Ich wünsche diese Katastrophen nicht herbei. Aber ich denke, dass die neue Generation von Europäern, Amerikanern und anderen großartig sein muss. Und zwar viel mehr, als es die Generation vor ihnen sein musste. Denn sie müssen eine neue Welt erschaffen.[13]

WALTER RUSSEL MEAD, PROFESSOR FÜR FOREIGN AFFAIRS UND HUMANITIES

Noch hält das dünne Eis und sie können sich auf ein kaltes Bier und eine warme Dusche freuen. Sie sollten sich dabei aber Gedanken machen, was zu tun ist. Nicht was die anderen für sie tun sollten, könnten und müssten, sondern was sie tun können, um die Zukunft mitzugestalten und für kleinere Anlassfälle gewappnet zu sein. Zwieback wird nicht reichen. Es ist ihr gutes Recht unzufrieden, besorgt oder gar wütend zu sein. Auf wen auch immer, aber fangen sie am besten auch gleich bei sich selber an und reflektieren sie, in welche Fallen sie in der Vergangenheit gelaufen sind. Wo es ihnen leicht gemacht wurde, das eigene Arschlochverhalten auszuleben, ohne an die Folgen zu denken. Falsche Versprechen, Übermut, Leichtsinn, kurzfristiges Denken haben uns aufs Eis geführt und wir versuchen uns nun, mit dem gleichen Denken ans sichere Land zu bringen. Das wird nicht funktionieren, wir werden Umdenken müssen, weil alles in Bewegung ist und uns ein Wandel, in welche Richtung auch immer, bevorsteht.

Bevorsteht ist falsch, wir sind bereits mittendrin. Wir sind am besten Weg, unsere Freiheit zu verlieren und das freiwillig, weil Freiheit auch Verantwortung bedeutet, wollen wir uns vor ihr drücken. Der Soziologe Harald Welzer skizziert in seinem Buch „Die smarte Diktatur" die Furcht vor der Freiheit: *„Die Furcht vor der Freiheit und vor der Verlassenheit des Einzelnen sind die gefährlichsten Antriebskräfte, die zum Kampf gegen die Moderne und ihre Freiheitszumutungen führen können. Diejenigen, die die Werte und die Praxis der modernen Zivilisation bekämpfen, müssen nicht so aussehen wie die Nazis, wie sie uns in Hollywoodfilmen vorgeführt werden. Sie müssen keine Uniformen tragen und Märsche gut finden. Sie müssen auch nicht auftreten wie Skinheads und Neonazis und ‚Freiwild' gut finden. Sie müssen auch nicht aussehen wie die Mörder und Mörderinnen des IS. Die alle bieten uns den Vorteil, dass wir sie als fremd und feindselig erkennen können; wir haben keine Schwierigkeiten damit, gegen sie vorgehen zu wollen. Schwieriger ist es aber mit den Gefährdungen von Freiheit und Demokratie, die aus dem Inneren der freien Gesellschaft selbst entspringen. Deren Vorreiter sehen nämlich genauso aus wie sie und ich oder wie unsere Kinder. Sie hören auch dieselbe Musik, gehen in dieselben Clubs, sehen dieselben Filme, scheinen dieselben Ansichten zu haben wie wir. Es könnte aber auch sein, dass sie unsere Ansichten so weit geformt haben, dass wir nur noch glauben, es seien unsere, während es längst schon ihre sind. Kurz: Ich fürchte, heute haben wir es mit einem neuen Phänomen zu* tun; einer freiwilligen Kapitulation vor den Feinden der Freiheit. Die findet statt, weil die heutigen Freiheitsfeinde nicht in Uniformen und Panzern daherkommen. Sie sagen sehr freundlich, dass es ihnen um die Verbesserung der Welt ginge. Sie sind smart. Sie fragen nur nie, ob sie jemand um die Verbesserung der Welt gebeten hat." Er sieht in den digitalen Möglichkeiten und auch in den sozialen Netzwerken einen Angriff auf unsere Freiheit: *„Genauer gesagt: Die digitalen Möglichkeiten der Einführung von Selbstzwangstechnologien sind uferlos. Heute muss man schon daran erinnern, dass die Zeit nicht so lange zurückliegt, in der es digitale Überwachung überhaupt noch nicht gab ... Die Skandale der Übertretung von Bürger- und Völkerrecht seither sind unzählbar; das eigentlich Erstaunliche dabei ist die ausbleibende Beunruhigung auf Seiten der Bevölkerung in den westlichen Demokratien darüber, dass hier die Grundvoraussetzung von Rechtsstaatlichkeit systematisch unterminiert wird ... womit wir de facto konfrontiert sind, ist eine staatlich-privatwirtschaftliche Formation zur Erzeugung von informeller Macht über Menschen. Diese Formation macht die totale Überwachung von Menschen so perfekt umsetzbar wie noch nie zuvor in der Geschichte der Menschheit ... Denn dabei geht es um die Macht, die formal freie Menschen übereinander ausüben. Weil es die Möglichkeit dazu gibt."*

Damit sind wir wieder bei den Möglichkeiten. Menschliches Handeln aus Eigennutz – auch Bequemlichkeit dient ja kurzfristig dem eigenen Nutzen – kombiniert mit angebotenen Möglichkeiten, ökonomischen, technischen, gesellschaftlichen. Das ist der hochprozentige Cocktail, der uns nach und nach die Kontrolle über unser Dasein verlieren lässt und unsere kulturellen Werte und gesellschaftlichen Errungenschaften langfristig gefährdet. Die fortschreitende Digitalisierung von Arbeitsprozessen wird ein Übriges dazu tun und all die „bequemen Arbeitsplätze" wie ein Industriestaubsauger wegschlucken. Und der frisst nicht nur den Staub, sondern auch den Teppich und den Boden, auf dem unser Wohlstand und der soziale Friede stehen.

Der Chefredakteur der Gratiszeitung „Heute", Herr Christian Nusser, meinte zu mir in einer TV-Diskussion, ich sei ein Pessimist und ein Schlechtredner. Das mag aus seiner Sicht stimmen, dafür bin ich kein Schönschreiber im Dienste der Parteien, finanziert mit Steuergeld. Aber bin ich „ein Pessimist und ein Schlechtredner, einer der unbegründete Ängste schürt und die Menschen verunsichert" oder bin ich einer der wenigen nüchternen Gäste einer feuchtfröhlichen Party, die sich langsam dem Ende zuneigt, und jemand, der sich Gedanken darüber macht, wie man die illuminierten, aber auch derangierten Partygäste sicher nach Hause bringen kann. Wer heute Verantwortung übernehmen will, wird nicht darum herumkommen, das Arbeitslicht im Partyraum einzuschalten und die Unmutsäußerungen der Gäste in Kauf zu nehmen.

„In Wahrheit ist jeder, der einen Schreibtisch vor sich hat, potenziell eine gefährdete Spezies."[14] Bundeskanzler Christian Kern wird sich mit dieser Aussage nicht viele Freunde machen, nicht unter den Wählern und auch nicht in seiner Partei. Aber genau darum geht es: Politik hat nicht die primäre Aufgabe, sich Freunde zu machen und dem Wahlvolk nach dem Mund zu reden. Wer heute Politik macht, um Wahlen zu gewinnen, wer nicht den Mut hat, unpopulär zu sein,

handelt verantwortungslos. Diese Zeiten sind vorbei und die Rechnung schon teilweise präsentiert. Wer wachsam ist, kann dies nicht negieren. Es scheint, als würde kein Stein auf dem anderen bleiben. Unglaublich, mit welcher Rasanz sich die Dinge verändern. Alles ist im Laufen. Nur etwas läuft ständig hinterher und will nicht wahrhaben, dass es für sie bereits gelaufen ist: Der Großteil der heimischen Polit-Elite und ihre verkrusteten Strukturen, manche von ihnen glauben ja fest daran, dass das Internet nur eine vorübergehende Erscheinung ist und der Bedarf an Mindestsicherungen wieder zurückgehen wird – man muss nur fleißig Zäune bauen.

Am 14. 10. 2016 wird auf ORF.at folgender Bericht veröffentlicht. Es wird nach wie vor am Image gearbeitet und dabei die Lebensrealität der Menschen negiert, aber machen sie sich dazu ihre eigenen Gedanken:

Liveticker 14.10.2016 +++ Liveticker 14.10.2016 +++ L

ÖVP will sich kantigeres und emotionaleres Profil geben. Um Profilschärfung geht und ging es gestern und heute bei der Teamkonferenz der ÖVP. Bundesparteiobmann Reinhold Mitterlehner und Generalsekretär Werner Amon haben 150 hauptamtliche Funktionäre aus den Landes-, Bezirks- und Teilorganisationen der ÖVP in Wien zusammengerufen, um über die Schwerpunkte der Herbstarbeit und die Markenpositionierung der ÖVP zu informieren. „Wir wollen den Wirtschaftsstandort stärken, den Sozialstaat neu denken und den Menschen Sicherheit im Land garantieren", so Mitterlehner. Wichtig ist dem Vizekanzler und ÖVP-Chef auch der Grundsatz, dass Leisten vor Verteilen komme und nicht umgekehrt. „Solidarität mit jenen, die wirklich Hilfe brauchen, aber auch Solidarität mit jenen, die das gesamte System mit ihren Steuern und Abgaben finanzieren", forderte Mitterlehner.

„Es geht darum, die ÖVP kantiger und emotionaler zu machen. Es geht um eine Schärfung des Profils der ÖVP", sagte ÖVP-Generalsekretär Amon der APA. Von einer Einstimmung auf etwaige Neuwahlen im kommenden Jahr und den dazu passenden Wahlkampf will Amon aber nicht reden. „Ich bin nicht nur ein Gegner eines Wahlkampfes, sondern auch ein Gegner von vorgezogenen Neuwahlen. Die Bürger wollen, dass die Regierung und das Parlament arbeiten." Dass der Werber Alois Schober für die ÖVP bereits ein Wahlkampfpapier ausgearbeitet hat, das der Partei ein distanziertes, kaltes und unemotionales Image attestiert und für den kommenden Wahlkampf deshalb eine positive Emotionalisierung empfiehlt, wollte Amon nicht kommentieren." Amon spricht lieber von einem Markenkernprojekt. „Wir wollen, dass der Leistungsbegriff, der manchmal als kalt und unnah dargestellt wird, wieder positiv besetzt wird. Wir stellen den Angstmachern die Mutmacher gegenüber. Die „Angstmacher" sieht Amon etwa in der Debatte über das CETA-Freihandelsabkommen und in der Migrationspolitik am Werk. Vizekanzler Mitterlehner soll dabei offenbar als „Mutmacher" positioniert werden. Den Auftakt dafür bildet Mitterlehners groß inszenierte Grundsatzrede zur Wirtschaftslage Österreichs am 21. Oktober in der Aula der Wissenschaften.

(Anmerkung Roland Düringer: Alois Luigi Schober war im Oktober 2016 Gast im Vernehmungszimmer der „Gültigen Stimme". Er erzählte mir stolz, dass er siebzehn Wahlkämpfe geführt und nur einen verloren hat. Sein schönster Sieg war der Überraschungssieg von Alfred Gusenbauer im Jahr 2006. Mit dem Slogan „Wohlstand gerecht verteilen" gelang damals die Emotionalisierung der Wähler, meint der Werbeprofi Schober. Ich konnte es mir nicht verkneifen und fragte ihn, ob man für so einen Satz tatsächlich von irgendjemanden Geld bezahlt bekommt. Ja, das tut man und das nicht zu knapp – und steuerfinanziert.)

DIE TREUE DER WÄHLER

Spätestens nach dem ersten Wahlgang zur Bundespräsidentenwahl ist die politische Nachkriegsordnung der Zweiten Republik ins Wanken geraten. In einem Artikel für die Schweizer Wirtschaftszeitung „Finanz und Wirtschaft" analysiert der österreichische Wirtschaftsphilosoph Rahim Taghizadegan dieses einschneidende Ereignis wie folgt:

> Mit der Präsidentschaftswahl schrammte die österreichische Nachkriegsordnung nicht an ihrem Ende vorbei, sondern weil diese Ordnung auf der Kippe steht, war die Wahl so knapp. Österreich erscheint dieser Tage wieder einmal als die kleine Welt, in der die große ihre Probe hält. Die dominanten Deutungen sehen Abstiegsängste in einem der wohlhabendsten Länder als Nährboden eines demokratiebedrohenden Extremismus – und führen in die Irre. Das Erfolgsmodell Österreich – als vielgepriesene Insel der Seligen – ist weitgehend barocke Fassade, hinter der die Balken erschreckend morsch sind. Es handelt sich weniger um Täuschung als um Lebenslügen, die man sich immer krampfhafter selbst einzureden sucht … In Österreich lebt es sich noch immer ganz gut – durch Kapitalkonsum in jeder Hinsicht. Das – insbesondere kulturelle – Kapital des Landes ist beeindruckend, aber nicht unendlich. Wie Deutschland weist Österreich Reste eines hohen Ethos von Leistungsbereitschaft und Vertrauenswürdigkeit auf, nur etwas gemildert durch Gemütlichkeit und Schlampigkeit. Letzteres macht einen wutgetriebenen Wandel in Österreich wahrscheinlicher als in Deutschland, denn die Vertrauensseligkeit ist eben ein wenig geringer, und die Verhältnisse sind etwas schlampiger … Man kann nicht alle Probleme Österreichs der intellektuellen Inkompetenz eines Werner Faymann in die Schuhe schieben. Dieser war ein machtbewusster Mann des Parteiapparats ohne jede Erfahrung oder auch nur Ausbildung abseits dieser Strukturen, der

als Bauernopfer gehen musste, um die Strukturen zu retten. Ohne den fliegenden Personalwechsel in der Regierung knapp vor der Stichwahl für das Präsidentenamt wäre es wohl zum Sieg Hofers gekommen. Der neue Kanzler Christian Kern gab neue Hoffnung, als hemdsärmeliger und unverbrauchter „Mann der Wirtschaft" (Parteikarriere im steuerfinanzierten Staatsbetrieb) die österreichischen Lebenslügen noch einmal frisch anstreichen zu können. Am Bundespräsidenten wurde bislang die Qualität am meisten geschätzt, nicht negativ aufzufallen und gemütlich in der Hofburg als Ersatzkaiser gute Miene zum Spiel der Parteien zu machen. Dieses Anforderungsprofil wird der „situationselastische" Van der Bellen gut erfüllen. Norbert Hofers knappe Niederlage war ein Wink mit dem Zaunpfahl an das Parteienkartell, die Wähler beim Plündern des Landes nicht zu kurz kommen zu lassen – die Massenzuwanderung weckt entsprechende Sorgen.

Hofers FPÖ bloß als „rechtsextrem" zu verunglimpfen, geht am Kern der Sache vorbei. Sie gewann v.a. Wähler der „linken" SPÖ hinzu, während die „rechte" ÖVP im nationalen Schulterschluss für den „linksextremen" Kandidaten Van der Bellen warb. Diese Kategorien sind längst überholt. In Österreich hat jede Partei notwendigerweise irgendwo unschöne Wurzeln in der Vergangenheit, immerhin waren die Nationalsozialisten eine Bewegung der gesellschaftlichen Mitte, der Kleinbürger und Halbgebildeten. Die Kontinuität zur FPÖ ist keinesfalls grösser als etwa zur SPÖ, eher umgekehrt, und der Faschismus (entgegen Stalins Diktion nicht identisch mit Nazismus) enger mit der ÖVP verbunden. Wesentliche Forderung der FPÖ ist eine Ausweitung direktdemokratischer Verfahren, was man schwerlich als antidemokratisch abtun kann. Einen wirklichen Wandel kann eine FPÖ freilich nicht bringen, sie dient nur als Kanal und Symptom des Unmuts. Aufgrund der Polarisierung zwischen eher urbaner Elite und dem Rest der Bevölkerung ist es für populistische Oppositionsparteien praktisch unmöglich, kompetentes Personal im Gleichschritt mit volatilen Wahlergebnissen aufzubauen.

Im Kern geht es darum, dass das Land auf der Kippe steht, weil es hin- und hergerissen ist zwischen der Sehnsucht, an die eigene

Seligkeit zu glauben, und dem drohenden Glaubensverlust, der ein Verlust des Vertrauens in die Eliten des Landes ist. Diese Zerrissenheit zeigt sich an der dramatischen Polarisierung, nach der nun zwei Hälften der Bevölkerung die jeweils andere Hälfte als Zerstörer ihrer seligen Insel ansehen. Die wenigen urbanen Zentren, in denen die Reste des Bürgertums fließend mit Günstlingen des Parteienkartells durchmischt sind, stehen den ländlichen Regionen gegenüber. Es ist der europaweite Gegensatz zwischen zentralistischen Eliten und zu kurz kommenden Nicht-Eliten, wobei sich Letztere als „Volk" überschätzen. Das gibt ihnen aber keine „völkische" Intention, und sie stellen keine Gefahr für Europa dar – allenfalls für die EU. Die Polarisierung würde in Österreich durch Gemütlichkeit und Schlampigkeit gemildert, wenn nicht Interventionen und Fehldeutungen von außen mehr Öl ins Feuer gössen. Die Parteinahme von Martin Schulz bzw. Jean-Claude Juncker gegen einen der Kandidaten halfen diesem durch Verstärkung der Frontlinien: Die Stimmen gegen den EU-Zentralismus als antidemokratisch, antieuropäisch und Bedrohung des Rechtsstaats zu verleumden, entblößt eher die Proponenten im Glashaus. Die Mehrheit der Österreicher ist freilich noch nicht bereit, die Entzauberung ihrer Insel in Kauf zu nehmen. Das Image von der weltbesten ökosozialen Marktwirtschaft mit dem weltbesten Gesundheitssystem, die weltweit um Demokratie und Rechtsstaatlichkeit zu beneiden sei, ist längst weit von der Realität entfernt – einer Realität systematischer und schamloser Korruption und Plünderung des Landes. Doch selbst die FPÖ-Wähler hängen an diesem Wunschbild; die wesentliche Losung der vermeintlichen Systemveränderer ist die bessere Bewahrung des Bestehenden …

Und genau diese, im Grunde von allen Parteien gestützte, Bewahrung des Bestehenden gilt es zu hinterfragen und sich dagegen zu stellen. Was es braucht, ist eine tatsächliche Opposition von willigen Bürgerinnen und Bürgern. Die Kandidaten Hundstorfer und Kohl der beiden ehemaligen politischen Machthaber haben im April 2016 stellvertretend für ihre Parteien eine „Feste auf die Mütze" bekommen, um nicht zu sagen, einen Schlag ins Gesicht – ein stehendes K.O. Man hat ihnen die Suppe versalzen. Sogar einstmals treue Wähler haben in die eigene Suppe gespuckt. Wie konnte das passieren? Was meint dazu der Provinzpolitiker?

NADERER: Der sieht das, nachdem er ja nicht betriebsblind ist, sehr ähnlich wie sie, Herr Kollege. Nachdem sie jetzt nach einem Ausflug in die Welt der Weltenretter – zu denen ich mich übrigens auch selbst zähle – wieder den Acker der Realpolitik bearbeiten, erlauben sie mir eine Frage an die geneigte Leserschaft.

DÜRINGER: Gerne, Herr Kollege.

NADERER: Liebe Leserin, lieber Leser: Sind sie ein treuer Wähler?

DÜRINGER: War das schon die Frage?

NADERER: Ja! ... und hier die Erklärung warum sie von Bedeutung ist: Bei beiden etablierten Parteien wird bei demokratischen Wahlen immer ein Faktor einkalkuliert. Die Treue ihrer Mitglieder! Der Begriff Treue stimmt natürlich nicht, es ist eher der Grad unmittelbarer, weil materieller Abhängigkeit. Jeder Parteistratege der im Parlament vertretenen Parteien hat nur eine einzige Strategie: Wie binde ich so viele Wahlberechtigte wie möglich zuerst materiell und erst danach ideell, also inhaltlich an unsere Partei! Daraus folgt dann eine später darzustellende Schlussfolgerung jener Strategen und auch schon der von ihnen beratenen Machthaber: Wie verwende ich möglichst jeden Euro Steuergeld dafür, möglichst viele Wahlberechtigte in die Nähe von Abhängigkeit, in eine parteinahe Struktur der öffentlichen Hand zu bringen? Oder: Wie bringe ich die Parteitreue – früher das Parteibuch – so ins

Spiel, dass daraus eine für ein Wahlergebnis kalkulierbare Abhängigkeit entsteht?
DÜRINGER: … die auch positiv als Versorgung gesehen werden kann.
NADERER: Genau! Dazu braucht es jetzt ein praktisches Beispiel: In Österreich haben konkret Rot und Schwarz sehr traditionelle und im Ernstfall auch verlässliche Strukturen, die bei beiden nicht über Ideologie, sondern materielle Abhängigkeit – sie nennen das Versorgung – umgesetzt wird. Im Roten Wien sind das etwa die Gemeindewohnung oder ein Job für sich oder das Töchterchen in der Gemeinde- oder Bezirksverwaltung, in einem Krankhaus, einer Schule oder einer öffentlichkeitsnahen Körperschaft wie Kammer, Krankenkasse, dem Landesenergieversorger oder -verkehrsunternehmen oder direkt in der Partei.

Im tiefschwarzen Niederösterreich des einzig „Allmächtigen" sind das eine nach reinem Ermessen gewährte Wohnbauförderung oder ein Job für sich oder das Töchterchen in der Gemeinde-, Bezirks- oder Landesverwaltung, in einem Krankhaus, einer Sozialeinrichtung, einer Schule oder einer öffentlichkeitsnahen Körperschaft wie Kammer, Krankenkasse, dem Landesenergieversorger oder -verkehrsunternehmen oder direkt in der Partei. Bei der NÖ-VP kommen noch die gesamte Raiffeisenorganisation der Lagerhäuser, einige Medienunternehmen und natürlich Banken, die Volksbanken, die HYPO Niederösterreich und die NÖ Versicherung dazu. Es fehlt aber noch die Ergänzung um die parteipolitisch völlig durchgefärbten Strukturen der überbesetzten Landwirtschaftskammer, die in Wien unbedeutende ist, sowie die Quasi-Behörde AMA, die Agrarmarkt Austria, die nicht nur Lebensmittel bewirbt, sondern

Bauern von Nebenerwerbsbauern kontrollieren lässt. Dies jetzt alles in Personenzahlen aufzuschlüsseln, ergibt in Wien nach meiner persönlichen Schätzung ca. 140.000 unmittelbar „VERSORGTE", erreicht aber mit den jeweiligen Familienstrukturen gleich einmal über 700.000 Personen! In Niederösterreich steht ein Verhältnis von 220.000 zu über 800.000 Leuten. Das ist effizienter Einsatz von Steuergeldern, das muss man den Parteistrategen lassen. Natürlich nicht für alle Bürger dieser Bundesländer, aber es könnten sich ja alle an diesem tollen Verteilungssystem beteiligen, was wiederum eine Unzahl von kriminellen Steuerhinterziehern und Menschenausbeutern, die Unternehmer und Partizipanten der Privatwirtschaft verhindern wollen. Wobei die von den Machthabern geordneten Umstände natürlich auch Verlierer, ja sogar Unterdrückte, Gemobbte und Ausgenutzte kennt. Und genau die sollte man ernstnehmen.
DÜRINGER: Ja genau, das sollte man. Danke, Herr Naderer.
NADERER: Stets der Eure.
DÜRINGER: Ja genau, das sollte man. Danke, Herr Naderer.
NADERER. Stets der Eure.
DÜRINGER: Die treuen Wähler und Mitglieder haben also beim ersten Wahlgang bei der Bundespräsidentenwahl am 24. April 2016 einen Seitensprung gewagt und sind dabei vielleicht sogar auf den Geschmack gekommen. „Den Gusto holt man sich woanders, aber gegessen wird dann schon zuhause." Das war einmal, denn zuhause schmeckt es schon lange nicht mehr am besten. Geschmäcker ändern sich. Die Seiten werden gewechselt, was gestern noch schlecht war, ist heute schon gut und umgekehrt. Um das Vertrauen der Wähler und Wählerinnen wieder zu gewinnen, inszenierten die ehemaligen Großparteien einen medialen

Schulterschluss und es zeigte sich eine beide Lager verbindende Einigkeit. Fast brüderlich, Rücken an Rücken vom kleinen Funktionär bis zu den Parteispitzen schallte es aus allen Löchern: „Wir müssen in Zukunft die Anliegen der Bürger und Bürgerinnen endlich ernstnehmen." Für mich ist dieser Satz die öffentliche Bankroterklärung der Parteiendemokratie. Es klingt für mich wie: „Geht's scheissn es Trottln. Wir haben euch nie ernstgenommen und wir werden euch auch nie ernstnehmen." ... aber trotzdem eines ist für die handelnden Personen klar: „WIR WERDEN UNS IN ZUKUNFT MEHR ANSTRENGEN MÜSSEN!"

Um zu dieser Erkenntnis zu gelangen, wurden offenbar die Experten, Spindoktoren und die Politberater befragt. Vielleicht werden aber alle Politmoderatoren der ehemalige Großparteien nur von einem einzigen Politstrategen beraten. Hat sich vielleicht gar Herr Fußi das Koalitionsberatungsmonopol gesichert.

Ich bin für sie da.
Mich hat dazu keiner gefragt und ich finde es auch höchst entbehrlich hierorts auf so einen edlen Berufstand wie den meinen völlig unreflektiert hinzubrunzen und bitte untertänigst darum mir eine Entgegnung und Richtigstellung zu erlauben.

> Manche sagen ja, dass Berater sowas wie das Krebsgeschwür in der Politik seien. Die Berater seien schuld, dass Politiker das tun, was sie tun und so reden, wie sie reden und so versagen, wie sie versagen. Da kann ich Ihnen sagen: Das ist ziemlich falsch. Denn in meiner

jahrelangen Berufszeit hatte ich echt viele Klienten und wissen Sie welchen Rat noch nie jemand umgesetzt hat? „Sei doch einfach wie Du bist!" – Das hat sich noch nie jemand getraut. Also werden wir doch damit nicht anfangen. Seien wir lieber so, wie uns das System gerne hätte. Wir geben keine Antworten, scheißen uns nix, außer um uns, und, das Allertollste: Wir leben in einer Welt ohne Sorgen. Und wenn es Sorgen und Probleme gibt, dann haben sie die „anderen" verursacht. Dazu komm ich später noch, wie wichtig „die anderen" sind. Es gibt natürlich unterschiedlichste Arten von Beratern. Ich bin einer, der Geld von jedem nimmt, bis auf die Freiheitlichen halt, weil selbst die letzte Nutte am Straßenstrich hat noch einen Rest an Würde. Und ich sag denen aber MEINE Meinung. Dafür bezahlen die. Das ist auf Dauer nicht erfolgreich, denn MEINE Meinung unterscheidet sich fast immer von den Meinungen meiner Kunden. Die weit verbreitetste Art von Beratern ist der sogenannte Sugarblower. Für die Germanen unter Ihnen, die der englischen Sprache nicht so mächtig sind, was übrigens kein Nachteil ist: Der Sugarblower, auf deutsch sowas wie Zuckerbläser, ist der Platzhirsch in der österreichischen Beraterlandschaft. Seine einzige Aufgabe besteht darin, alles was der Kunde sagt oder tut, „super" zu finden. Wow, Super. Wow, bist Du geil. Wow, Wahnsinn, also echt, Du schaffst es ganz nach oben. Das führt in der Regel zum Ergebnis, dass Politiker mit dem Intellekt einer abgelaufenen Wurstsemmel und dem Auftreten eines weitschichtig Verwandten, für den man sich bei jedem Zusammentreffen furchtbar schämt, mit SO großen Eiern durch unser Land stolzieren, im Glauben, sie seien eine unentdeckte Kreuzung von Mahatma Gandhi, Nelson Mandela, Helmut Khol und Andreas Gabalier. Die Wahrheit ist aber: Man kann als Berater aus Scheiße kein Gold machen, man kann maximal Scheiße als Gold verkaufen. Unser Job besteht darin, dass die Scheiße nicht mehr als solche erkennbar ist, nicht mehr stinkt und eigentlich nett aussieht. Wenn Sie sich zum Beispiel ein Hundstrümmerl vorstellen, das ist ja von der Form einem Cevapcici relativ ähnlich. Ich nehm dieses Hundstrümmerl und richt das kosmetisch so her, dass Sie glauben, es sei ein Cevapcici. Was für ein jämmerlicher Beruf eigentlich. Die Welt der Politik ist eine komplizierte, oft übelriechende und fast immer geschmacklose Welt der Wiesel und Ratten, der Tarner und Täuscher

– eine gefährliche Welt. Darum kann ich sie, als Politiker dann ja auch nicht allein lassen. Da lauern so viele unterschiedliche Gefahren auf sie da draußen. Überzeugung, Anstand, Einsatz, Ehrlichkeit, Würde – all das muss mit professionellen Mitteln verhindert werden. Das führt nur zu Unmut. Aber seien sie sicher – wenn es soweit ist, dann BIN ICH FÜR SIE DA! Unser Ziel ist es, die Lüge an sich in Zukunft ganz glaubwürdig zu vermitteln und dafür stets die richtigen Worte zu finden: „Für mich ist die oberste Regel in der Politik, Sie und Ihren Willen ernst zu nehmen; wir Politiker dienen den Menschen und wir haben den Willen des obersten Souveräns umzusetzen."[15]

(Rudi Fußi in seinem sehenswerten Polit-Kabarett „Jetzt rede ich")

SCHEISST EUCH NICHT SO VIEL AN!

„Fürchte dich nicht! Sei doch bitte net so deppat! Scheißt dich nicht an! Und lass dich leiten von der Liebe!"
HEINI STAUDINGER, FIRMENMOTTO DER WALDVIERTLER WERKSTÄTTEN GMBH

Begeben wir uns noch einmal gemeinsam auf das dünne Eis des gefrorenen Alpensees. Wenn man noch weiter in die Höhe steigt und unsere vermeintlich noch sichere Insel der Seligen von noch weiter oben betrachtet, so erkennt man, dass dieser halbgefrorene See lediglich eine im Ozean der Globalisierung treibende Eisscholle im immer wärmer werdenden Wasser ist. Abkühlung wäre angebracht, auch die unserer Gemüter. Es wird nur miteinander gehen, nicht gegeneinander. Andere Akteure schlechtreden, um das eigene Unvermögen in einem besseren Licht dastehen zu lassen, macht einen selbst nicht besser. „Es wird nicht reichen weniger schlecht zu sein, wir müssen endlich anfangen gut und nützlich zu sein",[16] sagt Michael Braungart, Chemiker und Verfahrenstechniker. Das Potential hätte jeder von uns, wir müssen es nur erkennen, es gegenseitig in uns erwecken, nützen, und alles, was uns daran hindert, Vergangenheit werden lassen. Klar, keine Frage: Es gibt ziemlich viele Systemtrotteln und das überall und in allen Schichten. Vom kleinen bildungsferneren (ein politisch korrekter und gebräuchlicher Begriff für „Vollpfosten") Hackler bis hinauf zum verbildeten Experten, dessen Wahrnehmung sich nur mehr auf Fragmente richtet und der trotzdem glaubt, den Überblick zu haben. Aber niemand kommt als Systemtrottel auf die Welt. Sie werden geformt und gebildet. Das wird auch eine seit Jahren in Angriff genommene Bildungsreform nicht ändern. So lange wir uns nicht wieder selbst als fühlende Lebewesen und Teil eines großen Ganzen verstehen und den Mut haben, eigene Entscheidungen zu treffen, in stillen Momenten über uns selbst und unser Selbstverständnis von Gesellschaft und Staat nachzudenken, um uns in dieses wieder zurückzuholen. So lange wir nicht lernen selbst zu denken, sondern uns denken lassen, werden wir uns gegenseitig als Humankapital betrachten.

Es ist an der Zeit, unseren eigenen Schatten ins Gesicht zu sehen, aufzustehen und Widerstand zu leisten. Lasst euch nicht Teilen und Spalten, tretet nicht nach links und nach rechts und schon gar nicht nach unten, nach denen, die schwächer sind als ihr selbst. Treten wir einfach zur Abwechslung einmal kräftig nach oben. Pfu, das klingt ja fast nach Rebellion!

Zumindest klingt das nach einem Aufruf zum entschiedenen Handeln. Um uns als Bürger wieder in das Selbstverständnis des Staates zurückzuholen, wird es notwendig sein, sich zu artikulieren, Position zu beziehen, konkrete Dinge einzufordern, sprich: Wir werden demonstrieren müssen. Und zwar nicht nur auf der Straße mit Taferl und Megaphon, sondern dort, wo man trotz aller Stille Gehör findet. In der Wahlzelle, denn das ist die Sprache, die jeder Berufspolitiker kennt und fürchtet. Sobald es ihren Versorgungsposten, den Sessel, auf dem sie kleben, kosten kann, beginnen auch die größten Ignoranten zuzuhören. Dann ist man sogar bereit, den Willen der Wähler ernstzunehmen. Der Satz: „Wir müssen den Willen der Wähler endlich ernstnehmen!" wurde hingenommen, nicht kommentiert und findet in den Medien kaum Erwähnung. Man baut hier offenbar auf die Vergesslichkeit der Wähler. Ist das nicht ein Skandal?

WAS IST DA DER SKANDAL?

Fallen ihnen so auf die Schnelle ein paar heimische Politskandale der Vergangenheit ein? Also mir fallen da in der Sekunde ein: Der AKH-Skandal, der Lucona-Skandal, der BUWOG-Skandal, der Noricum-Skandal, der Strasser-Skandal, der Hypo-Skandal sowieso, äh, äh … jetzt müsste ich dann schon genauer nachdenken … gab es da nicht irgendeinen Skandal mit Sekanina, dem Bautenminister? Waldheim, natürlich. Meischberger. Der Schüssel-Skandal, wo Wolfgang Schüssel als Dritter, anstatt wie versprochen in die Opposition zu gehen, sich mit Haider verbündete. Wobei, wird das schon als Skandal gewertet? Sonst? Der eigentliche Skandal ist ja, wie schnell man diese medial zelebrierten Skandale zum großen Teil vergisst. Politik baut eben auch auf die Vergesslichkeit der Wähler. Googelt man „Politskandale in Österreich" so stößt man auf eine Seite in der „Presse". Hier werden die wichtigsten heimischen Politskandale aufgelistet. Von Mayerling bis Haider. Dazwischen der Fall Olah, die Kreisky-Wiesenthal-Affäre, Waldheim, Grasser-Homepage, der Fall Herwig Haidinger und viele andere. All diese Skandale haben eines gemeinsam, sie wurden aufgedeckt und damit öffentlich. Wäre dies nicht passiert, gäbe es auch keinen Skandal, dann wäre es politisches Tagesgeschäft. Wie hoch ist die Dunkelziffer, glauben Sie? Ähnlich wie bei den Alkoholikern dieses Landes, denke ich, oder? Aber was ist der wahre Skandal am politischen Skandal?

Nehmen wir jetzt einmal konkret den Fall Strasser. Herr Strasser war ÖVP-Innenminister von Februar 2000 bis Dezember 2004 unter der Regierung Schüssel, als solcher verantwortlich für die innere Sicherheit und Chef der Exekutive. Er wurde als ÖVP-Delegationsleiter im Europäischen Parlament wegen Bestechlichkeit vor Gericht gestellt. Er war zugleich Parlamentarier und Lobbyist, und bot als Geschäftsmodell an, für 100.000 Euro jährlich gewünschte Anträge auf Gesetzesänderungen in EU-Ausschüssen zu unterstützen. Er flog auf und trat zurück, um, wie er sagte, der Partei nicht zu schaden. Bald danach wird er zu einer unbedingten Haftstrafe von drei Jahren und sechs Monaten verurteilt und so wandert unser ehemaliger Innenminister ins Gefängnis. Was für ein Skandal? Nach acht Wochen erhält er Freigang, um für eine Beraterfirma tätig zu sein. Nach sechs Monaten erhält er Fußfesseln und verlässt das Gefängnis. Was genau ist der Strasser-Skandal? Ist es die Tatsache, dass Herr Strasser bestechlich war? Es wurde viel über die Causa berichtet, Videoaufzeichnungen des Bestechungsversuchs veröffentlicht, seine faulen Ausreden abgedruckt, über den Prozess berichtet, das Urteil des Gerichts kommentiert. Ich hätte mich zum Beispiel Folgendes gefragt:

- ✓ War Herr Strasser zeit seines Lebens eine ehrliche Haut und wurde er erst in Brüssel aufgrund von ungeahnten Möglichkeiten schwach und zu einem bestechlichen Büttel der Lobbyisten? Das wäre ein Skandal. Sind es die Gepflogenheiten im EU-Parlament, die aus einem redlichen Mann in kurzer Zeit einen Kriminellen machen? Das wäre erst recht ein Skandal. Oder, aber …
- ✓ War Herr Strasser schon immer korrupt und damit in Brüssel, das ihm ohne Zweifel neue „Märkte" eröffnete, gut aufgehoben? Er prahlte ja damit, schon ein gutes Netzwerk aufgebaut zu haben. Hat also ein

EU-Parlamentssitz eine besondere Anziehungskraft auf Kaliber wie Strasser. Na, das wäre wirklich skandalös. Wenn dem so wäre …
- ✓ Warum ist Strassers kriminelle Energie keinem seiner Parteifreunde und Freundinnen aufgefallen? Gelang es ihm über die vielen Jahre, sein wahres Gesicht so geschickt zu verbergen? Wenn ja, zeugt das nicht von schlechter Menschenkenntnis innerhalb dieser Partei. Werden Menschen, denen man ein Ministeramt anvertraut, nicht einer genauen Prüfung unterzogen. Kann es ein offenbar krimineller Geist tatsächlich zum Innenminister schaffen. Also das wäre doch wirklich ein unglaublicher Skandal. Oder aber …
- ✓ War Herr Strasser mit seinem Hang zur Korruption in seiner politischen Heimat gut aufgehoben und in guter Gesellschaft. Er war nur dämlicher als andere und ließ sich dabei auch noch erwischen. Also das wäre doch in allerhöchstem Maße skandalös. Wenn es denn so gewesen wäre, versteht sich.

Die ÖVP reagierte jedenfalls mit voller Härte gegen die eigene Partei. Herr Spindelegger präsentierte der Presse einen ÖVP-Verhaltenskodex für Politiker:

Du sollt nicht stehlen, du sollst nicht lügen, du sollst nicht begehren deines Parteifreunds Tochter und keine Kinder mit ihr zeugen, du sollst bei Gesellschaftsjagden nicht wahllos auf alles feuern, was sich bewegt, du sollst keine heimischen Banken auf Geheiß von oben ohne Not verstaatlichen, du sollst nur dann die Hand aufhalten, wenn es sich auch wirklich auszahlt und du jederzeit einen Sündenbock parat hast, der dafür gerade steht.

Braucht es verpflichtende Ethik-Seminare, um Arschlöcher auf ihr Verhalten aufmerksam zu machen und sie zu integren Politikern zu machen? Ist diese Scheinheiligkeit nicht ein Skandal? Oder aber, ist nicht die Tatsache, dass die heimische Presse über diesen Verhaltenskodex überhaupt berichtet, der eigentliche Skandal. Wäre es nicht an der Zeit, dass die Pressesprecher der Parteien von den Journalisten dieses Landes in einem offenen Brief davon in Kenntnis gesetzt werden, dass sie von nun an nicht mehr über jeden Schwachsinn berichten werden, der aus den Löchern der Parteizentralen den Weg in die Gehirnwindungen der Bevölkerung sucht. So ein Brief, das wäre natürlich auch ein Skandal. Und ist nicht der größte Skandal, dass die Wählerinnen und Wähler gelernt haben, Skandale zu vergessen und ungeduldig auf neue Skandale – zum Zwecke der Unterhaltung und zum Zwecke der allgemeinen Aufregung über diese „Politikergfraster – zu hoffen? Schon bahnt sich in der Bahn der nächste „Politskandal" an. Im verspäteten Regionalexpress Richtung Wien kommt anscheinend einiges ins Rollen.

+ Liveticker 21.9. 2016, 9:03 h +++ Liveticker 21.9. 2

Im REX Richtung Wien ist heute früh ganz schön was los. Man merkt, dass uns nach den Ferien der Alltag wieder eingeholt hat. Eine ganze Schulklasse hat den zweiten Wagon besetzt, es sieht nach Schulausflug aus. Kleine Rucksäcke, Kappen, Sportschuhe. Es schnattert und zwitschert. Das Lehrpersonal mahnt vereinzelt nach etwas mehr Ruhe im Zug. Mit wenig oder nur kurzem Erfolg. Der Wagen lebt. Keine Handys in der Hand, noch keine Handys, die Kinder sind noch zu klein. Kein „Heute", kein „Österreich", dafür viel Lachen und Aufregung. Ein kleines Abenteuer. Ein Mädchen hat Krücken dabei und trägt einen Gips. Wobei

Gips heute nicht mehr aus Gips ist, sondern eine Schiene aus Kunststoff. Ihr gegenüber sitzt ein Mann, ihr Vater. Ich kenne ihn, er ist Journalist. Chefredakteur eines Wiener Stadtmagazins, jetzt gerade ist er der fürsorgliche Vater des Mädchens. Er grüßt mich, ich grüße ihn. Er erklärt, dass die Kinder der Klasse heute die ÖBB kennenlernen dürfen. Das tun sie wirklich, denn der Zug hat zehn Minuten Verspätung. Den Kindern ist es egal, der Chefredakteur und ich finden das witzig. „So lernt man die ÖBB richtig kennen, mit einer Verspätung," meint er. Verspätete Züge sind fixer Bestandteil des Schienenverkehrs, genauso wie Bad News fixer Bestandteil des Informationsverkehrs sind. Kurz überlege ich, ob ich den Chefredakteur mit brandaktueller Information versorgen soll, aber ich lasse es und wir führen Smalltalk. Wien West. Wir wünschen uns einen schönen Tag und ich mache mich auf den Weg zur U-Bahn.

HERR DÜRINGER IST GEFÄHRLICH!

Das Ziel meiner Reise ist die Herrengasse, dort treffe ich mich mit den Parteigründern Walter, Daniel und Günther. Wir werden heute die Satzungen der politischen Partei „Meine Stimme G!LT" beim Innenministerium hinterlegen. Das ist keine große Sache und auch nicht der Sinn unseres Unternehmens. Wir haben eine Partei gegründet, die gar keine Partei sein will. Vollkommener Blödsinn, aber notwendig, dafür gibt es gesetzliche Vorgaben. Um als wahlwerbende Liste eines Tages einen Platz am amtlichen Stimmzettel zu erhalten, haben wir beschlossen den Namen „GILT" durch die Gründung einer Partei vor einer „feindlichen Übernahme" zu schützen. Wir sehen das als Patentanmeldung. Die Partei ist nicht das Ziel, sondern nur Mittel zum Zweck. Drum nennen wir sie intern unser „Taxi." Zu einem Taxi, das man benützt, hat mein selten eine emotionale Beziehung und das ist gut so, denn umso leichter fällt einem später das Loslassen.

Ich steige in die U3 ein, kurz vor halb zehn, die Stoßzeit ist vorüber. Ich finde einen Sitzplatz, schräg rechts von mir sitzt der Chefredakteur. Diesmal ohne Tochter. Keine Vaterrolle mehr, sondern nur mehr Chefredakteur. Wir grüßen uns noch einmal, witzeln noch einmal über die Verspätung der ÖBB. „Ja oder Nein?" frage ich mich. Aber ganz ehrlich, ist das nicht ein Geschenk des Himmels. Kann es ein Zufall sein, im selben Zug, in derselben U-Bahn? Ich denke, man kann seinem Schicksal nicht entrinnen. „Ich bin gerade auf dem Weg ins Innenministerium," sage ich. „Aha." Es scheint nicht weiter interessant zu sein. Ich könnte es jetzt ganz einfach sein lassen, denn es gibt ja viele uninteressante

Gründe, ins Innenministerium zu fahren. Freilich, wenn ich jetzt sagen würde: Ich treffe mich heute mit dem Innenminister, um über eine gemeinsame Krisenstrategie nachzudenken. Dann würde der Journalist in meinem Gegenüber erwachen und das sicher nicht sanft. Das wäre wohl eine Kombination aus Weckerläuten, Kirchenglocken, der Schrei des Hahns und beißendem Brandgeruch in der Nase. Mit so einer spektakulären Exklusivstory kann ich allerdings nicht aufwarten. Aber: „Wir gründen heute eine Partei für Nichtwähler." Doch Brandgeruch in der Nase meines Gegenübers. „Ich halte das für demokratiepolitisch gefährlich," sagt er und klingt besorgt. Das Wort „gefährlich" werde ich in nächster Zeit noch öfters über mich hören, aber dazu später. Station Herrengasse. Wie das Leben so spielt, steigen wir gemeinsam aus, unser beider Tagwerk hat uns hierher geführt. Oben am Abgang zur U-Bahn warten die restlichen Parteigründer auf mich. Händeschütteln. Der Chefredakteur schüttelt mit. Er wird Zeuge unserer Gründungsversammlung. „Darf ich ein Foto von euch machen?" Natürlich darf er das. „Ich halte das wirklich für keine gute Idee, man soll die politischen Entscheidungsträger in Ruhe ihre Arbeit machen lassen. Die leisten gute Arbeit." „Teilweise tun die das, natürlich keine Frage," antworte ich, „und genau denen soll unser Projekt Mut machen, was wir loswerden müssen, sind die Arschlöcher, und die sitzen nicht nur im Parlament, die sind überall." Der Chefredakteur zeigt wenig Verständnis aber: Bad News sind Good News – oder so ähnlich.

Die Gründungsversammlung wird ohne Beisein der Presse in der kleinen ungesicherten Bäckerei gegenüber vom gut gesicherten Ministerium fortgeführt. „War das ausgemacht, oder Zufall?" fragt Walter. „Zufall! Seine Tochter hat heute die ÖBB kennengelernt." Wir unterschreiben das Protokoll der Gründungsversammlung. Günther bezahlt den Kaffee. In den nächsten Tagen werden wir jetzt einiges kennenlernen. Medien und Politik in Aufregung. Ich kann nicht sagen, welchen Beitrag der Chefredakteur wirklich dazu geleistet hat, was ich aber weiß, ist, dass ich und Walter nach Hinterlegung der Satzung ein gemeinsames Video mit der frohen Kunde gepostet haben: Wir haben ein Taxi. Es G!LT![17]

+++ Liveticker 21.9.2016, 17:00 h +++ Liveticker 21.9.2(

Bei meiner Künstleragentur laufen am Nachmittag die Telefone heiß. „Ist das alles Spaß oder ist das Ernst?" möchte man wissen. Die ZIB berichtet über die Gründung der Partei G!LT. Ich sage nichts dazu, schließlich ist die Sache mit der Partei nicht wichtig. Sie ist ein Werkzeug und als solches sollte man die Satzungshinterlegung auch recht nüchtern betrachten. Ich tu das. Die anderen nicht.

Liveticker 22.9.2016, 09:00 Uhr +++ Liveticker 22.9.2(

Ohne zu wissen, was dahintersteckt, wird berichtet, analysiert, getwittert, gebloggt, kommentiert, bewertet, beurteilt, verurteilt und **eindrin-glich** vor mir gewarnt. Einen besseren Start für ein politisches Kunstprojekt kann man sich wohl kaum wünschen. Wie in unserem Videoposting angemerkt: „Jeder hat das Recht auf freie Meinungsäußerung, aber es gibt keinen Rechtsanspruch darauf, dass ihre Meinung irgendjemanden interessiert." Ich habe schon lange damit aufgehört, Meinungen über mich allzu ernstzunehmen. Unter anderem nützt auch der Bundespräsidentschaftskandidat Norbert Hofer sein Recht auf Meinungsäußerung und kommt zu folgendem Schluss, wenn er wie folgt twittert. „Herr Dühringer (sic!) wird den Neos Stimmen kosten."

Liveticker 22.9.2016, 13:00 Uhr +++ Liveticker 22.9.20

Ich sitze mit meinem Mitstreitern Rudi und Erich beim Wirt und wir fragen uns gerade selbst: Ist *das* jetzt alles Spaß oder ist das Ernst. Auch wenn wir uns in die Rolle des stillen Beobachters zurückgezogen haben, lassen wir uns zu einer kurzen Stellungnahme via APA hinreißen: „Werter Herr Ofer, man sollte dem stummen H in der Politik nicht allzu viel Bedeutung geben." Kurze Zeit später ist diese Meldung auf ORF.at zu lesen. Der „Politiker" Düringer hats über Nacht in die Schlagzeilen geschafft und die öffentliche Debatte findet kein Ende. Keine Anzeichen von Besonnenheit, da gehen teilweise wirklich die Emotionen hoch. Der PR-Profi und ehemalige SPÖ-Bundesgeschäftsführer Joe Kalina twittert: „Jetzt aber Bitte liebe Medien: Keine Zeile mehr darüber schreiben. Risiko zu groß! Denkt eine Sekunde nach."

Also was jetzt genau ist das alles? Spaß, oder ist das Ernst? Ich kenn mich jetzt nicht mehr aus. Und: Wer hat hier eigentlich das Sagen?

DER POLITIKER UND SEINE PRESSE ODER DIE PRESSE UND IHRE POLITIKER?

Wenn wir uns die Abhängigkeit von Politik und Medien ansehen, dann ist es wirklich schlimm. Wir haben da eine Entwicklung zugelassen, die nicht gut ist für die Demokratie, wir haben nicht nur die Abhängigkeit, wir haben auch die Käuflichkeit. Politik und Medien nützen hierzulande das System auf Augenhöhe aus … Das Schlimme daran ist, dass die Leuten glauben, das sind Zeitungen, was sie da in der U-Bahn in der Hand halten, meiner bescheidenen Einschätzung nach handelt es sich dabei aber um gekaufte Information.[18]

ANNELIESE ROHRER

Gekauft von der Politik, mit wessen Geld? Richtig. Der Steuerzahler finanziert somit die medial verordnete heile Welt selbst! Die gegenseitige Abhängigkeit von Politik und Medien ist kein Geheimnis. Aber wer hat in diesem Spiel der Mächtigen wirklich das Sagen. Ich will zwei Geschichten erzählen, frei erfunden und ohne jeglichen Bezug zu tatsächlich lebenden Personen.

Herr Landeshauptmann steht unter Druck … der Wecker läutet. Herr Landeshauptmann wacht auf. Es ist Montagmorgen, eine neue arbeitsreiche Woche steht bevor. Er quält sich aus dem Bett. War vielleicht doch ein wenig zu viel gestern. Zuviel wovon? Egal, jedenfalls zu viel. Der Körper ist belastet, die ersten Schritte unsicher, die Blase voll. Sobald der Druck unten nachlässt, steigt der Druck im Kopf. Herr Landeshauptmann steht unter Druck. Seine Reformvorschläge sind bei der Landeshauptleute-Konferenz abgeblitzt, seine Umfragewerte bescheiden. Man spricht von Neuwahlen, die Regierung wackelt. Zuerst werden aber einmal die Zähne geputzt. Ohne Reformen wird es jedoch nicht gehen, auch wenn sie schmerzhaft sind. Warum darf man nicht sagen, dass Sparen auch verzichten heißt. Verzichten ist ein Wort, dass der Wähler nicht gerne hört, darum darf man das nicht sagen, meinte der Pressesprecher. Der Druck im Kopf steigt. Das war ein Nebensatz in einem einstündigen Interview. Nein. Es war die Überschrift des Leitartikels der auflagenstärksten Tageszeitung des Landes. „Wenn wir sparen, müsst ihr auf etwas verzichten." Darunter ein Grinsefoto des Herrn Landeshauptmanns, von unten fotografiert. Für den Betrachter von oben herab – die Bürgerinnen und Bürger auslachend. Das Spiegelbild des Herrn Landeshauptmanns sieht heute deutlich älter aus und es grinst auch nicht mehr: Man wird doch noch als Politiker die Wahrheit sagen dürfen? Nein, darf man nicht, höchstens hinter verschlossenen Türen. Wozu auch, die Wahrheit ist ohnehin nur eine Tochter der Zeit. Und die Zeit selbst ist bekanntlich relativ, aber heute wird sie für den Herrn Landeshauptmann knapp. Noch ein zweiter Kaffee. Aufwachen! Zwei Tage nach dem „Verzichtssager" veröffentlicht die auflagenstärkste Zeitung des Landes die neuesten Umfragewerte. So tief wie noch nie. Bankenkrise, Flüchtlingskrise, alles heil überstanden, aber die Wahrheit kann jetzt zum Stolperstein werden. Die grauen Zellen arbeiten. Die Gedanken kreisen um eine einzige Sache. Was kampagnisiere ich heute? Der Chauffeur hält die Türe auf, Herr Landeshauptmann steigt ein. Mit welcher APA-Meldung kommen wir heute raus. Was macht die Sache mit dem Verzicht vergessen. Flüchtlingsobergrenze? Heikel. CETA und TTIP? Das hat sich schon der Kanzler gegriffen. Mindestsicherung? Mit dem Thema kann man sich nur die Finger verbrennen. Sicherheit? Da haben schon andere die Deutungshoheit. Außerdem liegt da auch schon wieder der Verzicht drinnen. Wenn man ihnen sagt, es gehe um ihre Sicherheit, dann kostet sie das entweder ihre Freiheit oder ihr Geld, im Zweifel auch beides. Nein, es muss etwas anderes sein, etwas Neues. Etwas, mit dem man auch wirklich beim Wähler punkten kann, was nicht falsch verstanden werden kann. Wo der Gewinn im Vordergrund steht und nicht der Verzicht. Vielleicht ein Foto mit einem Sportler, ein Foto mit dem Fußball-Nationalteam. Der Druck im Kopf sucht ein Ventil. Im Auto liegt das Kleinformat am Beifahrersitz, der Chauffeur ist bereits bestens informiert. Österreich hat gegen Serbien 2:3 verloren. Schade, doch kein Foto mit der Nationalmannschaft. Der Herr Landeshauptmann blättert im Kleinformat: Putin trifft Erdogan, Trump will Clinton einsperren lassen, Kanzler Kern ist gegen vorgezogene Neuwahlen. Das wird nicht er alleine bestimmen. Da hat die auflagenstärkste Zeitung des Landes deutlich mitzureden. Wofür ist der Herr Landeshauptmann? Bloß keine Stellungnahme zu Neuwahlen, nicht jetzt. Sie wissen ja, die Umfragewerte, der Rückhalt in der Partei. Was wenn mich heute bei der Eröffnung des heurigen Bauernherbsts jemand von der Presse auf die Neuwahlen anspricht. Ich muss ihnen zuvorkommen.

Was kampagnisiere ich heute? Die Pensionen sind sicher! Das hatte ich schon vor drei Wochen. Wohnen muss leistbarer werden. Das war damals ein Wahlkampfthema und Wohnen ist seitdem stetig teurer geworden. Der Herr Landeshauptmann macht ja nicht die Preise. Wer glaubt denn noch tatsächlich, dass Politiker agieren, wir reagieren doch nur mehr. Reagieren auf Themen, die uns die Medien vorgeben. Der Herr Landeshauptmann blättert weiter. Worauf kann ich heute reagieren, werft mir doch wenigstens einen Brotkrümel vor meine müden Füße. Auf Seite 10 werden seine Gebete erhört: „422 Millionen Diabetiker. WHO fordert Zuckersteuer. Mindestens 20 Prozent Abgabe für süße Getränke." Ein Geschenk des Himmels! Der Druck im Kopf lässt nach. Der Herr Landeshauptmann bespricht mit seinem Pressesprecher und anderen Beratern die Kampagne der Landesregierung. Keinesfalls wird über neue Steuern auf süße Getränke gesprochen. Da steht der Verzicht wieder im Vordergrund. Sprechen wir doch lieber über die Förderung von zuckerfreien Säften. Säfte aus der Region. Natürlich! Regional statt global, das will der kritische Wähler hören. Das Kleinformat hat es ja mit dem Chlorhuhn vorgemacht. Die Landesregierung sagt der weltweiten Diabetes mit Säften aus der Region den Kampf an und schüttet Fördergelder an regionale Obstbauern aus. Am Nachmittag im Rahmen seiner Eröffnungsrede des Bauernherbstes wird der Herr Landeshauptmann die Saftkampagne thematisieren. In einer Stunde geht eine APA-Meldung raus: „Spar dir den Zucker, aber verzichte nicht auf süße Säfte aus der Region." Der Herr Landeshauptmann will mit einer landesweit breit angelegten Diabetes-Aufklärungskampagne der fortschreitenden weltweiten Zunahme von Diabetikern von Anfang an entgegenwirken. Gute Landespolitik zeichnet sich dadurch aus, dass man nicht nur reagiert, sondern zeitgerecht agiert und Initiative ergreift. Man muss der Bevölkerung heimischen Saft und Most schmackhaft machen. Gleichzeitig will man damit den heimischen Saft- und Mostproduzenten unter die Arme greifen und man ist bereit, den Saftpreis zu stützen.

Die Bauernkammer sieht diese Initiative der Landesregierung durchaus positiv und auch die Ärztekammer rechnet langfristig mit Kosteneinsparungen. Bei einem Erfolg kann sich der Herr Landeshauptmann eine Ausweitung auf eine bundesweite Kampagne durchaus vorstellen. „Was für ein Schwachsinn!" denkt sich der Herr Landeshauptmann, aber er sagt nichts. „Was für ein Schwachsinn!" denkt sich der Pressesprecher, aber auch er sagt nichts. Die Berater lassen die Kosten der Kampagne kalkulieren. Darüber wird nicht kommuniziert werden. Demokratie muss uns eben etwas wert sein. Der „Bauernherbst" ist eröffnet, Herr Landeshauptmann steht der Presse Rede und Antwort. Heimischer Saft und Most wird verkostet, der Druck im Kopf ist entwichen, er hat sich in den Darm verlagert. Obstsäfte regen die Verdauungstätigkeit an. Herr Landeshauptmann sitzt am Topf und ist – für heute – zufrieden. Warten wir auf die nächsten Umfrageergebnisse. Als er noch ein Kind war, hat er sich am Plumpsklo der Großeltern mit der auflagenstärksten Zeitung des Landes den Arsch abgewischt, heute muss er sich von der auflagenstärksten Zeitung des Landes … das wird so selbstverständlich nicht nach außen kommuniziert.

Herr Landeshauptmann macht Druck … Der Wecker läutet. Herr Landeshauptmann wacht auf. Es ist Montagmorgen, eine neue arbeitsreiche Woche steht bevor. Er quält sich aus dem Bett. War vielleicht doch ein wenig zu viel gestern. Zuviel wovon? Egal, jedenfalls zu viel. Der Körper ist belastet, die ersten Schritte unsicher, die Blase voll. Sobald der Druck unten nachlässt, steigt der Druck im Kopf. Herr Landeshauptmann steht unter Druck. Der Vorstand des im Besitz des Landes befindlichen Energieversorgers hat Mitte letzter

Woche bei einem Interview für die auflagenstärkste Zeitung des Landes anklingen lassen, das man laut und offen über eine Tariferhöhung nachdenkt. Aufgrund der internationalen Lage am Energiepreissektor einerseits und dem geplanten Ausbau der Anlagen zur Gewinnung von erneuerbarer Energie andererseits wird man die Endverbraucher mit einer kalkulierten Preiserhöhung von 9 % belasten müssen. Der Herr Landeshauptmann sei über diese Pläne bereits informiert. Ja, das ist Herr Landeshauptmann fürwahr, er ist wie immer gut informiert, denn das ist es, was er von seinen Mitarbeitern erwartet. Ausführliche Informationen von außen an ihn und gute Informationen in Form von wohlmeinenden Presseberichten von ihm an seine Wähler. Diese wird er auch heute wieder liefern und das in aller Klarheit. Noch ein zweiter Kaffee und eine SMS an „seinen" Chefredakteur: „Interview um 10.45 Uhr bei mir im Büro. Plus Fotograf." Das klingt wie ein Befehl – und so war es auch gemeint. Der Chefredakteur des auflagenstärksten Blattes des Landes hat zu funktionieren. Fehler in der Kommunikation sind nicht tolerierbar. Dies hat sein Vorgänger nach siebzehn Jahren im Dienste des Landes am eigenen Leib erfahren müssen. Es war zwar die richtige Meldung, aber zwei Tage zu früh. Das kann passieren, darf aber nicht passieren. Der neue Chefredakteur wird darauf achten, dass ihm so etwas nicht passieren wird. Er sitzt im Büro des Herrn Landeshauptmanns, der Fotograf knipst, er notiert und Herr Landeshauptmann spricht. „Ich glaube, es ist eine Frage des Anstands hier sehr klare Worte zu finden. Eine Energiepreiserhöhung im Rahmen von 9 % ist für mich als Landeshauptmann und der großen Verantwortung gegenüber, die ich als solcher für die Menschen dieses Landes trage, völlig inakzeptabel und habe das auch in einer am Freitag in der Nacht noch von mir persönlich einberufenen Krisensitzung sehr deutlich dem Vorstand des Energiekonzerns mitgeteilt. Natürlich werden wir uns den neuen Herausforderungen die Energieversorgung des Landes betreffend stellen müssen und müssen zur Kenntnis nehmen, dass auch diese den Preisschwankungen des internationalen Marktes unterliegen. Umso mehr sind wir gefordert, in erneuerbare Energie zu investieren. Das steht aus meiner Sicht außer Zweifel. Aber das darf nicht nur zu Lasten und am Rücken der Bevölkerung ausgetragen werden, da werden wohl auch die Manager und die Aktionäre ihren Beitrag leisten müssen. Für mich ist eine Tariferhöhung bis zu maximal 4 % im Bereich des Möglichen und angesichts der angespannten internationalen Lage zu tolerieren, für alles andere bin ich nicht zu haben. Und dies habe ich glaube sehr deutlich und in aller Klarheit den Vorstand wissen lassen. 4 % ist eine nicht verhandelbare Obergrenze und kein Richtwert. Für etwaige Härtefälle habe ich veranlasst, zusätzliche Gelder für den Sozialfond des Landes bereitzustellen. Auch habe ich den Vorstand wissen lassen, dass ich in Zukunft erfreut wäre, wenn ich solche Pläne zur Tariferhöhung nicht aus den Medien, sondern persönlich in einem Gespräch mit mir erfahren würde. Für mich ist das eine Frage des Anstands und Stils. Das ist es, wofür ich stehe. Schließlich habe ja auch ich zuerst das Gespräch gesucht, bevor ich mit meinen Positionen an die Öffentlichkeit gegangen bin."

Und das stimmt: Herr Landeshauptmann ist ein Mann, der immer zuerst das Gespräch sucht. Und dieses Gespräch fand nicht am letzten Freitag statt. Da gab es kein Gespräch, weil es nichts zu besprechen gab. Das eigentliche Gespräch, in dem alles weitere besprochen wurde, fand vierzehn Tage zuvor statt. Der Vorstand, ein langjähriger Golfpartner des Herrn Landeshauptmanns, bat um eine Aussprache. Man denke im Konzern darüber nach, Anfang des nächsten Jahres die Tarife um in etwa moderate 3 % zu erhöhen und wie man damit umgehen solle? Herr Landeshauptmann überlegte kurz und meinte, er könne sich auch eine Erhöhung um 4 % vorstellen, soweit man bereit wäre, 1 % in Form von Inseraten oder allfälligem Sponsoring von Landesveranstaltungen in parteinahe Kanäle zurückfließen zu lassen. Allerdings würde er in dem Fall dann schon darum bitten, dass der Vorstand zuerst einmal mit einer geplanten Preiserhöhung von 9 % an die Öffentlichkeit gehe, alles weitere würde er anschließend gemeinsam mit der auflagenstärksten Zeitung des Landes abwickeln.

Der Chefredakteur bekommt noch den vorgefassten Text vom Pressesprecher in Papierform überreicht und empfindet dabei tiefe Dankbarkeit. Herr Landeshauptmann hat gesprochen und er darf seine Worte hinaustragen. Ganz ohne Druck.

Welche der beiden Geschichten halten sie für plausibler? Oder denken sie, beides wäre möglich? Ich denke, dass es so ist. Aus eigener Erfahrung als öffentliche Person kenne ich beide Varianten. Die Künstleragentur, die mich vertritt, leistet auch die Pressearbeit für meine Projekte. Manchmal kommen Journalisten auf uns zu, weil sie eine Story wittern, manchmal wenden wir uns an Journalisten, weil wir eine Veranstaltung bewerben wollen. Ein Geben und Nehmen. Umso bekannter, erfolgreicher, gefälliger und williger der Künstler ist, umso mehr sind die Medien bereit dafür Raum zu geben, weil sie dafür verkaufbare Geschichten bekommen.

Es steht außer Zweifel, dass Medien große Macht ausüben. Sie können im Parteienwettstreit über Sieg und Niederlage entscheiden. Aber sind es die Medien, die Journalisten, die die Macht haben, oder werden sowohl Politiker als auch Journalisten von derselben Macht beherrscht? Der Macht des Geldes und wirtschaftlichen Interessen? Dazu schreibt der Autor und ehemalige Politiker Klaus Werner-Lobo in seinem Buch „Nach der Empörung" über die Rolle der Medien: *„Neben der regierenden Verwaltungsmacht (Exekutive), den parlamentarischen gesetzgebenden Institutionen (Legislative) und der richterlichen Gewalt (Judikative) werden öffentliche Medien wie Presse und Rundfunk in Demokratien häufig als ‚vierte Macht' bezeichnet, deren Aufgabe es ist, das politische Geschehen zu beobachten, zu kontrollieren und zu kommentieren und damit einen Beitrag zur demokratischen Aufklärung und zur Verhinderung von Machtmissbrauch zu leisten. Eine solche demokratische Kontrolle kann aber nur dann funktionieren, wenn Journalisten unabhängig und frei von übergeordneten Machtinteressen recherchieren und publizieren können – und wenn auch am Medienmarkt so etwas wie demokratische Vielfalt herrscht. Mittlerweile stehen aber auch die meisten Massenmedien direkt oder indirekt im Dienst wirtschaftlicher Interessen. Weil die Politik zu lange weggeschaut hat, fand in den letzten Jahren ein enormer Konzentrationsprozess statt, der zur Monopolbildung am Medienmarkt geführt hat und damit Vielfalt und Meinungsfreiheit bedroht ... Wer nicht ohnehin selbst im Eigentum eines der großen Medienkonzerne steht, die in erster Linie ökonomische Profitinteressen und keine* *journalistischen (oder gar ethischen bzw. demokratiepolitischen) Ziele verfolgen, ist wirtschaftlich in immer größerem Ausmaß von den großen InseratenkundInnen abhängig. Für die unter immer prekäreren Verhältnissen arbeitenden JournalistInnen bedeutet das häufig nicht direkte Zensur, sondern in den meisten Fällen, dass für allzu kritische Recherchen schlicht und einfach nicht genügend Zeit und Raum zur Verfügung gestellt wird … JournalistInnen genießen in der Vertrauensskala der Bevölkerung ähnlich schlechte Werte wie PolitikerInnen."*

Also auch hier: Vertrauensverlust. Die Diskrepanz zwischen veröffentlichter und tatsächlicher öffentlicher Meinung ist mittlerweile groß und wächst weiter. Dumme Beleidigungen wie „Lügenpresse" tragen ihres dazu bei und es wird mit Kampfbegriffen wie „Verschwörungstheoretiker" zurückgeschossen. Die Leitmedien schlagen wild um sich, denn es gibt klare rote Linien, die nicht überschritten werden dürfen. Nicht direkt „von oben" befohlen, sondern diese roten Linien tragen viele Redakteurinnen und Redakteure fest und sicher positioniert in sich herum. Wer öffentlich einen Blick über diese roten Linien wagen möchte, der hat die persönlichen Folgen zu tragen. Die gesellschaftlichen Folgen daraus sind noch mehr Spaltung und noch mehr Misstrauen. Es ist für mich ein Spiel mit dem Feuer, das hier unbewusst gespielt wird. Propaganda trifft auf Gegenpropaganda, reagiert mit noch mehr Propaganda und erntet noch heftigere Gegenpropaganda. Dazwischen stehen die Informationssüchtigen und versuchen verzweifelt sich daraus ein Weltbild zu zimmern, um in dieser komplexen Welt ein wenig Orientierung zu finden. Weltbilder werden verteidigt, wenn nötig bekanntlich auch mit Gewalt.

Gelungenes Meinungsmanagement war für die Interessen der Eliten bislang billiger als Gewalt, aber der Preis dafür steigt. „*Es ist paradox, obwohl das Wissen der Welt heute nur noch einen Mausklick* (von uns) *entfernt ist, sind Millionen Menschen jeder Altersgruppe geistig derart retardiert, dass sie nicht einmal mehr wissen, was sie nicht wissen*", kritisiert der Philosoph Michael Schmidt-Salomon in seinem Buch: „Keine Macht den Doofen." Vielleicht wissen viele auch nicht, dass das Wissen der Welt heute eben von uns nur noch einen Mausklick entfernt ist? Aber ist es das? Wie viel von dem, was uns als Wissen verkauft wird, ist im Kern nichts als reine Unterhaltung. Wie viel von dem, was man sich an „Wissen" mit einem Mausklick aneignet, geht tatsächlich in den eigenen Wissensschatz über und wie viel davon ist dann überhaupt mit dem eigenen Erfahrungsschatz kompatibel. Führt all dieses „Wissen" dann wirklich zu „Weisheit".

Mangelt es an Weisheit und Weitsicht, dass durchaus redlich arbeitende Journalisten unter dem selbstauferlegten Zwang zur „politischen Korrektheit" die richtigen Themen den falschen Leuten überlassen haben, Zusammenhänge nicht gesehen, oder wenn gesehen, nicht thematisiert und höchst kurzsichtig und blauäugig agiert haben. Und das in guter Absicht, oder im Glauben aus sicheren Positionen, dem eigenen intellektuellen Anspruch folgend zu wissen, was für andere Menschen gut ist, ohne dabei die rosarote Brille abzunehmen und sich selbst in die Niederungen der Lebensrealitäten zu begeben und dort zu recherchieren. Copy and Paste ist zu wenig. Wäre es nicht schön, wenn sich die Journalisten des Landes gerade machen und sich ihrer Aufgabe als „vierter Macht" wieder bewusst werden – und ihr gerecht? Man könnte vielen Dingen trotz ihrer Tragik auch mit

Humor begegnen. Einige meiner Berufskollegen beweisen das. Gerade in Deutschland liefern Kabarettisten jene Informationen, die uns von den Leitmedien vorenthalten werden, so zum Beispiel in „Die Anstalt" mit Max Uthoff und Claus von Wagner, bei Volker Pispers oder Georg Schramm und anderen. Natürlich aus einer sicheren Position; vom Kirchturm aus, mit einem Fernglas und scharfem Blick das Treiben auf dem Dorfplatz beobachtend und mit scharfer Zunge treffsicher kommentierend. Mal sehen, wer dann auch bereit ist, sich unters Fußvolk zu mischen.

Liveticker 25.9.2016 +++ Liveticker 25.9.2016 +++ Live

Nachdem in den letzten Tagen einiges an Bullshit (englisch für Halbwahrheiten) über mich und G!LT in den Medien kolportiert wurde, darunter Berichte, die durchaus ein Lächeln in mein Gesicht gezaubert und damit mein Herz erfreut haben, lade ich heute die Medienvertreter zu einer virtuellen Pressekonferenz in meine Garage ein und habe mir dazu eine kleine Stellungnahme als Parteiobmann vorbereitet. Und sie sehen bzw. hören, liebe Leserinnen und Leser, ich habe mir Rudi Fußis erste Lektion zur politischen Kommunikation zu Herzen genommen.

PRESSEKONFERENZ OHNE PRESSE

Meine Damen und Herren, geschätzte Vertreter und Vertreterinnen der Medien, werte Politiker und Politikerinnen, liebe Kollegen und Kolleginnen. Nachdem die Gründung der politischen Partei G!LT in den vergangenen Tagen für einige Aufregung gesorgt hat, sehe ich es als Bundesparteiobmann als meine Pflicht an, mich ihren Fragen zu stellen. Ich finde, sie haben ein Recht darauf, dass ich ihre Fragen sehr ernstnehme, zumindest genauso ernst wie die Parteien die Anliegen der Bevölkerung sehr, sehr ernstnehmen.
Und glauben sie mir, ich habe es mir bei diesem Entschluss nicht leicht gemacht, möchte ehrlich zu ihnen sein und habe mir wohl überlegt, was ich ihnen heute sagen werde, nämlich das, was mir mein Kommunikationstrainer hundertmal vorgekaut hat. Eine der ersten Fragen, die an mich herangetragen wurde, lautete: Ist das Spaß oder Ernst? Ich möchte mich aber, bevor ich ihnen diese Frage ausführlich beantworten werde, zunächst einmal ganz herzlich bei allen Wählern und Wählerinnen bedanken, die uns so zahlreich ihr Vertrauen geschenkt haben und auch bei all den ehrenamtlichen Helfern und Helferinnen, denn ohne sie wäre es nie gelungen, einen derartigen Erdrutschsieg zu erzielen. Herzlichen Dank an alle!
Aber um nun auf ihre Eingangsfrage zurückzukommen: Ist das Spaß oder Ernst? Zunächst einmal danke ich ihnen natürlich für diese Frage. Ich gebe ihnen natürlich inhaltlich voll Recht, aber was sie da fragen, klingt vielleicht in der Theorie gut, ist in der Praxis aber fast nicht umsetzbar. Natürlich ist das eine wunderbare Anregung, die nehme ich gerne auf. Das wird eine große Herausforderung sein und man wird sich das natürlich in Zukunft etwas genauer ansehen müssen. Ich glaub, das sind wir den Österreichern schuldig, dass wir uns auch damit intensiv befassen. Ich denke, wir werden umgehend zu diesem Thema einen Arbeitskreis einberufen, denn eine Gesellschaft kann nur dann funktionieren, wenn sie gemeinsam an Lösungen arbeitet und ich bin überzeugt, dass

es mit Oberflächlichkeit alleine nicht gehen wird. Gewisse Dinge haben sich sicher überlebt und ich glaube, das wir jetzt an einem Punkt angekommen sind, wo Polemiken dieser Art nicht angebracht sind. Es geht nicht nur um uns, es geht auch um die kommenden Generationen, es geht um die Zukunft und daher würde ich mir wünschen, die Parteienförderung zu verdoppeln und die Mindestsicherung zu halbieren, denn Demokratie muss uns etwas wert sein. Ob Spaß oder Ernst, wir dürfen uns nicht in Kleinigkeiten verlieren, wir müssen das große Ganze im Auge behalten und da sind gerade sie als selbsternannte Meinungsmacher und vermeintliche Elite gefordert.

Ich glaube, man kann nicht erwarten, dass wir in allen Dingen gleicher Meinung sind, aber für komplexe Dinge gibt es keine einfachen Lösungen, letztendlich wird es dafür eine gesamteuropäische Lösung brauchen und auch teile ich die Skepsis, was die laufenden Beitrittsverhandlungen betrifft, denn ich glaube nicht, dass Europa schon reif für die Türkei ist. Das gehört sicher noch mit meinem persönlich Freund, dem Sultan, nachverhandelt. Es hat diesbezüglich schon gute Gespräche am Brunnenmarkt gegeben in einem durchaus, wie ich meine, freundlichen Klima. Sonnenschein, 15 Grad. Leichter Wind aus Nordwest. Alles weitere werden wir in den Gremien besprechen und ich bitte um Verständnis, dass ich da nicht vorgreifen möchte, aber ich bitte sie, den Spaß sehr ernstzunehmen, denn auch der altgediente Politstratege und ehemalige Bundesgeschäftsführer der SPÖ, Josef Kalina, hat auf Twitter sehr deutliche Worte gefunden: *Jetzt aber Bitte liebe Medien: Keine Zeile mehr darüber schreiben. Risiko zu groß! Denkt eine Sekunde nach.* Und ich gehe sogar noch weiter und sage, auch wenn es ihnen ungewöhnlich erscheint, nehmen sie sich Zeit und denken sie sogar zehn Sekunden nach. Ich weiß, das ist viel verlangt und viele von ihnen werden da ein großes Opfer bringen müssen. Aber ich bitte sie, denken sie an die Verantwortung, die sie haben und hören sie auf, die Bevölkerung mit Berichten meine Person betreffend zu verunsichern. Der politische Schaden, der hier bereits angerichtet wurde, ist kaum mehr gutzumachen und sie werden sich nicht so leicht aus der Verantwortung ziehen können. Aber alles in allem können wir mit der Zusammenarbeit zufrieden sein, sie haben konstruktiv einen großen Beitrag zu diesem Kunstprojekt geleistet und ich möchte ihnen die Worte des Nobelpreisträgers 2022 Professor Heinrich Staudinger in Erinnerung rufen: *Fürchtet euch nicht! Seids doch bitte net so deppert! Scheißts eich net au und lasst euch leiten von der Liebe.* Und wenn sie mir dabei Spekulation und puren Populismus vorwerfen, so sage ich: JA! Ja, die Pensionen sind sicher und Wohnen muss leistbarer werden, denn ein Jagdgewehr ist ja in dem Sinn keine Waffe und sie werden sich noch wundern, was alles gehen wird. Und so sage ich in dieser Klarheit: Das Eine ist das Eine und das Andere ist das Andere! Und damit muss ein für allemal Schluss sein: Das Eine muss auch irgendwann das Andere sein, das sind wir unseren Wählern schuldig. Also: Her mit den Millionen, her mit dem Zaster, her mit der Marie, denn nur so kann ich ihnen 250.000 neue Arbeitsplätze versprechen, die ich, nach ausführlicher Prüfung durch Experten, aus meinem Hut zaubern werde. So wünsche ich ihnen viel Spaß und würde sie bitten, in Zukunft nicht mehr Ernst zu mir zu sagen. Und bitte lassen sie mich doch ausreden, ich habe sie ja auch *nicht* ausreden lassen. Danke!"[19]

Liveticker 27.9.2016 +++ Liveticker 27.9.2016 +++ Livet

Obwohl ich sehr eindringlich, um die Bürgerinnen und Bürger zu schützen, darum gebeten habe, nicht weiter über mich zu berichten, ist heute in einem der führenden meinungsbildenden Medien ein ausführlicher und sehr gut recherchierter Bericht zu finden. Das Qualitätsmedium „ÖSTERREICH" bringt endlich Licht ins Dunkel und deckt einen politischen Skandal auf. Im Politikteil auf Seite 8 ist ein Standbild meiner Videobotschaft an die Medien zu sehen, verziert mit einer Sprechblase: „Seids doch bitte net so deppat". Darunter ist folgender Text von fett nach dünn (von Bilderleser – zu Überüberschriftenleser – zu Überschriftenleser – zu Unterüberschriftenleser – zu Textleser) zu lesen:

SKURRIL -VIDEO: SO VERARSCHT UNS DÜRINGER

PARTEI IST „KUNSTPROJEKT": ER WILL MEHR FÖRDERUNGSGELD
Sollte Roland Düringer jemals wirklich kandidieren wollen - er schießt sich gerade ins Out.
(Anmerkung Roland Düringer: Das ist eine Falschmeldung, denn in Wahrheit habe nicht ich mich ins Out, sondern die Zeitung „Österreich" sich gerade ins eigene Knie geschossen. Aber lesen sie selbst:)

WIEN. Mit einem Skurril-Video versucht der Kabarettist und Aussteiger Roland Düringer die Aufmerksamkeit für seine eben gegründete Partei „Gilt" am Leben zu erhalten. Allein: nahc (sic!) der 9-minütigen Video-„Pressekonferenz" ist man so klug wie zuvor: Nur einmal bezeichnet Düringer seine Partei-Aktion als „Kunstprojekt", immerhin.
Wirre Sammlung Der Rest - eine eher wirre Ansammlung von Passgaen (sic!) aus diversen Politiker-Reden: Düringer - er tritt im Mechaniker-Drillich in einer Mototrradwerkstätte (sic!) auf – bedankt sich für den „Erdrutsch-Wahlsieg", fordert die „Verdoppelung der Parteienförderung" und eine „Halbierung der Mindestsicherung": „Her mit den Millionen. Her mit dem Zaster. Her mit der Marie."
„Sch… euch ned an!"
Für seine Anhänger hat er noch fromme Wünsche parat: Seidsned so deppat, Sch… euch ned an - und lasst euch von der Liebe leiten." Der Mann hat gut reden.
(OE 24 vom 26.9.16)

Hier hat (gü) recht. Ich habe gut und auch leicht reden, deswegen rede ich ja auch. Jedenfalls habe ich leichter reden, als ihre Redaktion schreiben – wie man dem Text entnehmen kann. Nicht nur was die Rechtschreibung betrifft, sondern auch was den Mut zu klaren Worten betrifft: „Scheißtseichned au" heißt es im Originaltext. Aber vielleicht liegen diese Ungenauigkeiten auch nur daran, dass es online einfach schnell gehen muss. Aber die Frage ist eine ganz andere: Habe wirklich ich gesprochen? Neben dem Standbild, über der Überüberschrift der Printausgabe ist zu lesen: Pühringer gibt „Pressekonferenz" in Werkstatt. Und damit ist G!LT aufgeflogen, denn der Mann der am Video zu sehen ist, ist kein Geringerer als der ÖVP-Politiker und Landeshauptmann Josef Pühringer, der sich in eine Werkstatt begeben, sich geschickt mit Kappe, Latzhose und aufgeklebten Bart als Kabarettist Düringer verkleidet und per Video an die Medien gewandt hat. Es handelt sich bei G!LT also möglicherweise um eine Verschwörung von oberösterreichischen ÖVP-Landesgranden gegen die Bundespartei.

Werter (gü): Nicht ich versuche die Aufmerksamkeit für G!LT am Leben zu erhalten, sondern ganz „ÖSTERREICH" richtet die Aufmerksamkeit auf mich. Die Zugriffe auf meinen Blog „Gültige Stimme" haben sich vervielfacht. Vielen herzlichen Dank!

Und wenn ich mich in letzter Zeit öfters gefragt habe, warum ich mir das eigentlich antue. Spätestens jetzt weiß ich warum. Es erinnert mich gerade an die Zeit beim Bundesheer, auch damals habe ich gewusst, je beschissener es wird, umso stärker wird die Geschichte, die es danach zu erzählen gibt. Also los, zeigt mir, was ihr so draufhabt. Oder war das etwa schon alles?

HERR DÜRINGER IST NOMINIERT

Wie bekämpft man Hochwasser? Mit Regen. Wie bekämpft man Glatteis? Mit Kälte. Wie bekämpft man üblen Geruch? Mit einem kräftigen Pfurz. Und wie bekämpft man Satire? Natürlich mit Satire. Das funktioniert immer.

Liveticker 30.9.2016 +++ Liveticker 30.9.2016 +++ Liv

Gerade entnehme ich einer APA-Meldung, dass ich für einen satirischen Ehrenpreis nominiert worden bin: „Roland Düringer, Ryke Geerd Hamer und das Krebszentrum Brüggen stehen auf der Shortlist für das Goldene Brett vorm Kopf, der Negativpreis für den größten antiwissenschaftlichen Unfug des Jahres ... Am 11. Oktober 2016 verleiht die Gesellschaft zur wissenschaftlichen Untersuchung von Parawissenschaften in diesem Jahr *Das Goldene Brett vorm Kopf*. Nominiert wurden mehr als 200 Personen und Institutionen, die mit wissenschaftlich widerlegten Behauptungen Medienpräsenz anstreben, Angst machen oder Geld verdienen wollen. Nun hat die Jury drei Finalisten ausgewählt: Kabarettist und Politiker Roland Düringer, Wunderheiler Ryke Geerd Hamer, und das pseudomedizinische Krebszentrum Brüggen-Bracht ..."
Die Begründung der Fachjury lautet: „**Roland Düringer – rechtsrechte Gäste und Lichtgenährte** – Begonnen hat Roland Düringer als Kabarettist, dann inszenierte er sich als Anti-Establishment-Guru, nun ist er auch noch Politiker mit seiner neugegründeten Partei ‚Meine Stimme gilt', deren Programm einzig ‚denen was wegnehmenen' zu sein scheint. Abseits davon gehört ein Arsenal an Verschwörungstheorien, mit denen er kokettiert: Kondensstreifen am Himmel blieben heute länger als früher, Impfungen könnten gefährlich sein und die Pharmaindustrie sowieso. In seine Puls4-Talkshow ‚Gültige Stimme' lud er u. a. den

Verschwörungstheoretiker Rüdiger Dahlke, der Lichtnahrung für möglich hält – oder die rechtslastige Autorin Eva Hermann, die den ‚Zusammenhalt' und ‚Werte' wie Kinder, Mütter und Familien in der NS-Zeit für gut hielt, ein. Genau darin besteht die Gefahr, die von Düringer ausgeht: Ohne auf den ersten Blick als Esoterik-Schwurbler erkennbar zu werden, schürt er Zweifel an wissenschaftlichen Fakten und bereitet den Boden, auf dem gefährliche Verschwörungstheorien gedeihen können."

Nachdem ich gelernter Techniker bin und mich die Naturwissenschaften immer schon fasziniert haben, weil sie im Gegensatz zu Wirtschaftswissenschaften keinem Dogma unterliegen, komme ich zu folgendem Befund. Hier wurde aus einer ideologisch motivierten These ein wissenschaftliches Axiom hergeleitet. Immerhin habe ich es innerhalb weniger Tage von der Politik in die Wissenschaft geschafft und auch seriöse Wissenschaftler sind zum Schluss gekommen, ich sei brandgefährlich. Also bitte, bitte liebe Leserin, lieber Leser schützen sie sich und verbrennen sie dieses Buch so schnell wie möglich, es wurde von einem linkspopulistischen Sympathisanten der Rechts-Rechten und Verschwörungstheoretiker geschrieben, der sich erwiesenermaßen gegen die Pharmaindustrie wendet, indem er sich öffentlich dazu bekennt, im Falle eines grippalen Infekts lieber fiebernd drei Tage das Bett zu hüten, als durch Medikamente die Symptome zu unterdrücken.

Apropos verbrennen. Bei aller berechtigter Kritik an Europa und dessen Institutionen denke ich, können wir zufrieden sein, was wir seit dem Beginn der Aufklärung in Europa erreicht haben. Vor einigen Jahrhunderten hätte man so etwas wie mich noch auf dem Scheiterhaufen verbrannt und ein Teil von ihnen hätte dazu applaudiert. Nicht weil es sich dabei um

böse Menschen handelt, sondern weil sie damals der festen Überzeugung gewesen wären, das moralisch Richtige zu tun. Und natürlich aus Angst davor, selbst verbrannt zu werden. Besser Brennholz herbeischaffen, als selbst zu Brennholz werden. Heute muss man sich nicht mehr vor offener Gewalt fürchten, Mord und Totschlag sind hierzulande selten und Rufmord tut eigentlich nicht wirklich weh. Also fürchten wir uns nicht. Schon gar nicht vor mir.

Kann es wirklich sein, dass die Gefahr für Demokratie und Rechtsstaat von einem Kunstprojekt ausgeht, geht die Gefahr für unsere „heile Welt" nicht eher von auf tönernen Beinen stehenden Großbanken, von der hohen Jugendarbeitslosigkeit und der damit verbundenen Perspektivenlosigkeit, von der medial forcierten Spaltung der Bevölkerung in Rechts und Links und von den zu mächtig gewordenen Konzernen, die die politischen Akteure mehr und mehr in die Knie zwingen, aus? Warum wird nicht der gesamten Ökonomie als offensichtlicher Pseudowissenschaft ein Negativpreis für antiwissenschaftlichen Unfug verliehen? Was steckt da dahinter? Ich weiß es nicht. Was ich aber weiß, ist, wer im konkreten Fall des *goldenen Bretts vor dem Kopf* dahinter steckt: Herr Michael Horak. Zumindest ist er im Impressum der Webseite angeführt. Herr Horak arbeitet für eine im Parlament vertretene Kleinpartei. Ich kann mir durchaus vorstellen, dass ich hier in nächster Zeit noch einiges einzustecken haben werde. Das politische Geschäft ist eben keine Kinderjause. Als gelernter Techniker, dem die Praxis näher steht als graue Theorie, möchte ich hier auf das dritte Newtonsche Axiom, das Gegenwirkungsprinzip, verweisen: DIE GEGENKRAFT GREIFT DABEI BEIM VERURSACHER DER EIGENTLICHEN KRAFT AN.

VERSCHWÖRUNGSPRAKTIKER

Ich sehe als eines der zentralen Probleme und als eine der größten Herausforderungen, vor der wir stehen, das Problem der Fragmentierung. Wir sind, obwohl wir so vernetzt sind, und das ist das Paradox, noch nie so fragmentiert gewesen. Diese Fragmentierung ist aber auch kombiniert mit einer unglaublichen Geschwindigkeit, einem Veränderungsprozess und wir alle wissen, wenn wir zu schnell mit dem Auto fahren, verlieren wir vollkommen die periphere Wahrnehmung. Aber die Peripherie ist nicht nur der Ort, wo das Gefährliche herkommt, sondern auch das Neue … Die Polarisierung hängt auch mit diesen kleinen Echoräumen zusammen, in denen wir uns aufgrund technischer Möglichkeiten befinden, wo wir genau das hören, was wir hören wollen.[20]

HARALD KATZMAIR, MACHT- UND NETZWERKFORSCHER

Wer hat sich da gegen wen verschworen? Grundsätzlich wohl keiner gegen alle und nicht alle gegen einen. Nicht eine kleine Gruppe von Superreichen gegen den Rest der Menschheit. Nicht die Alternativmediziner gegen die Pharmaindustrie, nicht die Weinhändler und Bierbrauer gegen die Kiffer. Verschwörung klingt immer so nach hinter verschlossenen Türen ausgemacht und jene, gegen die – oder auch *für* die – die Verschwörung geplant ist, bis zur Ausführung im Dunkeln zu lassen, oder sogar die Ausführung der Verschwörung geheimzuhalten. Das klingt so, als würden sich Interessengruppen wie Parteien hinter verschlossenen Türen in Ausschüssen zusammenfinden und Gesetzesentwürfe beschließen und dann so tun, als würden sie im Plenarsaal darüber noch diskutieren. Wer an so etwas glaubt, ist wirklich nicht dicht. Natürlich kann es einmal vorkommen, dass sich ein paar Gleichgesinnte zu einer Überraschungsparty in der Wohnung des Jubilars verschworen haben. Aus meiner Sicht beruhen sämtliche gesellschaftliche Phänomene, Verzerrungen, Verwerfungen und Blasen, die wir beobachten können, nicht auf einer Gruppe von Verschwörern, sondern auf vielen einzelnen Entscheidungen von handelnden Personen in unterschiedlichen Positionen. Oberen, mittleren und letztlich auch unteren. Diese werden nicht nur unter Zwang, sondern oftmals aus vorauseilendem Gehorsam getroffen. Ein mediale Shitstorm (ein Sturm, der Scheiße aufwirbelt) ist wohl kaum von höherer Stelle befohlen. Er beruht auf selbstständigem Handeln aus Überzeugung das Richtige zu tun und ist die Summe von vielen einzelnen übel riechenden Winden. Dahinter steckt sicher keine Verschwörung oder sonst eine Weisung von oberster Stelle, auch Androhung von Gewalt ist auszuschließen, dies passiert aus sich heraus, freiwillig. Gerade das ist es, was uns zu denken geben sollte.

All jene, die an die große Weltverschwörung glauben, Verschwörung der Bilderberger gemeinsam mit den Freimaurern und den Rothschilds. An Flughafenpersonal, das bewusst Kanister mit toxischen Substanzen in Flugzeugtanks leert, um die Bevölkerung zu vergiften, an Außerirdische, die sich mit Affen gepaart haben und daraus der Mensch entstanden ist, an das Bermudadreieck und an Atlantis, eine freie Energie, die durch ein selbstgebasteltes Gerät Autos ohne Treibstoff fahren lässt, an acht Familien, die die Geschicke jedes einzelnen Menschen in ihren Händen halten, daran glauben, dass Elvis noch lebt und Hitler eigentlich Teil einer jüdischen Weltverschwörung war, sie sind nicht verrückt. Sie sind jedenfalls nicht verrückter als Menschen, die an die Genesis, Adam und Eva, die Auferstehung von Jesus Christus, die Wiederkehr des 12. Iman aus seinem Brunnen, die unsichtbare Hand der Märkte, die Sicherheit von Atommüllendlagern, oder an die Notwendigkeit von ständig wachsendem Wirtschaftswachstum glauben. Auch Menschen, die in der Vergangenheit fest davon überzeugt waren, dass die Erde eine Scheibe sei, dass einem der Ablass die Tür zum Himmeltor öffnet, Sklavenhaltung ein angeborenes Recht des weißen Mannes ist, Saddam Hussein tatsächlich im Besitz von Massenvernichtungswaffen sei und selbst Menschen, die fest daran glaubten, dass die Sänger und Sängerinnen im Musikantenstadl tatsächlich live sangen, all diese Menschen waren nicht verrückter als wir selbst. Sie waren angewiesen auf Informationen, die für sie aufbereitet wurden, um in ihnen einen Glauben entstehen zu lassen. Ein gedankliches Konstrukt, das sie eint, ihnen Gruppenidentität verschafft und ihnen als soziale Wesen so die Möglichkeit zur Interaktion gibt. Das kann, wie bei religiösen oder ideologischen Wertegesellschaften, in die man hineingeboren wird, von Außen als Denkmatrix injiziert werden, kann aber genauso auch durch das ungefilterte Aufsaugen von medial transportierten Informationen vermeintlich „selbsterworben" werden. Je fragmentierter der Blick auf unterschiedliche Phänomene ist, umso eingeschränkter wird die Sicht. Man kann das auch als Fachidiotie oder Betriebsblindheit bezeichnen. Noch dazu wird man oft aus ökonomischen und sozialen Zwängen heraus gezwungen, diese eingeschränkte Sicht zu verteidigen.

Das Surfen im weltweiten Netz, Google und Youtube bieten uns eine Unzahl von Informationen. Hier ließe sich das ein- und dasselbe Phänomen von unterschiedlichsten Seiten beleuchten, dies aber würde zu Kopfschmerzen führen und der Verstand wüsste nicht mehr, woran er glauben sollte, er würde seinen Glauben verlieren – und das gilt es zu vermeiden. Der Verlust des Glaubens könnte allzu schnell in den Verlust des Verstands führen. Daher sorgt ein intelligent gebautes System dafür, dass sie als gewöhnlicher User im Internet, dem angeblichen Raum der Meinungsfreiheit, automatisch mit den für sie, für ihr Weltbild passenden Informationen versorgt werden und sie gleichzeitig mit „Gleichgesinnten" vernetzt werden. Das, was sie als eine Geschichte aufschnappten, wird so zu etwas, an das sie nun glauben und ihr Glauben wird rasch zu einer Gewissheit. Das, wofür es vor der Digitalisierung der Welt viel Zeit und Aufwand, Propagandamaschinen, unglaubliche Strukturen der Macht und auch Gewalt benötigte, passiert heute in Windeseile mit wenigen Mausklicks. Die größte Dummheit wird für eine Mehrheit zu einer Gewissheit. Wenn jemand an die große Weltverschwörung glauben will, so muss er dies tun. Wenn jemand an die unsichtbare Hand des Marktes glauben will, so muss er dies tun. Wenn jemand an vegane Ernährung als Heilmittel glaubt, so muss sie dies tun. Wenn jemand an die EU als Friedensprojekt glaubt oder an den Weltfrieden, ermöglicht durch ein bedingungsloses weltweites Grundeinkommen, sie alle müssen das tun. Er oder sie sind gefangen im eigenen Denken und realen sozialen oder virtuellen asozialen Netzwerken, die dieses Weltbild noch ständig befeuern und jede Form des Umdenkens mit sozialer Ächtung abstrafen. Kommen dann noch ökonomische Abhängigkeiten und Existenzängste – die Angst um das Überleben – dazu, dann wird wild um sich geschlagen. Was auf der Strecke bleibt, ist die gegenseitige Achtung. In einer Welt der angeblichen Meinungsvielfalt wird die tatsächliche Vielfalt in klaren Grenzen gehalten, es gibt klare rote Linien, die nicht überschritten werden dürfen. Gerade jene, die von der moralischen Hochebene der Weltoffenheit Toleranz predigen, sind jene, die als erste auf Ausgrenzung setzen. Auch Parteien grenzen aus. Parteien verbinden nicht, sie trennen. Die Geschichte, die sie uns erzählen wollen, formulieren sie in ihren Parteiprogrammen. Daran soll der Wähler glauben, das politische Tagesgeschäft, die Realpolitik mit all ihren Schattenseiten hat ihn nicht zu interessieren.

G!LT hat kein Programm. Was bringt ein Programm, wenn man sich nicht daran hält, so wie alle anderen Parteien auch? Wir maßen uns nicht an zu wissen, was für andere Menschen gut ist und was nicht, wir geben Meinungen keine allzu große Bedeutung, wir konzentrieren uns mit unserer Kritik nicht auf politische oder gesellschaftliche Meinungen; sondern auf das Tun und ich hoffe, dass das, was wir eines Tages tun werden, klüger ist als die Meinungen, die wir mit uns herumtragen und wo auch immer verbreiten.

Ein anderer mir bekannter Chefredakteur, Horst-Günther Fiedler, sieht das Projekt G!LT nüchterner als viele seiner Kollegen:

Liveticker +++ 1.10.2016 +++ Liveticker +++ 1.10.2016

Im Bundesministerium für Inneres sind aktuell über 1.000 Satzungen politischer Parteien hinterlegt. Das heißt, es gibt offiziell ebenso viele Parteien. Bedeutung davon (im Sinne von im Nationalrat vertreten, im

Europäischen Parlament oder wenigstens in einem Landtag) immerhin ein Dutzend. Weitaus mehr, als ich bisher dachte. Umso mehr verwundert mich die aktuelle, stellenweise in einen soliden Kreuzzug ausgeartete mediale Erregung, weil jetzt eine dazukommt. Roland Düringer ... hat eine gegründet: „Meine Stimme gilt" möchte bei der nächsten Nationalratswahl antreten – na, mehr hat der 53-Jährige nicht gebraucht. Journalisten, Blogger, kabarettistische B-Liga-Kollegen und deren ergebene Nachheuler haben sich von der ersten Minute an auf Düringer eingeschossen. All jene, die gern und oft gegen Vorurteile predigen, haben reflexartig den heiligen Kreuzzug der Inhaber alleiniger politischer Deutungshoheit gegen den „Politclown" mit den komischen Kugerln im Bart ausgerufen. Man setzt sich auf Halbsätze oder darauf, noch viel zu wenig vom Programm zu wissen. Und wenn alle Stricke reißen, genügt das Mantra „und überhaupt hab ich den nie lustig gefunden!" als Lizenz zum Shitstorm. Alles in allem weder ein Ruhmesblatt für die Medien noch für die Demokratie. Denn es gibt wohl wenig, was demokratischer ist, als das Risiko einzugehen, sich mit seinen Ansichten einer Wahl zu stellen. Bitte keine Missverständnisse – ich bin kein Fan von Roland Düringers Partei, nur von seiner Schauspielkunst. Doch ich habe tiefen Respekt vor diesem Schritt ...[21]

Werter Herr Fiedler, auch ich bin kein Fan von der Partei „Meine Stimme G!LT", aber ich bin ein Fan von all jenen, die verstanden haben, worum es bei G!LT geht: Nämlich nicht um die Partei, sondern um uns selbst und unser Verständnis von Demokratie und Rechtsstaat und ob wir bereit sind, einen öffentlichen Diskurs darüber zu akzeptieren. Das ist die Idee hinter G!LT.

WER IST FRANZI BOTE?

Und da wende ich mich wieder an unseren Praktiker, was ist nun zu tun Herr Provinzpolitiker?
NADERER: Erst einmal sich das Wissen anzueignen, was zu tun ist, um als Wahlvorschlag die Qualifikation zu schaffen.
DÜRINGER: Könnten sie versuchen, unseren Leserinnen und Lesern und mir dieses Wissen in aller Kürze zu vermitteln? Also knapp, strukturiert und ohne literarischen Anspruch.
NADERER: Für alle, die es noch nicht wissen, aber wissen wollen quasi?
DÜRINGER: Genau.
NADERER: Es gibt einige organisatorische Voraussetzungen zur Teilnahme an einer Nationalratswahl für eine Wahlliste oder Wahlpartei:

TERMINE
1. Die Wahl der 183 Mitglieder des Österreichischen Nationalrats ist mit dem WAHLTAG von der Bundesregierung und dem Hauptausschuss des NR festzusetzen und auszuschreiben an einem Sonntag od. ges. Feiertag,
2. Diese Verordnung hat auch den STICHTAG zu enthalten. Der STICHTAG darf nicht vor dem Tag der Ausschreibung der Wahl und muss am 82. Tag vor dem Wahltag liegen. Nach dem STICHTAG bestimmen sich alle festgesetzten Fristen sowie die Voraussetzungen des Wahlrechts (§ 21 Abs. 1) und der Wählbarkeit.

TERRITORIALE BASICS

3. Das Bundesgebiet wird in 39 WAHLKREISE (ev. 40) aufgeteilt, in denen die Mandatsvergabe im direkten Wahlverfahren erfolgt. Die weiteren Ebenen der Mandatsermittlung sind die LANDESWAHLKREISE und die BUNDESLISTEN der jeweiligen WAHLPARTEIEN.
4. Die zu vergebenden Mandatszahlen je Wahlkreis werden nach Berechnungen auf Grundlage der letzten Volkszählung ermittelt und bekanntgegeben. (Die maximale Personenanzahl auf Wahlvorschlägen einer Wahlpartei wird über diese zu vergebende Mandatszahl begrenzt.)
5. Wahlrecht: Aktiv wahlberechtigt ist jeder, der am STICHTAG das 16. Lebensjahr vollendet hat, er kann nur an seinem HAUPTWOHNSITZ wählen.
6. Wählbarkeit: Passiv wahlberechtigt ist jeder, der am STICHTAG das 18. Lebensjahr vollendet hat und zu keiner höheren als einer 1-jährigen Freiheitsstrafe verurteilt ist
7. Zustellungsbevollmächtigter: ist passiv wahlberechtigt, wird von der Wahlpartei namhaft gemacht, um den Wahlvorschlag einzubringen und ggf. als Kontaktperson mit der Wahlbehörde zu fungieren. Ist auch für Nachbesetzungen freiwerdender Mandate der Wahlpartei berechtigt. (WICHTIGSTE VERTRAUENSFUNKTION GEGENÜBER DER WAHLBEHÖRDE!)

KANDIDATUR EINER WAHLPARTEI und WAHLVORSCHLAG einer kandidierenden Liste

8. Wahlvorschlag: Wahlvorschläge sind zusammen mit Unterstützungserklärungen einzubringen

(Anzahl der Personen siehe P. 4). Als unmittelbar wählbare Ebene ist der Regionalwahlkreis ausschlaggebend. Für die Ergebnisermittlung gibt es übergeordnet 9 Landeswahlkreise und 1 Bundeswahlkreis mit entsprechenden Namenlisten, wobei die darauf angeführten Personen schon auf der Ebene darunter angeführt und als solche eben auf der Landes- oder Bundesliste wiederholt angeführt sind. (z.B. kann Walter N. im Wahlkreis 3A-Weinviertel wie auch auf der Landesliste NÖ und auch auf der Bundesliste genannt werden.) Die Wiederholung auf den oberen Ebenen ist für Reihung und Mandatsverteilung wichtig, für die Akzeptanz bei den Wählern ist jedoch der Regionalbezug über die entsprechenden regionale Wahlkreise und eine personelle Wiedererkennung auf dem Stimmzettel entscheidend.

9. Wie viele Unterstützer braucht eine neue Partei? Entweder 3 Unterschriften von Nationalratsabgeordneten (Faktisch brauchen daher alle nicht im Parlament vertretenen Parteien eine ausreichende Anzahl von Unterstützungserklärungen.) oder eine ausreichende Anzahl von Unterstützungsunterschriften von normalen Wahlberechtigten (österreichische Staatsbürger ab 16 Jahren). Benötigte Anzahl an Unterstützungsunterschriften für eine Kandidatur je Bundesland:

* Burgenland: 100
* Kärnten 200
* Niederösterreich 500
* Oberösterreich 400

* Salzburg 200
* Steiermark 400
* Tirol 200
* Vorarlberg 100
* Wien 500   INSGESAMT ALSO 2600!
In dem Bundesland, wo die ausreichende Anzahl an Unterstützungserklärungen erreicht wird, kann eine Partei zur Nationalratswahl antreten. Unterstützungserklärungen kann man auch als regionale Vorwahlstimme bezeichnen, die vor der Wohnsitzbehörde, also Magistratsamt oder Gemeindeamt geleistet werden muss. Mit der Unterstützungserklärung entscheiden die Wähler darüber, welche Parteien und wahlwerbenden Gruppen am Stimmzettel oben stehen.

STIMMZETTEL
10. Die Stimmzettel beziehen sich in ihrer Ausführung in erster Linie auf die im Regionalwahlkreis eingebrachten Wahlvorschläge. Sie enthalten die Auflistung der Wahlparteien in horizontaler Abfolge und unterhalb der angeführten Wahlparteien die, für den jeweiligen Wahlkreis eingebrachte Kandidatenliste.
11. Als Kandidat wird jene passiv wahlberechtigte Person bezeichnet, die eine Zustimmungserklärung unterzeichnet hat, mit der sie der Nennung auf einem Wahlvorschlag einer wahlwerbenden Partei oder Liste zustimmt und die gemeinsam mit dem entsprechenden Wahlvorschlag der Wahlbehörde übergeben wird. WICHTIGER interner Zusatz für eine solche Zustimmungserklärung: Die zustimmende und unterzeichnende Person stimmt organisationsintern neben der

Nennung als Kandidat für die wahlwerbende Partei „PPÖ" auch der alleinbefugten Übergabe dieses Wahlvorschlages durch den Zustellungsbevollmächtigten „Franzi Bote" zu.
12. Mindestanzahl. Wegen des unmittelbar auf die Region wirksamen Bezuges von Regionalwahlkreis-Vorschlag mit auf dem Stimmzettel angeführten Personen empfiehlt sich für möglichst alle 39 Wahlkreise, mindestens 2 Kandidaten zu finden und namhaft zu machen.
In den 10–12 wichtigsten Wahlkreisen sollte mindestens 5 Personen angeführt sein. Die Landeslisten können dann entsprechend der Kandidaten aus den Regionen erstellt werden, analog die Bundesliste.

Das wäre es kurz, strukturiert und ohne literarischen Anspruch und wer „Franzi Bote" ist, ist ihnen wohl klar, Herr Düringer?

DÜRINGER: Ähh, na ja ... eigentlich, eher nicht.
NADERER: Sie sind das, Herr Düringer, und niemand anderer. Der Zustellungsbevollmächtigte hat im demokratischen Prozess eine politisch höchst relevante Position. Das wissen die wenigsten, aber jetzt vergessen sie einmal überhaupt alles, was sie glauben über Politik zu wissen. Politik hat nichts mit Wissen zu tun, sondern letztendlich mehr mit Glauben.

Sie können ja, wenn sie wollen auch fest daran glauben, dass der amtierende Bundespräsident, wurscht wie der heißt, eine politisch relevante Position hat. Auch die Macht der Bundesparteiobmänner oder Frauen wird überschätzt. Das Fundament für politische Macht in einer Demokratie sind Mehrheiten. Um in eine politisch relevante Position zu kommen, braucht es deutliche Mehrheiten, dann brauchts die jeweiligen Machtmenschen, die diese Mehrheiten skrupellos zu nützen wissen und wie eine Krake alle Institution in den Würgegriff nehmen und die handelnden Personen zu ihren gefügigen – weil von der Gunst der Machthaber abhängigen – Vasallen macht.

DÜRINGER: Was heißt das jetzt für unser Projekt G!LT?

NADERER: Für uns heißt das gar nichts, aber in der staatspolitischen Praxis heißt das, dass jede führende Position in Politik wie auch Verwaltung über die Umwege in einzelnen Landesparteizentralen von den dortigen Machthabern und deren diskreten Beratern besetzt wird. Hier agieren Menschen als Einflüsterer der Macht, deren Brutalität im Umgang mit Mitmenschen mitunter an Horrorfilme erinnern lässt. Das Resultat ist dann die stets mitschwingende politische wie auch räumliche Herkunft von Abgeordneten, Ministern, ja sogar Vizekanzlern und Kanzlern.

Verstehen sie jetzt, warum es notwendig ist, uns Bürger wieder in das Selbstverständnis des Staates zurück zu bringen? Warum wir uns für neue politische Modelle interessieren sollten und warum es durchaus von Vorteil sein kann, wenn sich z.B. eine parteiunabhängige Bundespräsidentin diesen Parteikraken mit offenem Visier entgegenstellt? Österreich ist eine Demokratie, gelenkt von ein paar Parteigranden in PROVINZPARTEI-ZENTRALEN und schon lange nicht mehr vom Volk. So gesehen ein Wunder, dass das für die breite Masse zufriedenstellend funktioniert.

DÜRINGER: Was sie da eben skizziert haben, klingt aber schon ein wenig nach Diktatur?

NADERER: Völlig richtig analysiert, Herr Kollege. Nachdem Diktatur aber beim Bürger nicht so wirklich gut ankommt, muss man sie eben geschickt als Demokratie verkleiden. Der Psychologe Prof. Dr. Rainer Mausfeld, hat bei seinem Vortrag an der Universität Kiel 2015 zum Begriff der Demokratie gemeint:

„Das Wort Demokratie entfaltet eine Faszination ähnlich wie das Wort Freiheit, weil sie beide in uns etwas auslösen, was sich verselbstständigt ... das Volk fühlt sich durch das Wort gewertschätzt, weil das Wort Volk im Wort Demokratie enthalten ist. Durch die Hintertür hat man aber wieder Balken eingezogen, die verhindern sollen, dass die Eliten durch die Demokratie gefährdet werden. Der Trick ist dabei die repräsentative Demokratie, die Stellvertreter stellt, die nicht rechenschaftspflichtig sind, nicht abgewählt werden können und die Funktion haben, eine Pufferzone zwischen den tatsächlichen Eliten und dem Volk einzuführen. Wenn die Repräsentanten selbst der Elite angehören, dann ist das ein in sich geschlossenes System. Die Idee der Demokratie in der Aufklärung war eine andere ... das Leitideal blieb zwar dasselbe, aber wir sind nicht annähend daran, was man unter Demokratie versteht."

Ich als kleiner Provinzpolitiker kann Herrn Professor Mausfeld da nur zustimmen. Jetzt werden sie vielleicht fragen: Aber wenn die Wählerin, der Wähler in einer Demokratie der Souverän ist, warum wählt er dann die Machtmenschen nicht ab?

DÜRINGER: Nein, das frage ich nicht. Das haben wir schon besprochen. Die Netzwerke der Macht reichen soweit, dass die Mehrheit der Wählerinnen und Wähler in direkter oder indirekter Abhängigkeit stehen, aber dabei zugleich das subjektive Gefühl haben, gut versorgt zu sein.

Naderer: Bingo. Auf Landeseben ist so etwas noch möglich, auf Bundeseben aufgrund fehlender Mehrheiten schon lange nicht mehr. Darum halten sich wirkliche Machtmenschen von der Bundespolitik fern und thronen in ihren Landesfürstentümern, ziehen von dort aus die Fäden und betrachten das Steuergeld wie ihr eigenes.

Düringer: Aber braucht es, im Großen, damit meine ich auch abseits der Politik, wirklich die Mehrheit, um etwas zu bewegen? Ist es in der Regel nicht immer eine Minderheit, die für Veränderung in starren, verfahrenen Systemen sorgt und ist es nicht die schweigende Mehrheit, die dann letztendlich hinterhertrottet?

Naderer: Das kann sein, muss aber nicht sein. Nehmen wir einmal ihre Idee. Sie wollen durch ihre mediale Aufmerksamkeit als Künstler eine Möglichkeit installieren, um ungültigen Stimmen eine Gültigkeit zu geben, ihnen eine numerische Bedeutung zu verschaffen. Ich weiß ja nicht, ob sie das eigentlich zu Ende gedacht haben?

Düringer: Die Frage wird sein, wo das Ende ist, wo man es setzen will. Theoretisch könnte es mit der letzten Seite dieses Buches zu Ende sein und eine Idee bleiben. Es kann aber auch weitergehen …

Naderer: Ich versichere ihnen, das wird weitergehen. Aus der Nummer kommen sie da nicht mehr raus, Herr Kollege.

Düringer: Hörens auf mit dem „Kollegen". Das macht mir fast ein bisschen Angst.

Naderer: Zurecht, zurecht. Sobald das Buch in den Buchhandlungen im Regal steht, sind sie auch in der öffentlichen Wahrnehmung ein Politiker, Kollege Düringer. Vielleicht auch schon früher. Sie sind ein Unruhestifter!

Düringer: Und? Schlecht?

NADERER: Überhaupt nicht. Meiner Einschätzung nach, als jemand, der das politische Tagesgeschäft wirklich kennt, ist das die einzige Möglichkeit, um dort drinnen überhaupt etwas zu bewegen. Man muss dort wirklich einmal mit völlig absurden und daher nicht greifbaren Mitteln und Aktionen hineinhacken, um zu entkrusten. Ich bin da ganz bei ihnen, wenn sie sagen, dass man die Anliegen der Parteien nicht mehr ernst nehmen soll.
DÜRINGER: Und uns selbst auch nicht. Mir wäre es am liebsten, wenn alle, die an dem Projekt teilhaben wollen, sich selbst und das, was sie dogmatisch im Kopf herumtragen, einfach nicht zu ernst nehmen. Schmähbefreite Personen, verbissene Kämpfer für das Gute sind bei G!LT falsch, für die gibt es ja ohnehin andere Angebote.
NADERER: Sie nennen da jetzt bitte aber keine Partei oder Farbe, oder?
DÜRINGER: Hab ich GRÜN gesagt?
NADERER: Nein.
DÜRINGER: Eben. Selbst wenn das Projekt schon an den 2600 Unterstützungserklärungen scheitert, wird es den Aufwand wert gewesen sein und kein Grund zum Trübsal blasen. Ich denke da nicht ergebnisorientiert. Der Weg ist das Ziel.
NADERER: Und wo bleibt da der sportliche Ehrgeiz? Sie als alter Hobbyrennfahrer. Haben sie sich mit dem olympischen Gedanken im Kopf mit ihrer Maschin an den Start gestellt?
DÜRINGER: Früher nicht, heute tu ich das, und das sehr selten. Mir reicht es heute allein und ohne Wettbewerb auf der Moto-Cross-Strecke meine Runden zu drehen. Es geht dabei ums Tun und nicht darum, anhand von Ergebnislisten einen Beweis in den Händen zu haben, dass man getan hat. Natürlich, fein wäre es, wenn das Privat-Team G!LT die

Quali schafft, als Außenseiter aus der letzten Reihe an den Start geht und den Werksteams zwar nicht die Stirn bieten, aber sich dem monetär weit überlegenen Material mit fahrerischem Einsatz entgegenstellt, die gewohnte Ideallinie zur unsicheren Zone macht, die Favoriten anständig aus dem Rhythmus bringt und zur Kampflinie zwingt. Ein Regenrennen würde sogar einen Achtungserfolg nicht ausschließen.

NADERER: Auch wenn die geneigte Leserschaft jetzt vielleicht nur Bahnhof verstanden hat, man kann herauslesen, dass es sogar ein wenig nach Gummi und Benzin riecht und schon noch das Feuer des Ehrgeizes brennt.

DÜRINGER: Ein zartes Flämmchen. Warum auch nicht. Schön wäre es, wenn wir als inhomogene Gesinnungsgemeinschaft am Sonntagabend nach der Wahl sagen können: Es war sehr schön, es hat uns sehr gefreut. Es war eine Riesenhetz, wir haben euch Etablierten, den Sesselklebern in den letzten Wochen ein wenig zu denken gegeben und jetzt wischt euch den Angstschweiß wieder von der Stirn. Dann gibt man vor laufender Kamera die Auflösung der Partei, meinen Rücktritt von allen Ämtern bekannt und Ende Banane. Ja. Und dann sollten wir weltfremde Spinner vielleicht etwas trinken gehen. Ich würde eine Runde ausgeben.

NADERER: Ich verstehe. Aber ...

DÜRINGER: Was aber? Aber heißt, dass sie es so nicht verstanden haben, Herr Kollege?

NADERER: Na jetzt sind wir doch Kollegen, wie es aussieht. Haben sie schon darüber nachgedacht, was passiert, wenn ihr politisches Kunstprojekt bei einer breiteren Öffentlichkeit und nicht nur bei ein paar weltfremden Spinnern Anklang findet. Sprich: Was passiert, wenn GILT! mehr als 4 Prozent schafft. Dann sitzen sie nämlich im Nationalrat, Herr Abgeordneter.

DÜRINGER: Aber sicher nicht. Ich biete nur die Möglichkeit für jedermann und jederfrau an.

NADERER: Heißt das, sie wollen sich vor der politischen Verantwortung drücken?

DÜRINGER: Nein, das heißt, ich möchte nur das tun, was ich auch wirklich kann. Ich möchte nützlich sein und ich glaube, dass ich in der freien Wildbahn für die Gemeinschaft nützlicher bin als im Nationalratszoo.

NADERER: Der Herr Düringer gründet eine wahlwerbende Partei und ist dabei aber unwählbar. Und wie wollen sie das einer breiten Wählerschaft erklären?

DÜRINGER: In Bildern. Bilder, die jedes Kind verstehen kann.

HABEN SIE KINDER?

Ja. Dann wissen sie, wie neugierig und wissbegierig diese sind und wie leicht man in einen Erklärungsnotstand geraten kann. „Aber warum?" fragen die Kleinen. Man bemüht sich, versucht eine kindgerechte Erklärung zu finden für komplizierte Phänomene, die man oft selbst nicht versteht. Man spricht in einfachen Worten, langsam, deutlich und wohlüberlegt. Das Kind nickt verständnisvoll, schweigt kurz und „Aber warum?" Man startet einen neuen Versuch, vielleicht in noch einfacheren Worten, beleuchtet von einer anderen Seite, bedient sich einer bildhafteren Sprache. Es nickt. „Aber warum?" „Weil es halt so ist und jetzt hör auf zu sekkieren." Man ist kläglich an einer einfachen Aufgabe gescheitert. Kinder zwingen uns anders zu denken, unser eigenes Denken, unsere Glaubenssätze und unser vermeintliches Wissen zu hinterfragen. Sie lassen uns die Welt und unser Weltbild neu entdecken und fordern uns auf, das Unverständliche im Selbstverständlichen zu suchen. Auch Kinder, die schon längst den Kinderschuhen entwachsen sind, verlangen das von uns alten Deppen. Der allwissende Vater als Erklärer der Welt stößt da sehr schnell an seine Grenzen und einiges, was als vermeintliches Wissen in einem abgespeichert ist, entpuppt sich als geistlose Hülle; allgemeingültigen Phrasen, mit denen das Hirn immer wieder und wieder geschwängert wurde. Hirnschwanger, aber niemals ausgetragen. Frauen tun sich da wohl leichter. Wenn sie geschwängert wurden, tragen sie es ja zumeist aus. Daher sind sie einfühlsamer und sprechen aus Erfahrung mehr aus dem Bauch heraus. „Was unsere Gesellschaft und die Politik bräuchte, wäre mehr Weiblichkeit. Nicht mehr Frauen, sondern mehr Weiblichkeit" meinte der Investmentbanker Rainer Voss im Gespräch mit mir. Frauen, die sich gegen Männer durchsetzen müssen, opfern zumeist ihre Weiblichkeit. Werfen sie nur einen Blick in die Parlamente, auf die Regierungsbänke. Von ihren Töchtern können Väter viel lernen. Der Philosoph Michael Schmidt-Salomon führt in seinem Buch „Leibniz war kein Butterkeks" mit seiner Tochter Lea ein Gespräch über den Sinn und Unsinn des Lebens und die beiden finden dabei gemeinsam verblüffend einfache Antworten auf die großen Fragen der Philosophie. Und so frage ich mich, wie würde ich meiner halbwüchsigen Tochter das Projekt G!LT erklären? „#Demokratie/#Parteien/#Partikularinteressen/#Freies Mandat/#Klubzwang/#Machtinteressen vs. Gemeinwohl/# der volle fail☹" Oder sollte ich doch eine bildhaftere Sprache wählen und sie einfach mitnehmen auf eine Reise in das Reich der Phantasie?

Es war einmal und ist noch immer – ein Land hinter den vielen Bergen. In diesem Land, da herrscht schon seit langer Zeit kein König, kein Kaiser und auch kein verrückter Diktator mehr, sondern in diesem Land da herrscht das Volk. Es herrscht die Demokratie und damit herrscht Ruhe und Frieden. Auch wenn die Repräsentanten der Demokratie manchmal heftig streiten, respektlos miteinander umgehen, sich gegenseitig mit Schmutzkübeln bewerfen, tief unter die Gürtellinie schlagen und alles versuchen, um die anderen Akteure schlecht zu machen, um selber besser dazustehen, halten sie sich für kultiviert, gebildet und verstehen sich selbst als politische Elite. Im Prinzip verhalten sie sich so wie viele andere Bewohner des Landes. Sie handeln aus Eigennutz auf Kosten der anderen und lassen sich ihr Leben von der Allgemeinheit zwangsfinanzieren. Das ist freilich angenehmer und zudem auch viel bequemer ... als darauf angewiesen zu sein, nach erbrachter Leistung und Qualität des Produkts oder der Dienste bezahlt zu werden. Darum zieht es auch viele, die sich in der freien Wildbahn, dort wo Fähigkeiten, Kreativität und Intelligenz von Nöten sind, in den geschützten Raum der Politik. Er ist so etwas wie eine geschützte Werkstätte. Um in diese zu gelangen, braucht es in der Regel drei Dinge. Eine Partei, die Gnade der Machthaber innerhalb der Partei und viele Stimmen derer, die dein zukünftiges Leben finanzieren werden. Du fragst dich jetzt sicher, wenn aber doch nicht mehr der Kaiser, sondern die Demokratie herrscht und damit die Bevölkerung, warum braucht es dann Machthaber in Parteien? Die herrschen ja eigentlich wie die Könige, oder? Ja, so kann man das sehen. Und das worüber du jetzt nachdenkst, das ist der Unterschied zwischen dem, was man uns erzählt und dem, was ist. Das ist der Unterschied zwischen veröffentlichter und öffentlicher Meinung. Was dich aber sicher noch mehr interessiert, ist, warum denn ich als jemand, der in der freien Wildbahn recht gut bestehen konnte, mich freiwillig in einen Zoo begebe, um mich von Wärtern füttern lassen möchte. Keine Angst, auch das ist nur eine veröffentlichte Meinung. Du kannst dir das so vorstellen: Die repräsentative Demokratie ist ein steiler Berg, ein schroffer Fels mitten in der Landschaft, auf dessen Gipfel, einem verwunschenen Märchenschloss gleich, hoch über den Wolken das Parlament, das Hohe Haus steht. Und wie der Name schon sagt, befindet sich dieses wirklich in schwindelerregender Höhe und ist nur bei klarem Wetter vom Tal aus zu sehen. Meistens verbirgt es sich im dichten Nebel. Manche behaupten, dass es sich dabei um selbstgestreute Nebelgranaten handelt, um für die Menschen im Tal unsichtbar zu bleiben, aber du weißt ja: Behauptet wird viel. Jedenfalls ist der Felsen, auf dem das Hohe Haus steht, so steil und unwegsam, dass er zu Fuß nicht zu erreichen ist. Eine einzige schmale, für den öffentlichen Verkehr gesperrte, steinige Straße windet sich vom Tal zum Gipfel und nur berechtigte Fahrzeuge dürfen sie befahren. Diese Sonderfahrzeuge nennt man Parteien und sie sind die einzigen Vehikel, die ihre Insassen vor das Hohe Haus bringen dürfen. Diese geländegängigen Autos haben unterschiedliche Größen, unterschiedliche Bauart, unterschiedliche Motorleistung und Fahrwerksabstimmungen und, damit man sie leicht auseinanderhalten kann, unterschiedliche Farben. Es gibt ein Rotes, ein Schwarzes, ein Blaues, ein Grünes und ein Pinkes. Es gab auch einmal ein Orangenes und einmal ein Gelbes, aber bei beiden sind die Motoren festgegangen. Für diese Vehikel mit ihren unterschiedlichen Farben gibt es vor dem Hohen Haus eigene Abstellplätze, die sogenannten Klubgaragen. Dort werden die Autos gewartet und verbessert. Wenn du jetzt meinst, das klingt nach Autorennen, hast du gar nicht so unrecht. Das wäre für dich auch ein plausibler Grund, warum ich nun selbst ein Auto an den Start bringen möchte, bin ich doch früher gerne Auto- und Motorradrennen gefahren. Vielleicht hat mich ja im reifen Alter der sportliche Ehrgeiz gepackt? Zieh bitte keine voreiligen Schlüsse, sondern höre zu.

Natürlich hat das schon etwas von einem Rennen, das alle paar Jahre veranstaltet wird. Und man trachtet zwischenzeitlich danach, die Autos konkurrenzfähiger, überlegener zu machen. Je besser das Auto desto mehr Personen kann es theoretisch ins Hohe Haus befördern. Praktisch braucht es aber noch etwas: Den Treibstoff, der die Parteienmaschine befeuert. Es braucht die Stimmen der Wähler, die die Tanks mit Energie befüllen. Und so rollen alle paar Jahre die präparierten Parteienvehikel hinunter in die Niederungen des Tals, um die Bevölkerung um neuen Treibstoff für die Fahrt nach oben anzubetteln und mit vollen Tanks möglichst viele Passagiere, man nennt sie auch Parteisoldaten, ins Parlament zu befördern. Voraussetzung, um an der Reise nach oben teilnehmen zu dürfen, ist, dass man die richtige Klubdress trägt und sich verpflichtet hat, sich an die Stallorder zu halten und das eigene Denken dem Teamchef zu überlassen, der ja seinerseits den Sponsoren, also uns, der Bevölkerung verpflichtet wäre, aber das nicht so eng sieht. Hat man einmal volle Tanks, ist so manches, was versprochen wurde, schnell wieder vergessen. Nebenbei gibt es da auch noch jemanden, dem der ganze Zirkus gehört. Also alle Autos, alle Teams, die Strecke, die Fernsehrechte. Man weiß nicht genau, wer das ist, aber man kann sie die „Ecclestones" nennen. Das klingt besser oder jedenfalls persönlicher als die „Finanzmärkte". Eine dumme Frage? Du weißt doch, es gibt keine dummen Fragen, immer nur dumme Antworten. Warum denn die Leute, obwohl die im Hohen Haus das, was sie versprechen, dann nicht halten, ihnen trotzdem Benzin für die Fahrt ins Märchenschloss überlassen? Das ist eine gute Frage, ich habe sie mir auch immer wieder gestellt. Wahrscheinlich hat das mit Vertrauen zu tun. Die Menschen im Tal vertrauen wahrscheinlich darauf, dass jene, die in der freien Wildbahn, mangels Fähigkeiten und mangels Erfahrungen wohl kein leichtes Leben hätten, im Märchenschloss Entscheidungen treffen, die all jenen im Tal, die sich in der freien Wildbahn durchschlagen müssen, das Leben leichter machen oder eines Tages verbessern. Wahrscheinlich hat es mittlerweile mehr mit Hoffnung als mit Vertrauen zu tun. Und es sind ja nicht alle.

Ein Viertel der Menschen tut das nicht mehr. Sie sind nicht bereit, die Parteienvehikel mit Sprit zu versorgen. Sie stehen auf einem großen Parkplatz, sind ratlos, enttäuscht, manche sind wütend. Andere würden sogar den Weg auf den Berg wagen, haben aber kein Fahrzeug. Ihnen fehlen einfach die Möglichkeiten. Kein Rennauto, kein Fahrer, der den Ritt über Stock und Stein wagen würde. Sie wollen sich auch keiner Partei unterordnen, sich keiner Stallorder unterwerfen, sie würden aber trotzdem gerne im Hohen Haus ein Wörtchen mitreden und dabei einfach nur auf ihr Gewissen hören. Sie würden den Bewohnern des Märchenschlosses gerne vom Leben in der freien Wildbahn berichten und vielleicht eines Tages die Straße zum Schloss auch für Fußgänger öffnen. Wenn du mich fragst: Bist du einer von denen? So sage ich dir ehrlich, nein, das bin ich nicht. Mein Platz ist im Tal, aber ich habe ein Taxi organisiert. Es heißt G!LT, es ist ziemlich klapprig, hat nur einen schwachen Motor und ist gar nicht imposant. Im Vergleich zu den anderen Vehikeln wirkt es fast lächerlich. Viele Menschen lachen darüber, zerreißen sich allerorts das Maul über die Klapperkiste und sie machen sich über den Taxler lustig. Mich? Richtig. Natürlich! Aber das ist Teil meines Berufs, dass man über mich lacht. Es hat schon etwas Lächerliches, den Versuch zu wagen, mit diesem billigen verbeulten Taxi Fahrgäste – keine Parteisoldaten, sondern eine heitere Partie – hinauf zum Hohen Haus zu bringen. Gratis. Was wir bräuchten, wäre nur ein wenig Treibstoff. Gültige Stimmen, die auf sich selbst vertrauen und leere Versprechungen satt haben.

Gerade so viele, dass wir langsam den Berg hochkommen. Ich lass die Fahrgäste aussteigen, wünsch ihnen viel Glück, verabschiede mich und rolle wieder mit leerem Tank ins Tal. Was meine Fahrgäste dann machen sollen? Das was sie wollen, was sie für richtig halten. Jedenfalls hätten sie die Möglichkeit, den Menschen aus dem Tal eine gültige Stimme zu geben. Das ist es, was es ist. Eine Möglichkeit. Was die Parteien machen? Na, was glaubst du, was Parteien machen? Party?! Wahrscheinlich tun sie das, da hast du recht, nur ist dann eine Partie dabei, die keine Partei mehr hat und die Party hoffentlich bereichert. Die Zeiten von: „Heute geschlossenen Gesellschaft" wären dann vorbei. Warum die Partie dann keine Partei mehr hat? Weil ich ja mit meinem G!LT-Taxi dann wieder unten im Tal bin und dann, ja dann wird man das Taxi verschrotten. Schade, meinst du? Finde ich nicht, es hat seinen Zweck erfüllt. Aber man muss es nicht gleich verschrotten, man kann es auch ins Museum stellen.

Liveticker 2.10.2016 +++ Liveticker 2.10.2016 +++ Live

Die neue Partei von Kabarettist Roland Düringer kommt in einer Meinungsumfrage erstaunlich gut weg.
Wie das Nachrichtenmagazin „profil" berichtet, können sich 13 Prozent der Österreicher vorstellen, einer Partei von Kabarettist Roland Düringer die Stimme zu geben. Laut der vom Meinungsforschungsinstitut Unique research für „profil" durchgeführten Umfrage würden 4 Prozent „ganz sicher" für Düringer stimmen und 13 Prozent „eher" für ihn. Die größte Gruppe der Befragten, 43 Prozent, würde „ganz sicher nicht" dem Kabarettisten die Stimme geben, 21 Prozent „eher nicht". 14 Prozent kennen die Partei von Roland Düringer nicht und 9 Prozent machten keine Angabe. (n=500, Schwankungsbreite: +/- 4,4 %)[22]

Schau an, schau an, das Blatt scheint sich zu wenden. Was würde ich meiner Tochter sagen, wenn sie mich fragen würde, was das mit dieser Schwankungsbreite von +/- 4,4 % zu bedeuten hat? Das ist ganz einfach: Bei 4 % die „ganz sicher" für Düringer stimmen würden und einer Schwankungsbreite von +/- 4,4 % bedeutet das, dass auch vielleicht 8,4 % „ganz sicher" für mich stimmen würden, oder aber dass ich „ganz sicher" für 0,4 % derer, die „ganz sicher" für mich stimmen würden, stimmen muss. Das wird sicher sehr, sehr spannend. Vor allem wenn dann vielleicht sogar mehr als 500 Personen zur Wahlurne schreiten. Das allerdings wäre eher unwahrscheinlich. Bei einer Schwankungsbreite von 3–4 Meter. Diese hängt aber auch von den Windverhältnissen ab. Was man jetzt schon sagen kann: Es wird arschknapp und alles ist offen. Auch so manche Ärsche. Papa! Kannst du bitte einmal ernst sein? Nein! – Bei einer Schwankungsbreite von +/- 53 Jahren.

Interessant wäre außerdem: Wie wäre das Ergebnis gewesen, hätte die Frage der Umfrage gelautet: „Würden sie bei der nächsten Nationalratswahl sich selbst eine gültige Stimme geben?" Wie hoch wäre hier die Schwankungsbreite? Ich kann es nur noch einmal wiederholen, dick und fett gedruckt: **Herr Düringer ist absolut unwählbar!**

NADERER: Mit Verlaub, wenn über 200.000 Menschen bei G!LT! ihr Kreuz machen, dann erwarten die sich auch etwas. Bei 4 Prozent hat G!LT einen Anspruch auf 9 Sitze im Nationalrat.

DÜRINGER: Was, wenn man die Sesseln ganz einfach frei lässt, unbesetzt sozusagen.

NADERER: Dann wäre das etwas, was Sie, ich und ein paar andere Systemkritiker im Rahmen dieses Kunstprojektes als

reinen Aktionismus verstehen und gutheißen würden, der Rest der G!LT-Wähler aber nicht. Außerdem wäre das ja auch nur der halbe Spaß. Neun Sitze im Nationalrat bedeuten ja nicht nur neun Sesseln, sondern auch Geld. Parteienförderung und Klubförderung, die den anderen dann in der Kassa fehlen.
DÜRINGER: Das heißt, man könnte die Parteien- und Klubförderung kassieren und dann an die Armen und Bedürftigen verteilen.
NADERER: Das wird nicht gehen. Parteienförderungen werden gesetzlich von den Bedürftigen ferngehalten. Sie steht ihnen zu, sobald das ganze Ding 4 Prozent erreicht und das werden sie trotz ihrer manchmal nicht gerade gewinnbringenden Art meiner bescheidenen Einschätzung nach nicht verhindern können, weil so fruchtbar wie heute war der Boden noch nie. Nichtwähler, Weißwähler, Protestwähler und letztendlich der ganze Topf der Unentschlossenen, die ziemlich orientierungslos auf der Straße stehen …
DÜRINGER: … und auf ein Taxi warten?
NADERER: Ein Taxi wird da nicht reichen, da brauchen wir eine Doppelgarnitur vom Railjet. Jetzt rechnen sie einmal im Kopf zusammen, was da, wenn man alles zusammenzählt, für ein Potential vorhanden wäre.
DÜRINGER: Aber jetzt im Ernst. Glauben sie, dass die, die da am Parkplatz stehen …
NADERER: Sind es die da, die am Parkplatz stehen oder die da, die nicht zur Urne gehen, sind es die da, die ihnen grad den Kopf verdrehen. Jetzt sind sie gedanklich schon auf Stimmenfang stimmts? Sie hören „Parteienförderung" und werden gierig …

DÜRINGER: Jetzt einmal Spaß beiseite, sie werden doch nicht allen Ernstes aufgrund einer Umfrage glauben, dass …
NADERER: Das ist eine Frage der Motivation. Und sie haben einen Vorteil?
DÜRINGER: Der wäre? Jetzt ohne zu schleimen, bitte.
NADERER: Ihnen kann man nicht Populismus vorwerfen, weil sie erstens ohnehin populär sind und zweitens die Idee von G!LT weit weg von Populismus ist, denn sie sprechen dabei dem Volk nicht nach dem Maul. Sie als Person polarisieren heftig, einfach nur „nett" findet sie keiner.
DÜRINGER: Wetten, das G!LT im veröffentlichten Diskurs sehr wohl als populistische Aktion dargestellt werden wird.
NADERER: Das ist nicht auszuschließen, ein großer Teil der Meinungseliten verachtet und bekämpft sie, was an diesem feinpolierten Spiegel liegt, den sie immer wieder hervorzaubern und den Eliten vor ihr Antlitz halten und das manchmal kräftig und deftig. Kraft erzeugt aber immer Gegenkraft, wie sie schon angemerkt haben. Und – das ist das Allerwichtigste – sie versprechen nichts, was sie nicht halten können.
DÜRINGER: Na Moment, ich verspreche überhaupt niemanden irgendetwas?
NADERER: Eben. Und das werden sie ja wohl halten können, oder?
DÜRINGER: Das kann ich versprechen.
NADERER: Damit wären sie der erste Politiker, der etwas verspricht, dass er auch mit hundertprozentiger Sicherheit halten kann …
DÜRINGER: Apropos halten. Gerade habe ich ein E-Mail erhalten.

Liveticker 5.10.2016 +++ Liveticker 5.10.2016 +++ Live

In den letzten Tagen sind sehr viele Anfragen bei meiner Künstler-Agentur eingetroffen. Wirklich viele. So viele, dass wir fast ein wenig überfordert sind. Fragen, Stellungnahmen, Bitten, Mitgliedsanfragen, Belehrungen, Angebote aktiv mitzuarbeiten, Bettelbriefe und vieles mehr. Allesamt aber ein Zeichen dafür, dass die Bürgerinnen und Bürger nicht nur frustriert und destruktiv sind, sondern sich auch Gedanken machen. Stellvertretend für viele Stellungnahmen zu G!LT, ein Schreiben von Frau Hilda Resch, das ich ihnen auszugsweise nicht vorenthalten möchte:

Lieber Roland Düringer!

Ich interessiere mich nicht für Politik. Es gibt nichts Dümmeres als die Diskussionen im Parlament. Wir zahlen Menschen teure Steuergelder, dass sie Stunden mit Streiten und Flegeln zubringen. Wie absurd! Das politische Hickhack ist ein reines Ablenkungsmanöver von dem, worum es wirklich geht. Je mehr darüber diskutiert wird, wer Recht hat, desto mehr Zeit (und Steuergelder) gehen drauf, desto weniger Zeit bleibt für das Wesentliche.
Dagegen-sein ist leicht. Dagegen-sein ist für diejenigen, die zu dumm sind, sich selber was auszudenken. Das perfekte Betätigungsfeld für unkreative Idioten. Wir brauchen keine neue Oppositionspartei. Die Frage, die sich mir stellt ist, ob es möglich wäre, eine Partei zu gründen, die nicht dagegen ist, sondern dafür. Was wäre, wenn es eine Partei gäbe, die keine Opposition bildet, da sie nicht dagegen ist. Die den politischen Schauplatz nutzt, um konstruktive Ideen vorzubringen, ohne das Ziel den anderen die Stimmen wegzunehmen, und die dem Kampf eine Absage erteilt. Was wäre, wenn es eine Partei gäbe, die sich nicht mehr einlässt auf gewisse Diskussionen? Die sich nicht kümmert um Wortklaubereien und Kleinkram. Die bei sich bleibt und rein ihre Werte vertritt. Was wäre, wenn es eine Partei gäbe, die ein alternatives Schulsystem entwickelt, nicht für die Allgemeinheit, sondern für eine

kleine interessierte Gruppe am Rande. Was wäre, wenn diese Partei an Integration interessiert wäre statt an Ausgrenzung? Was wenn diese Partei ihre Aufmerksamkeit nicht auf Anti-Kapitalismus und Anti-Ausbeutung richtet, sondern auf Zufriedenheit und Lebensfreude. Was sind die Ziele Österreichs? Gibt es überhaupt so etwas wie ein Ziel außer dem fuckedup Wirtschaftswachstum? Demokratie kann nicht heißen, dass die Mehrheit entscheidet und die Minderheit die „Krot" fressen muss. Können sie eh so tun, wie sie wollen, diejenigen, die die Mehrheit bilden. Solange es parallel möglich ist, auf die Bedürfnisse einer gewissen Minderheit im kleineren Rahmen zu achten.

Wenn man ein übergeordnetes Ziel verfolgt, werden Hindernisse recht leicht überwunden, da man dahinter schon wieder den Weg erkennen kann, auf dem man vorankommen möchte. Wenn es kein Ziel gibt und keinen Weg, ist jeder kleine Furz ein riesiges Drama und nimmt eine Dimension an, die einem Prügel im Weg überhaupt nicht zusteht.

Was wäre, wenn es eine Partei gäbe, die dem Ablenkungsmanöver keine Minute widmet. Die von Zielen spricht, ganz egal wie viele dafür sind. Eine kleine Gruppe ist eine kleine Gruppe. Wir müssen Österreich vereinen! So ein Schwachsinn!!! Wir leben in Zeiten der Separation in jeder Hinsicht. Politik ist nur am Spalten interessiert. Wir und die anderen. Gemeinschaft verschwindet zusehends, ein Landgasthaus nach dem anderen muss zusperren, weil Fernseher, Play Station, Facebook und Co. schöner sind als Gemeinschaft. Ist ja gut und schön für diejenigen, die es so wollen. Die sich zu Hause verschanzen wollen, weil draußen ist die Welt so gefährlich ist mit dem Flüchtlingsstrom, der vor meiner Haustür vorbeizieht und keine Ende mehr nehmen will. Diejenigen, die Gefahr an jeder Ecke wittern, sollen gefälligst daheim bleiben.

Aber was ist mit denen, die das nicht wollen? Die an Gemeinschaft interessiert sind und lieber persönlich miteinander reden als chatten. Die keine Lust haben auf Isolierung und Einsamkeit. Die keine Angst haben, das Haus zu verlassen, weil sie die Schönheit sehen können, die draußen auf sie wartet. Die das Leben einatmen und aufsaugen wollen und sich mit interessanten, positiven,

konstruktiven, kreativen, lebensbejahenden, lustigen und bereichernden Themen beschäftigen wollen. Wer vertritt die?
Was wäre, wenn es eine Partei gäbe, die sich nicht drum schert, was alle wollen, denn es wird keine Lösung geben, die alle wollen. Einheit, alle an einem Strick, Brüderlichkeit ist eine Illusion, von der endlich einmal Abstand genommen werden sollte. Das hat in der Zeit des Wiederaufbaus funktioniert, aber eine Wohlstandsgesellschaft zerfleischt sich lieber gegenseitig als zusammenzuhalten. Wozu auch?
Was wäre, wenn es eine Partei gäbe, die sich im Politzirkus nicht frustrieren lässt, sondern die Spielwiese nutzt, um neue Ideen an Frau und Herrn Österreicher heranzutragen und vielleicht – klein und bescheiden – das eine oder andere umzusetzen. Ohne Parteiprogramm zur Einung der Nation. Um keine Aufmerksamkeit und keine Stimme geiernd, ein kleiner Haufen von Gleichgesinnten.
Was wäre, wenn es eine Partei gäbe, die sich einen Spaß draus macht? Die Politik als Zirkus sieht, bunt, lustig und voller Clowns. Die sich selber nicht zu ernstnimmt und mit denen spielt, die es bitterernst nehmen. Auch gut, dann lass ich Politik weiterhin Politik sein, interessiere mich auch in Zukunft nicht dafür und verbringe meine Zeit mit meinen Träumen von einer Gesellschaft, die, anstatt zu streiten, das Leben genießt und Spaß miteinander hat.

Hochachtungsvoll, Hilda

Natürlich erreichen mich auch andere Nachrichten: „Herr Düringer, ich mag sie ja, aber auch wenn sie sich noch so sehr bemühen ich wähle trotzdem Blau!" Genauso soll es in einer Demokratie sein: Jeder soll das wählen, was er oder sie für das Richtige hält. Man kann das Angebot erweitern, aber nicht beleidigt sein, wenn dieses Angebot nicht seine Abnehmer findet. Jedermann und seine Buhlschaft haben gute Gründe, eine Partei zu wählen, und Jedermann und seine Buhlschaft haben gute Gründe, keine Partei zu wählen oder auch, sich nicht für Politik zu interessieren. Auch ich habe nun eine Umfrage in Auftrag gegeben, um mir einen Überblick zu verschaffen, ob und warum Menschen eine Partei wählen. Die Umfrage ist insofern repräsentativ, als das sie keiner Schwankungsbreite unterliegt. Befragt wurden: Meine Frau, der Ernstl, die Gabi, der Horstl, die Tante Lutzi, der Bongo meine Mutter und ich.

GUTE GRÜNDE, EINE PARTEI ZU WÄHLEN

- Ich bin Bundeskanzler der Republik.
- Ich bekleide für eine Partei ein anderes politisches Amt.
- Mein Leben wird direkt oder indirekt von einer Partei finanziert.
- Meine Firma bekommt gute Aufträge von dieser Partei.
- Ich bin Mitglied einer Partei.
- Meine Eltern sind Mitglied in einer Partei und ich habe keine Lust, mich zu Weihnachten unter dem Gabenbaum deswegen über Politik zu streiten.
- Ich bin kein Parteimitglied, fühle mich aber in allen Punkten von dieser Partei verstanden und gut vertreten.
- Ich habe immer schon diese Partei gewählt und es hat mir bis jetzt nicht geschadet.
- Mir wurde von dieser Partei mehr Geld für mein Börserl versprochen.
- Ich bin auf eine Partei so richtig sauer und wähle zu Fleiß eine gegnerische Partei.
- Ich habe von dieser Partei einen Kugelschreiber und ein Feuerzeug geschenkt bekommen.
- Der Parteiobmann dieser Partei sagt genau das, was ich mir auch denke.
- Ich möchte einen Grund haben, um von dieser Partei mit Recht enttäuscht zu sein.
- Ich finde den Parteiobmann/-frau sehr sympathisch.
- Ich wähle immer die schwächste Partei, weil sie mir leid tut.

- Ich wünsche mir, dass sich endlich was ändert, habe aber Angst davor.
- Ich schließe vor der Wahl immer im Freundeskreis Wetten ab, und wir haben dann am Wahlabend immer einen Mordsspaß und besaufen uns. Das ist genauso lustig wie Fußball schauen, nur dass unsere Frauen auch dabei sind.
- Ich bin mit einem von diesen Wett-Idioten verheiratet.
- Ich habe mit einer verheirateten Pressesprecherin, deren Namen ich nicht nennen kann, ein Pantscherl.
- Ich habe keine andere Wahl, mehr möchte ich jetzt dazu nicht sagen, sobald die 357er Magnum von meiner schweißnassen Stirn entfernt wird, werde ich mich dazu äußern.
- Und viele mehr …

Gute Gründe, keine Partei zu wählen:
- Ich möchte, dass meine Stimme die stimmenstärkste Partei erhält.
- Ich möchte das Parteiensystem im Allgemeinen stärken.
- Ich habe am Vorabend der Wahl meinen Polterabend und werde daher weder körperlich noch geistig in der Lage sein, am demokratischen Prozess teilzunehmen.
- Ich kann diesmal G!LT wählen, ankreuzen und mich selbst wählen.

Gute Gründe, sich überhaupt nicht für Politik zu interessieren:
Man ist so reich und mächtig, dass einen Politik nicht mehr interessieren muss.
Man ist so arm und ohnmächtig, dass einen Politik nicht mehr interessieren muss.

Düringer: Herr Kollege Naderer, ich hab da noch eine Frage bezüglich Parteienfinanzierung. Von welchen Beträgen reden wir da überhaupt?
Naderer: Im Jahr 2014 wurden laut Gratiszeitung „heute" etwa 205 Millionen Euro vom Steuerzahler bereitgestellt.[23]
Düringer: Und wie wird man das Geld wieder los.
Naderer: In der Regel, indem man es wieder ausgibt, z. B. Gratiszeitungen mitfinanziert.
Düringer: Was wenn man das Geld wieder zurückgibt oder gar nicht annimmt?
Naderer: Was man selbst nicht nimmt, das bekommt in der Regel ein anderer.
Düringer: Vielleicht ist das der Knackpunkt. Wir denken immer, was und wie viel man bekommt, egal ob finanzielle Zuwendungen oder Mandate. Sollten wir uns nicht auch Gedanken machen, wem man etwas wegnehmen würde.
Naderer: Wie jetzt? Um ein schlechtes Gewissen zu haben?
Düringer: Ganz im Gegenteil. Um ein gutes Gefühl zu haben. Jeder Sessel, der von Menschen besetzt wird, wird den Parteien genommen. Jeden Euro, den sie nicht bekommen, können sie nicht für Plakate und Inserate ausgeben. Vielleicht wäre das eine Motivation für alle Unentschlossenen: Wir nehmen ihnen die Plätze und das Geld weg. Wobei das Geld nehmen wir ihnen nicht weg, wir holen es uns ganz einfach zurück. Schließlich ist es unser Geld, mit dem hier hantiert wird.
Naderer: Aber Herr Düringer! Unsere Demokratie muss uns doch etwas wert sein.
Düringer: Eben und deswegen schmeißen wir die Parteien aus dem Nationalrat raus und holen freie Mandatare rein, die dann nach freiem Willen und bestem Gewissen entscheiden.

NADERER: Man muss ja nicht gleich die Parteien per se aus dem Parlament schmeißen. Es würde schon reichen, wenn man sich endlich der ganzen „Duckmäuser" und auch der hartnäckigen Vertreter der ökonomischen Vernunft entledigen würde und sich auf das Wesen des Mandats besinnen würde. Egal ob es sich um die konstituierende Sitzung eines Gemeinderates irgendwo in der Provinz handelt, um die Angelobung als Abgeordneter zu einem Landtag oder gar zum Nationalrat, solche Momente haben etwas Erhabenes. Das liegt wohl daran, dass man als Mitglied eines demokratischen Entscheidungsgremiums zu den selektierten Köpfen oder, um auf das Einstiegsszenario zurückzukommen, zu den auserwählten Gesichtern gehört. Ab jetzt ist man wer!

DÜRINGER: Diese Feststellung in sich ist allerdings völliger Schwachsinn, denn man war immer wer oder jemand und es sollten ja wohl die positiven Eigenschaften, die Charakterzüge, die Umgangsformen, die Ideen, die Umsetzungsstärke und vor allem anderen die Überzeugungskraft in der Argumentation ausschlaggebend dafür sein, dass man nun ein aus vielen gewähltes Mitglied in einem aufwendig selektierten Kreis ist.

NADERER: Nicht ist, sondern natürlich wäre! Das *wäre* das Wesen der repräsentativen Demokratie. Stellvertretend für viele *wäre* man als Mandatar ein mitentscheidender Anwalt jener, von denen man auserwählt wurde und nicht nur der Erfüllungsgehilfe derer, die sie kraft ihrer Macht an jene Position am Wahlzettel gesetzt haben, die aus den Prognosen abgeleitet eine Mandatsgarantie nach sich zieht.

DÜRINGER: Was bedeutet, dass man in den Personen, die gegenwärtig die Entscheidungsgremien der Demokratie besetzen, nicht unbedingt herausragende positive

Eigenschaften, markante Charakterzüge, höfliche Umgangsformen, kreative Ideen, zielorientierte Umsetzungsstärke und auch kaum die nötige Überzeugungskraft in der Argumentation findet? Vielleicht ist es gar nicht beabsichtigt, solch markante Persönlichkeiten in Entscheidungsfunktionen zu entsenden?

NADERER: Gehen sie doch einmal alle ihnen bekannten Mandatare, egal welcher Couleur, durch und prüfen sie, welchem Persönlichkeitsbild diese eher entsprechen: dem Macher oder dem Duckmäuser.

DÜRINGER: Wie definieren sie im konkreten Fall den Begriff „Duckmäuser"

NADERER: Zoologisch betrachtet gehört der Duckmäuser zur Spezies der „Super-Anpasser"; er ist so angepasst, dass er ihnen im Alltag praktisch nicht auffällt. Es gibt ihn sowohl in weiblicher als auch in männlicher Form, dennoch bleibt seine Speziesbezeichnung männlich, da weitaus häufiger auftretend als weiblich. Duckmäuser vermehren sich nicht durch Paarung, sondern durch spezielle, fast rituell abgehaltene Zeremonien wie etwa „Aufnahme in eine Partei", „Aufnahme in parteinahe Organisationen und Vereine", „Teilnahme an Veranstaltungen von Parteiakademien","Teilnahme bei Kreisverkehrseröffnungen", „Smalltalk mit regionalen Politgrößen" usw. Vom Duckmäuser erwartet sich niemand konkret etwas, außer schweigender Zustimmung, ein Zeichen mit der Hand, Applaus im richtigen Moment sowie einen auf die Millisekunde abgestimmten „GENAU!"-Zwischenruf bei politischen Reden seiner Idole. Der Duckmäuser hat gleich mehrere Funktionen in der Öffentlichkeit. Es kann durchaus vorkommen, dass ein eher unsportlicher Stadtrat kraft seiner Bedeutung in der provinziellen

Einheitspartei die Funktion eines Sportvereinsobmannes innehat, nur damit nicht ein anderer mit Ideen und vor allem Orientierung in Richtung Jugendarbeit, der aber kein Mitglied in genannter Partei ist, diese Funktion ausübt. Duckmäuser sind dafür wirklich dankbare Zuhörer und auch, man glaubt es nicht, garantierte Überbringer von Botschaften, die man an die Obrigkeit nie direkt überbringen könnte. Duckmäuser sind somit unentbehrliche Träger des gegenwärtigen Politsystems!

DÜRINGER: Jetzt haben wir den Salat! Als völlig unvoreingenommene Wähler haben wir stets auf die getroffene Vorselektion am Wahlzettel vertraut und ein Kreuzerl gemacht, damit wir von starken Persönlichkeiten vertreten werden.

NADERER: Das mag im physischen Sinne entsprochen haben, im charakterlichen eher nicht. Deshalb haben sich die Dinge dorthin entwickelt, wo wir heute stehen. Heute stehen wir an einem Punkt der Entwicklung unserer Gesellschaft, wo es eben nicht mehr ausreicht, in gesetzgebenden Gremien und Institutionen vorgekaute Argumentationslinien einfach wiederzukäuen und den Bürgern hinzurülpsen, denn diese werden zunehmend kritischer.

DÜRINGER: Sie formieren sich sogar in einer Form, die man Zivilgesellschaft nennt.

NADERER: Das Sagen hat aber immer noch die Administrativgesellschaft, also jener siamesische Zwilling aus Politik und Verwaltung, der sich selbst als Staat oder Institution definiert und uns mittlerweile fest umklammert. Das politische Mandat hat in seinem Wesen jene Aura der kollektiven Verantwortung, die eine Rückfrage beim Wahlvolk jederzeit zulassen würde. Wenn aber parteipolitischen Sachzwänge diese Aura überdecken, dann sieht es mit dem Ohr am Mund des Volks traurig aus, denn dann wird „heile Welt" von den Machthabern verordnet, mitsamt rosafarbener Krankenkassenbrille und von den gehorsamen, duckmäusernden Mandataren überbracht.

Düringer: Dennoch werden in allen politischen Ebenen Entscheidungen getroffen und auch mit dem „eigenen" Gewissen vereinbart. Wie geht das?

Naderer: Ganz einfach: über die alles beherrschende Vernunft. Wir leben nicht in einer Demokratie, sondern in einem Diktat der Vernunft, in dem wir nur die „Vernünftigen" demokratisch ermitteln! Damit meint man zumeist die ökonomische Vernunft, der sich alle und alles unterzuordnen hat. Sie ist es schließlich, die die Entscheidungen bringt, die für Wachstum, Beschäftigung, sichere Sozialsysteme, stabile Währungen, niedrige Inflation, niedrige Treibstoffpreise, niedrige Schweinfleischpreise, erschwingliche Bierpreise und tolle Bierzeltfeste sorgen.

Düringer: Tja, ganz so cremig ist die Sache aber nicht gelaufen, denn selbige ökonomische Vernunft hat uns auch die Bankenrettung, den Durchmarsch multinationaler Konzerne in unsere Haushalte, eine weitgehende Steuerbefreiung selbiger und eine überbordende Verwaltung besorgt, in der zwar immer mehr Akademiker einen Job finden, deren praktische Umsetzung in kleinstrukturierter Wirtschaft allerdings unmöglich ist.

Naderer: Also doch nicht so vernünftig dieses Entscheidungsdiktat? Oder haben sich Kräfte in die Entscheidungszentren eingeschlichen, die diese Vorgänge in ihrem Sinne steuern, systematisiert lenken? Es gibt im ökonomischen Kontext zwei Größen, die immer wieder in die politische Diskussion eingeworfen werden: das Vermögen und den

Wertschöpfungsprozess. Vermögen ist eine statische Größe, die etwa im Privatbereich verwaltet werden muss.

DÜRINGER: Was durchaus mit Vernunft geschehen sollte, sonst ist das Vermögen bald weg.

NADERER: Richtig! Im betriebswirtschaftlichen Bereich ist eine zuwachsorientierte Vermögensverwaltung nahezu zwingend notwendig, da dies den Erfolg des Wirtschaftens abbildet. Wertschöpfungsprozesse sind wiederum Teil jener zuwachsorientierten Vermögensverwaltung, die einen Erfolg, also Profit generieren sollen. Dass in diesen Prozessen durch Arbeitsteilung auch Dritte partizipieren dürfen, ist ein positiver Nebeneffekt, aber dass aus Gründen ökonomischer Vernunft genau jener Bereich des Partizipierens als Grundlage für die Finanzierung eines staatlichen Sozialsystems herangezogen wird, das ist ein Dilemma.

DÜRINGER: Vor allem dann, wenn die Eigendynamik der Wertschöpfungsprozesse dahingeht, sich eher selbst aufrechtzuerhalten, also ohne humanes Zutun, so wie es etwa auf den Finanzmärkten längst umgesetzt wurde.

NADERER: Und das mit Erfolg. Dort generieren fast ausschließlich Großrechner Geld und damit wiederum Vermögen. Dieses wird aber kaum mehr dafür verwendet, arbeitsteilige Wertschöpfungsprozesse zu generieren, sondern sich selbst am Finanzmarkt ohne Humanbeteiligung zu vermehren. Es dient sehr wohl seinen Eigentümern deren persönliche Konsumbedürfnisse zu befriedigen, ob es deren soziales Gewissen beeinflusst oder gar ihre Definition von ökonomischer Vernunft in Richtung eines gedeihlichen Gemeinwohls lenkt, darf bezweifelt werden. Demokratiepolitisch betrachtet ist dieses Phänomen der computerunterstützten Spekulanten und Börsenhändler vielleicht eine verschwindende Minderheit, das Verhältnis ihres Geldvermögens mit der damit verbundenen Realmacht ist dann allerdings bereits ernüchternd.

Düringer: Die Menschen driften unaufhörlich in die Richtung der kapitalgesteuerten Mikrokonsumenten, die – als Masse mit bescheidensten Einkommen oder Zuwendungen versorgt – genauestens geplant ihr Geld wieder dorthin zurückbringen, wo es sich ohne menschliches Zutun vermehrt. Vermehrt im Rachen der multinationalen Finanzmacht, die ihre Filialen als Handynetzbetreiber, Diskonttankstelle, Fachmarktkette, Internetversandhaus, Versicherung oder Urlaubsanbieter sehr gut getarnt hat.

Naderer: Darum sollten die Mandatare der Zukunft das erkennen und zumindest die dogmatische Auslegung von Vernunft neu orientieren, weg von der rein ökonomischen Vernunft. Diktate der Vernunft hatte die demokratisierte Menschheit schon in unterschiedlichste Richtungen: natürlich in militärischer Sicht, auch das Diktat sozialer Vernunft während der Industriellen Revolution oder nach dem Zweiten Weltkrieg prägten ganze Epochen. Was jetzt anstünde – und die Zeichen dafür sind durch Artenschwund, Ressourcenverknappung und Klimawandel untrüglich –, wäre ein Diktat der ökologischen Vernunft, nicht weil es so hipp klingt, sondern weil diese Form der Vernunft die vitalsten Interessen der Menschheit beachtet, die schließlich über ihr Überleben auf diesem Planeten bestimmend sein werden.

Düringer: Das ist doch schon einmal ein vernünftiger Ansatz. Wo habens denn den abgekupfert? Erzählen sie mir nicht, das sei „Eigendenke"!

Naderer: Doch! Original aus dem provinziellen Weltenretterhirn.

DÜRINGER: Alle Achtung. Dann holen wir mit G!LT „unvernünftige" Mandatare ins Parlament, die auch mit dem Herzen denken. Solche Menschen sollten sich doch in einer engagierten Zivilgesellschaft finden lassen?
NADERER: Das steht außer Zweifel, aber wie vernünftig werden diese „Unvernünftigen" oder „Andersvernünftigen" denn sein? Und wie verhindern sie, dass sich der Eine oder die Andere politisch auffällig positionieren und damit der Idee einen ungewollten Drall geben, den die Medien volley übernehmen?
DÜRINGER: Kann man das überhaupt verhindern?
NADERER: Man kann dem höchstens mit einer klugen Auswahl entgegenwirken. Wobei die Frage ist: Wer wählt dann aus?
DÜRINGER: Ich würde sagen, nachdem die Kandidaten die Wähler vertreten sollen, sollen sie auch die Wähler aussuchen.
NADERER: Wie? In einer Vorwahl? Da bräuchte es, glaube ich, eine Verfassungsänderung. Oder wollens vielleicht eine Castingshow à la Austrias Next Superstar veranstalten, wo sich dann die Menschen zur Belustigung der Massen freiwillig und unterbezahlt zum Affen machen?
DÜRINGER: Nein, bitte nicht. Aber man könnte Menschen, die bereit dazu wären, einen Parlamentssitz zu besetzen, die Gelegenheit zu einem Onlinehearing geben. Sich der Bevölkerung als Wahlvorschlag in einem Gespräch mit mir zu präsentieren und der Wahl zu stellen. Oder das Los entscheiden lassen.
NADERER: Oder eine Kombination aus Wahl und Los, das gab es ja bereits in den großen Renaissancestädten Italiens und hat dort lange Zeit gut funktioniert. Aber bei einem hohen Andrang an willigen Kandidatinnen und Kandidaten,

wer trifft da die Vorauswahl? Ich denke, da kann es nur einen geben.
Düringer: Den Highländer?
Naderer: Nein sie, Herr Düringer. Sie als Ideengeber für das Kunstprojekt G!LT müssen die Entscheidungen treffen. Hier können sie sich nicht aus der Verantwortung nehmen, tut mir leid. Wenn sie ein Drehbuch schreiben und es dann später verfilmen wollen, entscheiden sie zuerst, welche Rollen benötigt werden und mit welchen Akteuren diese besetzt werden, oder?
Düringer: Schon, schon. Aber, das klingt nicht nach einem demokratischen Entscheidungsprozess. Dann sind wir genau dort, wo einer, der das Sagen hat, über die anderen bestimmt.
Naderer: Nur mit dem Unterschied, dass sie später keine Machtansprüche stellen werden. Schon vergessen? Sie sind der Taxler, der die Fuhre abliefert, sie sind kein Partygast. Aber der Taxler kann – sofern er freier Unternehmer ist – entscheiden, wen er in seinem Taxi mitnimmt und wen nicht.
Düringer: Schon, schon. Aber …
Naderer: … nix aber. Sie manövrieren sich gerade gedanklich in ein Dilemma. Das ist nämlich genau der Spagat zwischen Kunstprojekt und Realpolitik, den es zu meistern gilt. Das ist genau der Punkt, der die anfängliche Irritation in der öffentlichen Wahrnehmung ausgelöst hat. Besinnen wir uns wieder auf den Ausgangspunkt der Idee, G!LT ist ein Projekt, mit dem sie eine Debatte über die Qualität der heimischen Politik anstoßen und Fehlentwicklungen aufzeigen wollen. Und das aus der Sicht des Satirikers. Im Mittelpunkt steht das menschliche Verhalten, im Speziellen das Arschlochverhalten, also unmenschliches Verhalten innerhalb des Systems. Es ist ein Projekt mit einem gesellschaftskritischen

Anspruch wie z.B. ihr Film „Hinterholz 8". Das war auch keine basisdemokratische Veranstaltung. Bei einem Filmprojekt gibt es eben klar verteilte Rollen. Sie müssen aufpassen und nicht in gedankliche Fallen laufen, die sie selbst ausgelegt haben. Herr Düringer! SIE HABEN EINE BOTSCHAFT UND KEINE SCHLECHTE ODER TRAURIGE – schauen sie zu, dass wir diese Botschaft auf den Wahlzettel der nächsten Nationalratswahl bringen! War das jetzt laut und deutlich genug?

Düringer: War wahrlich nicht zu überhören. Gut. Ich hab verstanden und schmeiße die Partei und den Politiker gleich einmal wieder aus meiner Innenwelt raus. Also, Schritt eins: Welche Rollen brauchen wir? Zweitens: Welche Kriterien müssen sie erfüllen und dritter Schritt: Mit wem könnte man sie besetzen?

ROLLEN UND BESETZUNG

Wenn wir eine kritische Masse kritisch Denkender erreichen, dann könnte sich durchaus etwas ändern, dann würden wir auch andere Menschen erreichen, als die, die heute in der Politik sind, wobei es da auch heute schon genügend fähige Menschen gibt, aber es könnte dann Politiker geben, die dem folgen können, was sie selbst denken und nicht dem, was ihnen ein PR-Berater vorsagt.[24]

IRMGARD GRISS

Eine Geschichte lebt von ihren handelnden Personen. Ihr Tun, die Entscheidungen, die sie treffen, treiben die Handlung vor sich her. Meine Rolle in dieser Geschichte ist die des Autors, und auch einen Teil der Regie werde ich übernehmen und als Co-Regisseur inszeniere ich mich selbst in einer bewegenden Rolle. Als Taxler, der das Taxi in Bewegung halten soll. Die politische Partei übernimmt die Rolle des Taxis und die potentiellen Wählerinnen und Wähler übernehmen die Rolle des Treibstoffs. Wer aber können die Charaktere sein, die als Fahrgäste die Reise ins Ungewisse wagen werden. Geschichten bieten uns unterschiedliche Charaktere an, mit denen wir uns als Beobachter identifizieren sollen. Der tragische Held, der barmherzige Krieger, die aufopfernde Mutter, der junge Liebhaber, die liebreizende Prinzessin, der Killer mit dem guten Herzen und viele mehr. Sie kennen sie, sie haben ihre Geschichten schon verfolgen dürfen. Dazu braucht es natürlich all die dunklen Gestalten, die unseren Identifikationsfiguren das Leben schwer machen und an denen sie wachsen können. Die Bösewichte, die durch ihr

Handeln dem Sieg des „Guten" im Wege stehen und die es am Ende der Geschichte zu besiegen gilt. Erzählte Geschichten enden zumeist in der Regel damit, dass das Gute über das Böse siegt. Gelebte Geschichten können solche Erwartungen oft nicht erfüllen, böse Taten bleiben oftmals ungesühnt und die Ausführenden kommen damit durch. Das Leben ist eben nicht so gerecht, wie wir es uns in unseren Geschichten erträumen. In der Geschichte von G!LT gibt es keine Guten und Bösen. Es gibt uns als eine inhomogene Einheit und aus dieser gilt es stellvertretend für uns Charaktere, mit denen wir uns identifizieren können, zu extrahieren. Stellvertretend für alle Nicht-, Weiß und Protestwähler, für all jenen, die aus dem demokratischen Prozess hinausgedrängt wurden oder freiwillig ausgestiegen sind. Charaktere, die der Unzufriedenheit und den Sorgen und Ängsten ein Gesicht verleihen. Bürger und Bürgerinnen, die mit dem, was sie sind, ein realeres Bild der Bevölkerung zeichnen als unsere Berufspolitiker dies tun. Wo sitzen im Parlament die Arbeitslosen, die Obdachlosen, die Kleinunternehmer, die alleinerziehende Mutter von drei Kindern, wo sitzen die Maturanten, die Naturschützer, die chronisch Kranken, die Ausgegrenzten, die Empfänger von Mindestpensionen, wo die Systemkritiker? Sollten sie nicht als Charaktere eine Rolle spielen dürfen? Haben sie sich nicht eine Gratisfuhre mit dem Taxi verdient. Also mir sind die Ansprüche an die Charaktere, die es zu besetzen gilt, relativ klar, selbst wenn sie heute noch nicht im Detail festgelegt sind. Das Rollenprofil ist klar definiert. Bürgerinnen oder Bürger, die als Vertreter der Menschen dieses Landes ein Mandat annehmen wollen und dabei nur ihrem Gewissen verpflichtet sind. Keine Partei, kein Programm, kein Klubzwang. Menschen, die die politischen Verhältnisse aus einem anderen Blickwinkel betrachten, sich nicht mit den Informationen von inseratenfinanzierten Medien zufrieden geben, sich nicht am öffentlichen Parteienhickhack und auch nicht am inoffiziellen „Packeln" beteiligen wollen. Bürger und Bürgerinnen, die unantastbar sind und nicht käuflich, bereit sind zu dienen und die eigenen Interessen hinten anstellen. Kein Streben nach Posten, keine Profilierungsneurosen, keine Vereinsmeierei, bereit eigene Positionen zu vertreten, aber auch auf die Befindlichkeiten der Bevölkerung zu hören. Zugleich aber den Mut zu haben, sich nicht der Mehrheitsmeinung anzubiedern.

Zu viel verlangt, meinen Sie? Eine sozialromantische Utopie? Das glaube ich nicht, ich bin fest davon überzeugt, dass es diese Frauen und Männer gibt, man wird sie nur suchen müssen. Vielleicht werden sie sich aber auch zeigen. Natürlich wird es die geben, die sich anbiedern und jene, bei denen der finanzielle Anreiz im Mittelpunkt steht. All jene muss ich enttäuschen: In dieser Geschichte ist nichts für euch zu holen. Es wartet kein Abgeordnetengehalt auf euch. Wer sich mit einem Facharbeiterlohn zufrieden gibt, bereit ist, seine gewonnenen Ansprüche mit anderen zu teilen und dieses auch beim „Casting" vor laufender Kamera all seinen Freunden und seiner Familie verspricht, der wird dem Rollenanspruch gerecht.

DIE ANDEREN REDEN DARÜBER, WAS GEÄNDERT GEHÖRT – WIR ABER SIND ES!

Wir sind das, worüber die Politiker seit Jahren behaupten, dass es geändert gehört. Was wir nicht sind, ist „das Volk", denn wir sind kein Kampfbegriff. Wir sind alle ein Teil der Bevölkerung und als solche keinen Interessenvertretungen verpflichtet. Wir sind also unsere möglichen Kandidatinnen und Kandidaten, wir sind Jede und Jeder. Und als solche, die es ernst damit meinen, sich im Parlament einzumischen, G!LT:

- Jede und jeder, der sich von G!LT ins Parlament begleiten lässt, ist danach nur mehr ihrem oder seinem Gewissen verpflichtet, wird aber von G!LT nicht im Regen stehen gelassen, sondern vom G!LT-Parlamentsklub betreut.

- Jede und jeder, der sich von G!LT ins Parlament bringen lässt, geht auch Pflichten ein:
  · Der Bevölkerung zu dienen und als Bindeglied zwischen Hohem Haus und Fußvolk tätig zu sein.
  · Die gesetzlichen Mindestanforderungen an das Nationalratsamt zu erfüllen.
  · Unantastbar zu sein.
  · Sich von seinem Nationalratsgehalt den Betrag von 2.017.– € monatlich zu behalten (falls erst 2018 gewählt wird, gibt es 2.018.– € pro Monat), den Rest einem gemeinsamen wohltätigen Zweck zur

Verfügung zu stellen. Weihnachtsgeld und Urlaubsgeld stehen aber zur freien Verfügung.
· Im Nationalrat niemals Parteipolitik zu machen oder zu unterstützen. U.v. m.

– Der Sitz im Nationalrat bietet auch Möglichkeiten:
· Ein monatliches Einkommen von 2.017.– €
· Von der Bevölkerung bei guter Arbeit wertgeschätzt zu werden.
· Als Zugehörige oder Zugehöriger einer sonst nicht im Parlament vertretenen Bevölkerungsgruppe auf die Sorgen, Wünsche und die Unzufriedenheit dieser Gruppe über die politische Kultur aufmerksam zu machen.
· Für alle Berufspolitiker als Vertreter einer solchen Gruppe sichtbar und hörbar zu sein.
· Als unabhängige Instanz der Bevölkerung von den Geschehnissen im Parlament medial zu berichten.
· Das Parlament für die Bürgerinnen und Bürger zu öffnen, Veranstaltungen im Parlament zu organisieren.
· Hilfsbedürftigen Menschen finanziell unter die Arme zu greifen.
· Das Parteiensystem und dessen Machtstrukturen durch gezielte Aktionen zu erschüttern.
· Die Berufspolitiker zum Handeln und zu einer anderen politischen Kultur zu zwingen.
· In ihrer oder seiner Zeit im Parlament viel zu lernen.
· Endlich kluge Ideen auch aus der Mitte der Bevölkerung ins Parlament zu tragen und damit das Ideenmonopol der Parteien zu beenden. U.v. m.

- Jede Kandidatin, jeder Kandidat hat das Recht:
  - Sich von Menschen, die das politische Tagesgeschäft kennen, beraten zu werden. Niemand wird von G!LT im Regen stehen gelassen.
  - Eine eigene Meinung äußern zu dürfen und darauf, dass das eigene Weltbild von den anderen Mitstreitern respektiert wird.
  - Jederzeit, aus welchen Gründen auch immer, sein Mandat zurückzulegen und an den Listennächsten zu übergeben.
  - Seine Möglichkeiten als Parlamentarier im Sinne der Bevölkerung auszunützen.
  - Sich nichts gefallen zu lassen. U.v.m.

Mit der Besetzung steht oder fällt der Erfolg einer Darbietung, daher wird man hier genau prüfen müssen, vorschnelle Entscheidungen sind dabei fehl am Platz. Gespräche, Gedankenaustausch, Befindlichkeiten, ein Kennenlernen, ein Blick in das Herz und wo es sitzt, denn was nützt es, wenn man die Idealbesetzung gefunden hat, diese sich aber abseits der Rolle im täglichen Umgang als menschliche Nullnummer oder absoluter Egoshooter entpuppt. Absolute Gewissheit wird man nicht haben, es gibt zu viele professionelle Blender und Täuscher, aber das ist das Risiko, das man eingeht, wenn man das freie Mandat ernstnimmt. Ein Zurückpfeifen von oben ist dann nicht möglich. Was schon möglich ist und auch hilfreich, weil in der Anfangsphase sicher notwendig ist, eine professionelle Begleitung. Eine Vertrauensperson, vertraut mit dem politischen Tagesgeschäft, die mit Rat und Tat zur Seite steht und an die man sich jederzeit wenden kann. Beim Film übernimmt diese Funktion der Regieassistent oder die

Regieassistentin. Im Fußball ist es der Trainer, im Dorf war es der Pfarrer, für Kinder sollten das Oma und Opa sein. Aber bevor wir uns hier mit der Besetzung – in unserer Geschichte den Fahrgästen – auseinandersetzen, sollten wir uns erst einmal Gedanken darüber machen, wie wir zu unserem Treibstoff kommen. Ohne 2.600 bei der Wahlbehörde bis zum Stichtag abgegebenen Unterstützungserklärungen bleibt G!LT nichts als eines der vielen Drehbücher, die niemals den Weg auf die Leinwand geschafft haben. Interessant dabei ist, dass trotzdem über das Drehbuch berichtet wird, ohne zu wissen, ob der Film jemals realisiert wird. Das habe ich in meiner Karriere bis jetzt auch noch nicht erlebt. „Ein Parteiprogramm gibt es nicht, warum sollten dann 2.600 Menschen für sie unterschreiben?" fragte mich ein Journalist. Ja, warum? Vielleicht genau deswegen und vielleicht, weil sie nicht für mich unterschreiben können, sondern nur für sich selbst. Wobei: Eine tragende Rolle besetzt sich jetzt schon von selbst. Die Rolle der Medien. Da bewerben sich ständig neue Darsteller.

Liveticker 6.10.2016, 10:23 Uhr +++ Liveticker 6.10.2(

Heute habe ich einen Interviewtermin mit einem Journalisten einer unabhängigen Tageszeitung, die sich selbst als Qualitätsmedium sieht. Er wollte schon Mitte September ein Interview mit mir führen, da er bei drei von mittlerweile sechzig Gästen der Sendung „Gültige Stimme" aus seiner Sicht Rechtsradikalität und Nazitum vermutet. Er schreibt in einem E-Mail an den Sender, „dass bei diesen Gästen persönliche wie ideologische Verbindungen ins rechte-neurechte Lager dokumentiert sind. Dem Sendungskonzept folgend wurden diesen Popp, Hermann und Albrecht dieselben vier Fragen gestellt wie allen anderen Gästen. Halten

Sie das für eine kritische Auseinandersetzung mit den Positionen, die diese in der Öffentlichkeit vertreten?" Ich vereinbare mit ihm telefonisch einen Interviewtermin für den 6. Oktober und sage ihm, dass ich gerne über dieses Gespräch auf meinem Blog berichten möchte. Er hat nichts dagegen, bittet aber darum, damit bis nach Erscheinen des Interviews zu warten. Kein Problem. Gestern meldete er sich per SMS, ob er einen Fotografen mitnehmen dürfe? Ich antworte: Ja gerne. Ist es in Ordnung, wenn ich mit meinem Handy das Interview aufzeichne? Wie besprochen, möchte ich nach dem Erscheinen (des Interviews) darüber berichten. Es ist nur auf mich gerichtet, nicht auf sie ... Er antwortet: Ja. Ich hoffe halt, wir können auch über ihre Partei sprechen, nicht nur über Popp und Hermann. Das hat sich in der Zwischenzeit ja neu ergeben ...
Die Partei, schon wieder die Partei. Aber was solls, ich kann ja ein paar Worte über das Projekt verlieren.

+ Liveticker 6.10.2016, 18:02 Uhr +++ Liveticker 6.10.2

Interview in der Künstlergarderobe des Orpheums: Der Journalist ist ein sympathischer junger Mann, er erzählt mir, dass ich seinen Vater kenne. Dieser leitet einen Kulturverein und ich habe in den 1990ern einige Auftritte dort absolviert. Ich erinnere mich dunkel. Der junge Journalist und ich sind per du. Auch den Fotografen kenne ich. Er hat schon sehr schöne Fotos von mir gemacht, ich freue mich ihn wiederzusehen, er schafft hier Vertrautheit. Vertrauen ist bei Interviews wichtig, bei Journalisten, die ich nicht kenne, bin ich immer etwas vorsichtig. Meine Erfahrung hat mich gelehrt: Umso freundlicher der Interviewer, je mehr Vorsicht ist geboten. Der Journalist meint, er möchte doch nicht, dass das Interview von mir mit dem Handy aufgezeichnet wird. Ich könnte ja, wenn ich will, mit dem Stift und Papier aufzeichnen. Ich überlege, ob er sich nicht das ganze Interview „aufzeichnen" kann. Wir hatten schließlich eine Verabredung getroffen. Aber da ist ja noch der Fotograf, der Vertrauensmann. Ich verzichte auf den Mitschnitt. Der Journalist baut zwei elektronische Geräte zur Sprachaufzeichnung auf. Ein Smartphone und ein Tablet. Zur Sicherheit, wie er meint. Sicherheit oder Freiheit? Das ist die Frage. In einem dritten Tablet hat er die Fragen abgespeichert. Ich kenne auch noch Journalisten, die nur mit Stift und Notizheft zum Interview kommen, zuhören und fallweise Notizen machen, ohne den Gesprächsfluss dabei zu unterbrechen. Sie hören zu und zeichnen nicht auf. Sie sind Teil des Gesprächs. Der junge Journalist fürchtet vielleicht ein wenig die Intimität eines Gespräches. Er führt ein Interview.

„Herr Düringer (wir sind wieder per sie, jetzt wird es ja offiziell, es wird ernst), sie haben ja kürzlich eine Partei gegründet. Sind sie jetzt Politiker? Gibt es ein Programm? Was wollen sie damit? Ist das Spaß oder Ernst? Sie sprechen immer von Kunstprojekt und Satire, aber wollen offenbar doch bei der nächsten Nationalratswahl antreten? Wie kann man das verstehen?"

Scheinbar schwer. Das ist die Irritation, von der Kollege Naderer zuvor sprach. Auch mein Gegenüber befindet sich in einem gedanklichen Dilemma. Ich versuche zu erklären: „Als ich vor mehr als dreißig Jahren beim Bundesheer diente, schrieb ich währenddessen ein Stück darüber. Ich hatte den Plan, die Zeit beim Heer für ein satirisches Bühnenprojekt zu nützen. Meine acht Monate als Wehrmann waren Realität, aber sie waren auch Satire. Es war beides."

Verständnislosigkeit im Gesicht meines Gegenübers. Der Fotograf nickt, möchte dazu etwas sagen. Er wird vom Journalisten abgemahnt, sich hier rauszuhalten, es handelt sich dabei offenbar um eine Kompetenzüberschreitung. Die Freundlichkeit ist aus seinem Gesicht verschwunden, das Ego verteidigt seinen Stand. Ich würde jetzt lieber mit dem Fotografen weiterplaudern.

„Herr Düringer. Das geht in meinem Kopf noch immer nicht zusammen. Einmal sagen sie, das ist Satire, dann aber reden sie wieder so darüber, als wäre es ihnen doch ernst. Und sie haben ja immerhin eine Partei gegründet." Das Ressort des jungen Journalisten ist Kultur & Stars, nicht Innenpolitik, ich bin Künstler und kein Berufspolitiker, warum spricht er nicht mit mir, sondern mit dem Bild, was er von mir im Kopf hat. Junger Mann, hier sitzt ihnen ein erfahrener Kunstschaffender gegenüber und kein Neopolitiker. Nützen sie doch die Chance. Er nützt sie nicht.

„Herr Düringer, ich versteh das noch immer nicht. Man kann doch nicht bei einer Nationalratswahl antreten und sagen, das ist Satire. Wer soll sie denn wählen?"

„Niemand, ich bin unwählbar."

„Herr Düringer, jetzt ist es dann doch Satire?"

„Wieso, weil ich sage, ich bin unwählbar? Was heißt unwählbar? Für mich ist es so, als würde ich sagen: Mein Motorrad gefällt ihnen? Sie wollen es gerne kaufen? Tut mir leid, es ist unverkäuflich. Nicht weil es keiner kaufen will, sondern weil ich es nicht verkaufen möchte. Ich bin unwählbar, weil ich mich nicht zur Wahl stelle."

„Herr Düringer, also alles nur Spaß, ja?"

„Es ist ein Kunstprojekt und sie sind jetzt gerade ein Teil davon, hilft ihnen das?"

Nein, tut es nicht. Jetzt sehe ich die Angst in seinen Augen. Das Interview ist zu einem Gespräch verkommen. Ich denke nach und wage noch einen Versuch. Wie würde ich es meiner Tochter erklären, welche Geschichte würde ich ihr erzählen?

GRÜN, BLAU ODER DOCH TÜRKIS

Als ich in die Schule kam, schenkten mir meine Eltern Buntstifte. Jolly-Schulstifte in einer Blechbox. Weiß, Rot, Gelb, Blau, Grün und Schwarz. Die Grundausstattung des Tafelklasslers. Ich zeichnete und malte viel und gerne. Es dauerte nicht lange, da waren die Stifte am Ende, zu Tode gespitzt. Selbst meine kleinen Kinderhände konnten sie nicht mehr greifen. Ich benötigte neue und weil ich so ein braves Kind war – so ändern sich die Zeiten –, schenkten mir meine Eltern die unglaublich fette 36-teilige Jolly-Buntstiftbox inklusive Gold und Silber. Dazu ein dickes Flippermalbuch (das war der freundliche Delphin, der immer grinste).

Ich war also wirklich von nun an farbenfroh, man könnte auch von einem ersten Überangebot und der Qual der Wahl sprechen. Für welche Farbe soll man sich entscheiden. Welche Farbe sollte das Wasser habe. Flipper war silber und schimmerte am Rücken ein wenig golden – klar, wenn man die Möglichkeit hat. Aber das Wasser? Ist Wasser blau, leben wir wirklich an der schönen blauen Donau. Hat Wasser nicht auch etwas Grünes an sich? Ich entdecke einen Stift, der mir geeignet erscheint. Die Farbe nennt sich Türkis und Flipper scheint sich sichtlich wohl in ihr zu fühlen, er grinst wie ein lackiertes Hutschpferd. Türkis begeistert mich, es ist für mich die Neuentdeckung des Jahres. Meine Mutter steht in der Küche und kocht, ich zeige ihr das türkise Wasser. „Du Mama, schau einmal das Wasser. Weißt du, was das für eine Farbe ist?" „Ich würd' sagen hellblau," meint meine Mutter nach einem unaufgeregten Blick ins Malbuch. „Nein. Das ist Türkis." „Aha. Ja, eh. Es ist halt bläulich, wie Wasser so ist.

Brav, schön. Sag dem Papa, wir essen bald, er soll aufdecken." Mein Vater sitzt im Wohnzimmer, liest die Sonntagszeitung – die gleiche, für die der junge Journalist heute arbeitet – und hört „Autofahrer unterwegs". „Wir essen bald!" „Fein," sagt mein Vater. Er faltet die Zeitung zusammen und greift nach dem Malbuch „Sehr schön, gut gemacht," sagt er. „Du, Papa, rate. In was für einer Farbe ist das Wasser?" „Na ja, ich würd sagen grün. Hellgrün, so wie in der Karibik, halt." „Nein, bitte Papa, das ist doch Türkis," entgegne ich mit einem Unterton von Überlegenheit. „Aha. Ja eh. Aber da im Licht hat es Grün ausgesehen. „Die Mama sagt, das ist Blau!" Ein wenig zündeln darf ja noch erlaubt sein. „Also Blau ist das nicht. Es ist schon mehr Grün. „Aber am Stift steht Türkis." „Ja eh, aber mit Grünstich" Ich überlege: „Duhu, Papa und was wäre, wenn die Farbe überhaupt keinen Namen hätte? Dann wäre sie doch nur das, was sie ist, oder?" „Also das ist jetzt, äh ... schau, Farben haben eben Namen, und aus." „Warum?" Meine Mutter kommt mit dem Suppentopf ins Wohnzimmer. „Weil das halt so ist. Weil sonst könnt man ja auch behaupten, dein blaues Wasser wäre rot." „Grünliches Wasser," merkt mein Vater an. „Türkis!!" sage ich bestimmt und Mutter beendet die Diskussion mit einem Machtwort. „Und den Tisch aufgedeckt hat noch keiner?" Es gibt eben Wichtigeres als Blau, Grün und Türkis.

+ Liveticker 6.10.2016, 18:57 Uhr +++ Liveticker 6.10.2

Ich bin zufrieden mit der Geschichte, die mir da so spontan eingefallen ist. „Verstehen sie jetzt, was ich meine? Kann man es nicht dabei belassen, dass es Türkis ist, oder gar eine Farbe, die noch keinen Namen hat?" Der junge Mann, der das Interview mit mir führt, will es nicht dabei belassen, muss es aber nach einigem Hin und Her einfach so im Raum stehenlassen. Mehr kann ich nicht liefern. Ich bin nicht bereit, mich darauf festzulegen, ob Türkis nun aus meiner Sicht mehr Blau oder mehr Grün ist. Es ist beides zugleich.

„Nun gut, Herr Düringer, wechseln wir jetzt lieber das Thema. Kommen wir zum eigentlichen Grund des Interviews, ihre Sendung ‚Gültige Stimme'."

Endlich! Er fragt, ich antworte. Er hat seine Sicht der Welt, ich habe meine. Es endet wieder, wo wir schon waren: Der Journalist und ich stehen bis zu den Knien im seichten türkisen Wasser und diskutieren darüber, ob es Blau oder Grün ist. Der Fotograf sitzt am Steg und fotografiert mit einem breiten Grinsen. Ich würde jetzt wirklich lieber mit dem Fotografen im Wasser stehen, ohne dabei auch nur ein Wort zu verlieren.

Liveticker 7.10.16 +++ Liveticker 7.10.16 +++ Livetick

Das Gespräch (das eigentlich ein Interview hätte sein sollen) ist online in der unabhängigen Qualitätszeitung erschienen. Es sind wieder einmal wirklich schöne Fotos geworden und auch der Text hat Hand und Fuß. Zu meiner Überraschung ist die Rahmenhandlung des Interviews die eigentliche Geschichte eines Gesprächs. Der junge sympathische Journalist und ich haben diese offenbar sehr ähnlich erlebt:

KUNSTPROJEKT, SPASS ODER PARTEI, WAS IST GILT?

Haben Sie vor, bei der nächsten Nationalratswahl zu kandidieren?
Das kann ich nicht sagen. Ich habe jetzt einmal vor, ein Buch zu schreiben. Das heißt „Meine Stimme G!LT", genauso wie das Projekt. Die entscheidende Frage, ob dieses Projekt überhaupt realisiert wird, oder nicht, ist, ob es 2.600 Menschen in diesem

Land gibt, die am Gemeindeamt eine Unterstützungserklärung abgeben. Davon hängts ab – nicht von mir.
Was genau würde man da dann eigentlich unterstützen? Ein Parteiprogramm gibt es ja nicht.
Nein, es wird auch nie eins geben.
Wieso sollen dann zunächst einmal die 2.600 Menschen für Sie unterschreiben?
Das müssen diese 2.600 entscheiden.
Was wäre ihr Argument? Wie wollen Sie die Leute erreichen?
Ich will beim nächsten Mal in der Wahlkabine ein gutes Gefühl haben.
Ich, der Wähler, oder Ich, Roland Düringer?
Ich, Roland Düringer.

Sie merken schon, es ist schwierig. Da reden offensichtlich zwei Menschen aneinander vorbei. Das Gespräch ist zehn Minuten alt und ich weiß: Roland Düringer will, dass er bei der nächsten Nationalratswahl ein gutes Gefühl hat ...
Es geht ja nicht nur um Sie. Sie wollen sich ja zur Wahl stellen und müssen hier jemanden überzeugen.
Ich stell mich nicht zur Wahl.
Also Ihre Liste stellt sich zur Wahl.
Nicht einmal das. Es geht nur darum, dass dort etwas steht.
Sie wollen gar nicht gewählt werden?
Ich? Um Gottes willen. Mich wählen? Wozu?

Eine halbe Stunde später, Roland Düringer und ich haben über die Bundespräsidentenwahl gesprochen, über seinen Plan, aus dem „Projekt", wie er GILT nennt, einen Dokumentarfilm zu machen, und darüber, dass dabei auch die Reaktion der Medien eine Rolle spielen wird. Auch dieses Interview soll Teil davon sein, sagt er. GILT sei eben eine vollkommen neue Form der Kommunikation in einem politischen Umfeld.

Angenommen „GILT" kommt bei der Nationalratswahl ins Parlament, ziehen Sie dann da auch ein?

Nein, der Herr Düringer ist unwählbar. Der Herr Düringer möchte etwas wählen können. Schauens mich an – ich bin doch unwählbar. Weil ich mich nicht wählen lasse.

Werden Sie auf der Liste stehen?

Ja, natürlich. Ich bin ja Parteiobmann und Listenerster.

Aber Sie sagen auch, Sie sind unwählbar, weil Sie sich nicht aufstellen lassen?

Ja, weil ich ja zurücktreten werde. Also sollte dieser absurde Fall eintreten, dass wir den Einzug schaffen, trete ich natürlich zurück.

Aha. Vierzig Minuten haben wir jetzt schon gesprochen. Das Interview sollte sich schön langsam dem Ende zuneigen, Düringer muss sich ja auch noch auf sein Kabarett vorbereiten …

… diesen Interview-Versuch, den Sie hier lesen, hätte es eigentlich gar nicht geben sollen. Nach seiner Ankündigung eine Partei zu gründen, hat Düringer alle Interviewanfragen (insgesamt 27 an der Zahl) ausgeschlagen …. Doch dieses Interview war schon länger geplant.

(Anmerkung Roland Düringer: Hier, an dieser Stelle des veröffentlichten Interviews, folgen nun die unterschiedlichen Wahrnehmungen der Sendung „Gültige Stimme", im Speziellen unsere unterschiedlichen Wahrnehmungen zu Gästen des Formats. Wir stehen jetzt im türkisen Wasser und diskutieren darüber, ob es Grün oder Blau ist. Und dann freut es mich, dass er meine Geschichte mit den Buntstiften zitiert).

„Ein Objekt kann alles sein. Eine Farbe kann alles sein. Ich habe als Kind eine kleine Jollybox bekommen, da waren sechs Buntstifte drinnen – ein schwarzer, ein roter, ein gelber, ein blauer, ein weißer und ein grüner ...

Es ist jetzt 20 Minuten vor acht. Was Roland Düringer will? Das System ein bisschen aufrütteln. GILT soll da ein Diskussionsanstoß sein, sagt er noch – vielleicht reicht das ja schon als Antwort. Er scheint damit jedenfalls zufrieden zu sein ...

Ja also wenn ich ehrlich bin, ich war damit zufrieden. Jemand anderer war am nächsten Tag gar nicht zufrieden: Herr Fußi. Mein Politberater. Er schickt in aller Früh eine kurze, aber sehr deutliche Botschaft an mich. „Haben wir jetzt net gsagt, wir sagen jetzt nix mehr???? Nicht gut!"[25]

+ Liveticker 8.10.2016 +++ Liveticker 8.10.2016 +++ Liv

Ob sie es nun glauben oder nicht, ich habe jetzt einen richtigen Politikberater. Herr Rudolf Fußi. Ich habe dieser Edelprostituierten für diesen Job fünf Millionen Euro angeboten und ein bisschen was wird da sicher auch noch so, also *so* gehen. Ist das jetzt Spaß oder Ernst? Wer weiß? Vielleicht macht Herr Fußi das einfach, weil er es gerne macht und einen Sinn in unserem Projekt erkennen kann. Politik ist ein beinhartes Geschäft, da braucht es jemanden, der auf einen Spinner wie mich aufpasst. Fußi meint, das einzige, was diese Idee gefährden kann, bin ich. Vielleicht bin ich wirklich gefährlich. Vielleicht plane ich ja nur, aus Österreich eine Atommacht zu machen und einen Erstschlag gegen die ganze Welt auszuführen. Vielleicht wird schon in den anderen Parteizentralen über die Gefahr, die von G!LT ausgeht, heftig diskutiert. Vielleicht schmiedet Herr Kurz schon Pläne, eine Gegenbewegung gegen die Gegenbewegung G!LT auf die Beine zu stellen und sich von den Machthabern innerhalb der ÖVP zu befreien. Vielleicht spaltet sich gerade die SPÖ hinter verschlossenen Türen in ein rechtes und in ein linkes Lager und gehen auf in Blau und Grün und der Rathausplatz in Wien muss von nun an von der öffentlichen Hand gereinigt werden, weil der Bürgermeister, wie es die Tradition seit Dekaden befiehlt, nicht mehr jeden Tag mit „einem Fetzen drübergeht". Vielleicht aber kommt auch ein russischer Oligarch und kauft dann ganz Österreich. In welcher Form auch immer, es wird wohl kein Stein auf dem anderen bleiben: Alles ist in Bewegung und G!LT will ein Teil davon sein.

Liveticker 12.10.2016 +++ Liveticker 12.10.2016 +++ L

Natürlich habe ich das „Goldene Brett" nicht gewonnen, es ging an Ryke Geerd Hamer. Es wäre ja völlig absurd gewesen. Alles in allem können aber alle zufrieden sein. Die Besucher der Veranstaltung hatten sicher ob so mancher launigen Worte über mich ihren Spaß, die Initiatoren der Veranstaltung hatten durch meine Nominierung die ihnen gebührende Aufmerksamkeit und ich kam so zu meinem ersten, und wie ich meine, letzten „Spiegel"-Interview. Martin Pfaffenzeller, vom Ressort Wissenschaft, stellte anlässlich meiner Nominierung per E-Mail vier Fragen an mich, die ich gestern im Zug nach bestem Wissen und Gewissen beantwortete.

Wie beurteilen sie ihre Nominierung zum „Goldenen Brett"? In der Begründung steht, sie geben „gefährlichen antiwissenschaftlichen Behauptungen eine große Plattform"? Wie gehen sie damit um?

„Beurteilen kann ich nur Dinge, die ich verstehe, selbst erfahren habe, oder die einen Einfluss auf meine Rundenzeit haben. Dies trifft in diesem Fall nicht zu. Ich geh damit gar nicht um, denn ich denke, es gibt Gefährlicheres als Behauptungen. Ein Rutscher übers Vorderrad beim Einlenken, das hingegen ist gefährlich, damit muss man umgehen. Entweder versuchen mit dem Knie abzufangen oder sich den physikalischen Kräften ergeben."

Wie finden sie es, gemeinsam mit Ryke Geerd Hamer auf der Nominiertenliste zu stehen, der vermutlich für den Tod von Menschen verantwortlich ist?
„Ich würde lieber mit Valentino Rossi am Siegerpodest stehen. Dazu reichen aber meine fahrerischen Qualitäten leider nicht. Schade, dass Vale nicht nominiert wurde. So ehrlich muss man sein, unter normalen Wetterbedingungen hätte ich es sicher nicht aufs Podest geschafft. Da kamen mir die widrigen Verhältnisse schon zugute. Im Rennen selbst bin ich nicht mit Ryke zusammengetroffen, mein Vorsprung war zu groß und daher ging von ihm keine wirkliche Gefahr aus."

Einer der bekanntesten Preisträger ist der Musiker Xavier Naidoo. Was halten sie von dessen Äußerungen in den Medien und seiner Musik?
„Mir gefallen Led Zeppelin, Deep Purple, Jimmy Hendrix oder Ten Years After. Mit AC/DC im Ohr sind am Panoniaring gute 2,03er Zeiten möglich, denn ihre Musik zwingt förmlich zu aggressivem Hinausbeschleunigen am Kurvenscheitel. Xavier Naidoo werde ich mir erst nach meiner aktiven Laufbahn in dreißig Jahren beim Nordic Walking anhören. Dann werde ich vielleicht auch Zeit finden, mich mit Äußerungen anderer Personen, die ich nicht kenne, zu beschäftigen. Nächste Woche jedenfalls beginnen die ersten Fahrwerkstests für die kommende Saison. Und wie sie als Wissenschaftsreporter sicher wissen: Eine gelungene Fahrwerksabstimmung, die richtige Balance zwischen Zug und Druckstufe zu finden, das ist eine wirkliche Wissenschaft und kein pseudowissenschaftlicher

Unfug wie eine Nonsensveranstaltung gegen pseudowissenschaftlichen Unfug. Hingegen von einer missglückten Fahrwerksabstimmung kann beim Anbremsen aus 320 km/h dann wirklich dein Leben abhängen."

Was werden sie mit dem Preis anstellen, falls sie ihn bekommen sollten?
„Nachdem die Quali-Zeiten nicht so schlecht waren, bin ich fürs Rennen zuversichtlich. Anstellen möchte ich aber nichts. Meine Eltern haben immer gesagt, ich soll nichts anstellen. So will ich es auch diesmal halten. Sollte es sich um einen Geldpreis handeln, werde ich mir einen Satz Renn-Slicks (vorne soft/hinten medium) oder eine Akrapovic-Anlage darum kaufen. Sollte es sich um einen Sachpreishalten handeln, dann ist das – wie der Name schon sagt – natürlich eine andere Sache. Nachdem meine Kniepads schon wieder durchgeschliffen sind, würde ich mich über ein paar neue freuen. Sie müssen auch nicht aus Gold sein, Teflon würde reichen."

Ob dieses Interview jemals veröffentlicht wurde, entzieht sich meiner Kenntnis, aber um ehrlich zu sein, es ist mir auch rotzi. Es gibt Wichtigeres im Leben. Und wieder frage ich mich, warum tu ich mir das an? Macht das Sinn, sind das nicht nur leere Kilometer. Kann mir das alles nicht schaden? Werfe ich damit nicht den Rest meiner künstlerischen Karriere weg? Werde ich nicht angepatzt und besudelt aus diesem Projekt hinaustreten. Verschwörungstheoretiker, Neurechter, der Idiot mit der Staniolhaube, linkspopulistischer Vasall der SPÖ, Strachekanzlermacher, Reichsbürger …

Fussi: Haben wir nicht gesagt, wir sagen jetzt NICHTS mehr?
Düringer: Ich bin eh schon fertig. Eines vielleicht noch. Falls sie sich fragen, wer steckt eigentlich nun wirklich

hinter dem Projekt G!LT, so kann ich ihnen Folgendes versichern: Zum einen meine Idee und meine öffentliche Person, Walter Naderer, Landtagsabgeordneter, erster Hackler und Weltenretter mit dem Herz am rechten Fleck. Rudi Fußi, Politberater (ehemaliger, aber das weiß er noch nicht) und qualitativ hochwertiger Neokabarettist und zynischer Rächer der Enterbten. Meine geliebte Frau, die bereit ist, den ganzen Wahnsinn mit mir durchzustehen. Sie ist auch der Grund, warum ich unwählbar bin: Ich habe es ihr versprochen. Und natürlich sie liebe Leserin und sie lieber Leser, denn an ihnen wird es schließlich liegen, wie viel uns die Anliegen der Parteien zukünftig wert sein werden – oder eben nicht.

FUSSI: So, das war ein schönes Schlusswort und jetzt sagen wir dann bitte wirklich NICHTS mehr.
NADERER: Eine Frage hätte ich aber schon noch an die geneigte Leserschaft.
FUSSI: Aber bitte nur kurz, keine weiteren sozialwissenschaftlichen Aufsätze, Herr Naderer.

LETZTE FRAGE: GIBTS NOCH FRAGEN?

Liebe Leserin, lieber Leser, haben sie noch Fragen? Hoffentlich! Dann richten sie diese an office@gilt.at – scheuen sie sich nicht, wir sind zwar goschert, aber wir beißen nicht. Kurz und bündig, keine Lebensgeschichten oder politikwissenschaftlichen Abhandlungen. Schrecken sie sich nicht, wenn sie freche Antworten bekommen, die könnten von Herrn Fußi stammen und sie können sicher sein, der meint das nicht so. Allgemeine Fragen, auf die wir keine Antwort wissen, werden entweder an die Kasperlpost oder ans Parlament weitergeleitet. Mal sehen, von wem wir da eher eine Antwort bekommen.

Einfache Fragen zur Sache, die auch schlichte Geister wie Herr Düringer und Herr Naderer verstehen, werden – sobald es soweit ist – laufend auf www.gilt.at beantwortet. Zum Beispiel:

Warum kommt das Wort „Arschloch" so oft in diesem Konzept vor?
Weil jeder versteht, was damit gemeint ist (außer Arschlöcher, die sich nicht als solche verstehen)
Könnte man statt Arschloch nicht ein anderes Wort verwenden?
Das könnte man. Haben sie Vorschläge?
Steht der Begriff „Arschloch" wirklich für einen neuen politischen Stil?
Ich denke schon. Als Arschloch haben sich Klubobleute gegenseitig noch nicht bezeichnet. Zumindest nicht öffentlich.

Ist die Bezeichnung Arschlochverhalten nicht höchst untergriffig?
Nein, im Gegenteil, sie ist zutiefst überbegrifflich und kann in allen gesellschaftlichen Bereichen angewandt werden, nicht nur in der Politik.
Kann man den Begriff Arschlochverhalten näher definieren?
Ja, das kann man. Versuchen sie es einmal, und fangen sie am besten gleich bei sich selbst an. Ich könnte ihnen ganz genau sagen, wann und wo ich in meinem Leben ein Arschlochverhalten an den Tag gelegt habe. Ich führe sogar ein eigenes Arschloch-Tagebuch.
Ist der Begriff Arschloch für eine Kampagne nicht zu negativ belegt?
Nur dann, wenn man ein Arschloch ist. Sonst kann man sich glücklich schätzen, kein Arschloch zu sein.

Vielleicht gibt es aber sinnvollere Fragen: Was kann ich als freiwilliger Helfer oder freiwillige Helferin für G!LT tun?
Um das Projekt G!LT bei der nächsten Nationalratswahl an den Start zu bringen und damit für alle Wahlberechtigten ankreuzbar zu machen, kannst du folgende Dinge tun:

- ✓ Nachdem wir selbst kein Geld haben und uns auch nicht an Großspender anbiedern wollen, aber sicher im Vorfeld Ausgaben haben werden, kannst du das Projekt mit einer Geldspende unterstützen. Oder uns Geld borgen, dass wir dann beim Erreichen von 1% zurückzahlen werden. Und für 1% sollte diese Mörderidee eigentlich reichen, oder? Es gibt bei G!LT auch keine Negativzinsen.

- ✓ Sobald der Termin für die Nationalratswahl festgelegt und damit der Stichtag zur Abgabe der Unterstützungserklärungen fixiert ist, kannst du dafür in deinem Wahlkreis Unterstützungserklärungen für G!LT sammeln.
- ✓ Das Projekt G!LT nach außen tragen, darüber erzählen, Menschen aufklären und unser kleines „Partiebuch" (darin wird alles stehen, was man über G!LT wissen muss, um in der Wahlkabine eine Entscheidung treffen zu können) an potentielle Wählerinnen und Wähler verteilen. Und du kannst dich, sobald sich die „Dunkle Seite der Macht" medial auf G!LT einhackt, tapfer entgegenstellen.
- ✓ Du kannst dich auch als Kandidatin oder Kandidat in deinem Regionalkreis aufstellen lassen und dein Name wird stellvertretend für G!LT am Wahlzettel zu finden sein. Diese Regionalnamenslisten braucht es, um G!LT bundesweit an den Start gehen zu lassen. Nachdem G!LT aber keine herkömmliche Partei ist und es keine Regional-, Bezirks- oder Landessektionen geben wird, ist damit nach der Wahl keine weitere Verpflichtung verbunden.
- ✓ Du könntest aber auch den mutigen Schritt wagen, dich als Kandidatin oder Kandidat für den Nationalrat bei G!LT zu bewerben, um als parteilose Bürgerin oder parteiloser Bürger die Menschen von der Straße im Parlament zu vertreten.

So werte Kollegen, werte Kolleginnen, das wär es jetzt einmal von meiner Seite. Und jetzt …
FUSSI: Sagen wir bitte nichts mehr!
DÜRINGER: Würde es stören, wenn ich das Buch noch zu Ende bringe?
FUSSI: Nein. Aber dann …
DÜRINGER: … sagen wir natürlich wirklich nix mehr.
FUSSI: Wir kommunizieren erst wieder nach außen, wenn es soweit ist
DÜRINGER: Und wann ist es soweit?
FUSSI: Sobald der Termin für die Nationalratswahl feststeht. Und bis dahin …
NADERER & DÜRINGER: … sagen wir absolut nichts mehr.

DIE GESICHTER

Herr und Frau Düringer sind soeben vor dem Wahllokal eingetroffen. Diesmal nicht schwitzend, nicht dampfend, nicht zu Fuß quer über Äcker und Wald. Zur Feier des Tages habe ich den alten Datsun 160 SSS ausgepackt. Ein barockes japanisches Coupé der Siebzigerjahre. Herr und Frau Düringer sind diesmal „vorgefahren". Das Amtshaus unserer Gemeinde hat heute etwas scheinbar Festliches. Bürger und Bürgerinnen im Sonntagsgewand. So ist das halt auf dem Land. Weil heute Sonntag ist, tragen auch wir unser Sonntagsgewand. Wäre heute Montag, wäre selbiges das Montagsgewand. Über die Gemeinde hat sich ein Schleier der Ernsthaftigkeit gelegt. Es wird wieder einmal der Nationalrat gewählt. Seit Wochen grinsen uns die Gesichter vom Straßenrand aus an und wieder verlangen sie nach unseren Stimmen. Bilde ich es mir ein, oder verbirgt sich diesmal hinter dem breiten Grinsen Angst? Die Angst, morgen nur mehr Geschichte zu sein? Vielleicht bleibt heute Abend kein Stein auf dem anderen, der Boden, auf dem die Steine sicher ruhen, wird aber der gleiche bleiben. Wir können heute, an diesem Sonntag, Steine umschichten, sie neuordnen, sie in den See des Vergessens schmeißen, wir können versuchen, aus den Steinen etwas Neues, etwas Besseres zu bauen. Vielleicht werden diesmal aber die Steine nicht nur bewegt, vielleicht werden sie auch in ihrer Struktur verändert. Unter hohem Druck ändern auch Steine ihre innere Struktur. Der Boden, auf dem sie heute liegen, ist jedenfalls weich und aufgelockert, er ist in den letzten Jahren fruchtbarer geworden.

„Wollen wir?" fragt meine Frau und bietet mir ein kleines Stück von ihrem Marzipanriegel an. Das größere Stück hat sie bereits selbst im Mund. „Jederzeit!" sag ich und stecke mir ein unfassbar kleines Stück Marzipan in den Mund. Wir betreten kauend das Wahllokal: „Mahlzeit!" „Mahlzeit!" „Mahlzeit!" Den Ausweis brauchen wir auch diesmal nicht. „Stadtbekannt!" nickt unser Vizebürgermeister uns zu. Eigentlich ist er der Michl, unser Nachbar oben am Hügel. Der Michl hat heute wieder etwas Staatsmännisches an sich, trotz Trachtensakko.

Meine Frau und ich werden als Nummer in eine Liste eingetragen. Michl überreicht uns ein Kuvert mit unseren amtlichen Stimmzetteln. Er tut das mit einem spitzbübischen Grinsen. Ich schenke meiner Frau noch ein Lächeln, sie lächelt zurück. „Bis gleich, Schatz." „Hoffentlich," sage ich und verschwinde in der Wahlkabine. Damit endet die Feierlichkeit.

Wahlkabine? Sagt man nicht auch Wahlzelle? Endet hier also nicht nur die Feierlichkeit, endet hier auch die Freiheit. Bedeutet Freiheit eine Wahl zu haben? Freiheit ist es für mich, stundenlang durch ein Einkaufszentrum zu schlendern und nichts zu finden, das ich brauche. Die Freiheit „nein" zu sagen.

Ich genieße die Ruhe in meiner Wahlzelle. Manche, so hört man, entscheiden sich erst in der Stille der Wahlzelle, wem sie ihre Stimme geben werden. Ich öffne das Kuvert, hole den amtlichen Stimmzettel heraus und werfe einen vorsichtigen Blick darauf und siehe da …

ANMERKUNGEN

1. Roland Düringer. „Ich alleine?" 2014.
2. derStandard.at, 11.2.2012.
3. Rudi Fußi, PR-Berater und Kabarettist. Aus dem Programm „Jetzt rede ich."
4. Simone Weil, Anmerkung zur generellen Abschaffung der politischen Parteien, Berlin 1943.
5. https://de.statista.com/statistik/daten/studie/5224/umfrage/haeufige-gespraechsthemen-mit-freunden-und-bekannten/ (20.12.2017).
6. https://de.wikipedia.org/wiki/Politik (20.12.2017).
7. https://youtu.be/8f_T1RTD6S8 (20.12.2017).
8. Rainer Voss, ehemaliger Investmentbanker der Deutschen Bank, aus dem Dokumentarfilm „Master of the Universe".
9. Peter Rabl, Journalist und Autor, in der Sendung „Gültige Stimme" vom 8.2.2016.
10. Asif Safdary in der Sendung „Gültige Stimme" vom 14.9.2015.
11. Fabian Scheidler. Das Ende der Megamaschine, Wien 2015.
12. https://www.youtube.com/watch?v=EhT5T6rC4VY (20.12.2017).
13. Walter Russel Mead (Jg. 1952) ist Professor für Foreign Affairs und Humanities in Yale. Interview im Standard. 16. Februar 2016.
14. Bundeskanzler Christian Kern auf ORF.at vom 14.10.2016.
15. Rudi Fußi Aus dem Programm „Jetzt rede ich."
16. Prof. Michael Braungart in der Sendung „Gültige Stimme" vom 6.6.2016.
17. https://youtu.be/MJy1NuadfAI (20.12.2017).
18. Anneliese Rohrer in der Sendung „Gültige Stimme" am 29. 6. 2015.
19. https://youtu.be/XViEk1bCwXI (20.12.2017).

20 Harald Katzmair, Macht- und Netzwerkforscher, am 5. 9. 2016 in „Gültige Stimme".

21 Horst-Günther Fiedler, im Wochenmagazin „TV-Media" Nr. 40, 1.10.2016.

22 Wiener Zeitung vom 2.10.2016.

23 http://www.heute.at/news/politik/Parteien-erhielten-heuer-205-Millionen-Euro;art69351,1107460 (20.12.2017).

24 Irmgard Griss, Bundespräsidentschaftskandidatin 2016 am 4.5.2015 zu Gast in „Gültige Stimme".

25 https://kurier.at/politik/inland/roland-dueringer-ich-bin-doch-unwaehlbar/224.617.826 (20.12.2017).

Bibliografische Information der Deutschen Nationalbibliothek
Die Deutsche Nationalbibliothek verzeichnet diese Publikation in der Deutschen Nationalbibliografie;
detaillierte bibliografische Daten sind im Internet über http://dnb.d-nb.de abrufbar.

1. Auflage

Lektorat: Ulli Steinwender

Satz und Layout: Burghard List

Coverfotografie: Ingo Pertramer

Coverdesign: Angie Rattay, ANGIENEERING | DESIGN FOR GOOD

Gedruckt in der EU

Copyright © 2017 by Christian Brandstätter Verlag, Wien

Alle Rechte, auch die des auszugsweisen Abdrucks oder der Reproduktion einer Abbildung, sind vorbehalten. Das Werk einschließlich aller seiner Teile ist urheberrechtlich geschützt. Jede Verwertung ohne Zustimmung des Verlages ist unzulässig. Dies gilt insbesondere für Vervielfältigungen, Übersetzungen, Mikroverfilmungen und die Einspeicherung und Verarbeitung in elektronischen Systemen.

ISBN 978-3-7106-0095-1

Christian Brandstätter Verlag
GmbH & Co KG
A-1080 Wien, Wickenburggasse 26
Telefon (+43-1) 512 15 43-0
Telefax (+43-1) 512 15 43-231
E-Mail: info@brandstaetterverlag.com
www.brandstaetterverlag.com
Designed in Austria,

printed in the EU

...UND DEINE?